Winfrid Halder

Innenpolitik im Kaiserreich 1871–1914

Geschichte kompakt

Herausgegeben von
Martin Kintzinger, Uwe Puschner, Barbara Stollberg-Rilinger

Herausgeber für den Bereich *19./20. Jahrhundert*:
Uwe Puschner
Beratung für den Bereich *19./20. Jahrhundert*:
Walter Demel, Merith Niehuss, Hagen Schulze

Winfrid Halder

Innenpolitik im Kaiserreich 1871–1914

Wissenschaftliche Buchgesellschaft

Für Caspar

Die Deutsche Bibliothek verzeichnet diese Publikation
in der Deutschen Nationalbibliografie;
detaillierte bibliografische Daten sind im Internet über
http://dnb.ddb.de abrufbar.

Einbandgestaltung: schreiberVIS, Seeheim
Gedruckt auf säurefreiem und alterungsbeständigem Papier
Printed in Germany

Besuchen Sie uns im Internet: www.wbg-darmstadt.de

ISBN 3-534-15483-5

Inhaltsverzeichnis

Geschichte kompakt

In der Geschichte, wie auch sonst,
dürfen Ursachen nicht postuliert werden,
man muß sie suchen. (Marc Bloch)

Das Interesse an Geschichte wächst in der Gesellschaft unserer Zeit. Historische Themen in Literatur, Ausstellungen und Filmen finden breiten Zuspruch. Immer mehr junge Menschen entschließen sich zu einem Studium der Geschichte, und auch für Erfahrene bietet die Begegnung mit der Geschichte stets vielfältige, neue Anreize. Die Fülle dessen, was wir über die Vergangenheit wissen, wächst allerdings ebenfalls: Neue Entdeckungen kommen hinzu, veränderte Fragestellungen führen zu neuen Interpretationen bereits bekannter Sachverhalte. Geschichte wird heute nicht mehr nur als Ereignisfolge verstanden, Herrschaft und Politik stehen nicht mehr allein im Mittelpunkt, und die Konzentration auf eine Nationalgeschichte ist zugunsten offenerer, vergleichender Perspektiven überwunden.

Interessierte, Lehrende und Lernende fragen deshalb nach verlässlicher Information, die komplexe und komplizierte Inhalte konzentriert, übersichtlich konzipiert und gut lesbar darstellt. Die Bände der Reihe „Geschichte kompakt" bieten solche Information. Sie stellen Ereignisse und Zusammenhänge der historischen Epochen des Mittelalters und der Neuzeit verständlich und auf dem Kenntnisstand der heutigen Forschung vor. Hauptthemen des universitären Studiums wie der schulischen Oberstufen und zentrale Themenfelder der Wissenschaft zur deutschen und europäischen Geschichte werden in Einzelbänden erschlossen. Beigefügte Erläuterungen, Register sowie Literatur- und Quellenangaben zum Weiterlesen ergänzen den Text. Die Lektüre eines Bandes erlaubt, sich mit dem behandelten Gegenstand umfassend vertraut zu machen. „Geschichte kompakt" ist daher ebenso für eine erste Begegnung mit dem Thema wie für eine Prüfungsvorbereitung geeignet, als Arbeitsgrundlage für Lehrende und Studierende ebenso wie als anregende Lektüre für historisch Interessierte.

Die Autorinnen und Autoren sind jüngere, in Forschung und Lehre erfahrene Wissenschaftler und Wissenschaftlerinnen. Jeder Band ist, trotz der allen gemeinsamen Absicht, ein abgeschlossenes, eigenständiges Werk. Die Reihe „Geschichte kompakt" soll durch ihre Einzelbände insgesamt den heutigen Wissenstand zur deutschen und europäischen Geschichte repräsentieren. Sie ist in der thematischen Akzentuierung wie in der Anzahl der Bände nicht festgelegt und wird künftig um weitere Themen der aktuellen historischen Arbeit erweitert werden.

Martin Kintzinger
Uwe Puschner
Barbara Stollberg-Rilinger

Vorwort des Autors

Der vorliegende Band ist bestrebt, eine komprimierte Darstellung der Innenpolitik des deutschen Kaiserreichs zu bieten. Die zugrunde gelegte Definition von Innenpolitik folgt einer landläufigen lexikalischen Begriffsbestimmung. Danach bezeichnet Innenpolitik das politische Handeln innerhalb eines Staates, insoweit im Wesentlichen nur dessen Angehörige beteiligt oder betroffen sind. Im weiteren Sinne meint Innenpolitik das Feld der Auseinandersetzungen von Überzeugungen und Interessen, von Parteien und Verbänden, von Regierung und Opposition. Im engeren Sinne besteht die Innenpolitik aus der Regelung innergesellschaftlicher Aufgaben durch den Staat.

Die Knappheit des zur Verfügung stehenden Raumes gebot eine strenge Begrenzung. Keineswegs alle politischen Gruppierungen und Strömungen im Kaiserreich konnten berücksichtigt werden. Auswahlkriterium war vor allem die Frage, inwieweit es ihnen gelungen ist, Gehör und Berücksichtigung bei Entscheidungen von Reichsleitung und Parlament zu finden.

Die Darstellung beginnt mit der Zeit der Reichsgründung 1870/71 und zeichnet die folgende innere Entwicklung des Deutschen Reiches bis zum Ausbruch des Ersten Weltkriegs im Sommer 1914 nach. Nur gelegentlich wird zur Vermeidung von Verständnisproblemen kurz auf elementare Voraussetzungen des Gründungsprozesses vor 1870 zurückgegriffen. Die komplexe Entwicklung im Ersten Weltkrieg ist Gegenstand eines eigenständigen Bandes der gleichen Reihe, daher konnte hier abgesehen von einem kurzen Ausblick darauf verzichtet werden.

Die Gliederung des vorliegenden Bandes orientiert sich sowohl an systematischen wie chronologischen Gesichtspunkten. Das erste Darstellungskapitel legt, neben einem knappen Aufriss zu Umständen und Voraussetzungen der Gründung des Deutschen Reiches, die bedeutsamsten Elemente und Bewegungskräfte seines politischen Systems dar. Dazu erfolgt zunächst eine Erläuterung der wichtigsten Bestimmungen der Reichsverfassung vom 16. April 1871. Dies bildet die Verständnisgrundlage für die Handlungsmöglichkeiten und -grenzen der wichtigsten innenpolitischen Akteure. Neben der RePichsleitung waren dies vor allem Parteien und Interessenverbände. Die bedeutendsten von ihnen werden mit ihrer politischen Grundausrichtung kurz vorgestellt. Obwohl die Innenpolitik das zentrale Thema des Bandes ist, scheint es doch unerlässlich, den fundamentalen ökonomischen und sozialen Umbruch anzudeuten, den das Deutsche Reich im Zeichen der Hochindustrialisierung durchlief. Dieser bildete den entscheidenden Hintergrund für die politischen Gewichtsverlagerungen bis 1914. Die weiteren Darstellungskapitel sind chronologisch orientiert an den Amtszeiten der Reichskanzler.

Abschließend kann die vielfach kontroverse Bewertung des Kaiserreichs nur sparsam angedeutet werden, da im vorgegebenen Rahmen eine Gesamtgeschichte des Kaiserreichs weder beabsichtigt noch möglich war.

Winfrid Halder

I. Gründung, politisches System, innenpolitische Akteure und Bewegungskräfte des deutschen Kaiserreichs

19. 7. 1870	Französische Kriegserklärung an Preußen
1./2. 9. 1870	Vernichtende Niederlage der französischen Truppen bei Sedan, Kaiser Napoleon III. wird gefangen genommen
19. 9. 1870	Beginn der Belagerung von Paris durch deutsche Truppen
15.–25. 11. 1870	Baden, Hessen, Bayern und Württemberg schließen Verträge mit dem Norddeutschen Bund zwecks Zusammenschluss zu einem gemeinsamen Staat
20. 12. 1870	Umbenennung des Norddeutschen Bundes in Deutsches Reich
18. 1. 1871	Proklamation des preußischen Königs Wilhelm I. zum deutschen Kaiser im Schloss von Versailles
28./29. 1. 1871	Kapitulation von Paris, Waffenstillstand in Frankreich
3. 3. 1871	Wahlen zum ersten Reichstag
16. 4. 1871	In-Kraft-Treten der Reichsverfassung, Berlin wird Reichshauptstadt
10. 5. 1871	Unterzeichnung des Friedensvertrages zwischen dem Deutschen Reich und Frankreich in Frankfurt am Main

1. Versailles, 18. Januar 1871 – Ein viel sagender Gründungsakt

Das französische Städtchen Versailles, südwestlich von Paris gelegen, beherbergte seit Oktober 1870 das Hauptquartier der preußischen III. Armee, die von Kronprinz Friedrich (1831–1888) befehligt wurde. Frankreich stand, obwohl der Krieg gegen eine von Preußen angeführte Koalition deutscher Staaten erst im Juli 1870 begonnen hatte, bereits am Rande der vollständigen militärischen Niederlage. Am 1. September 1870 hatten die vereinigten preußisch-deutschen Streitkräfte einen großen Teil der französischen Armee bei Sedan (Nordfrankreich) eingeschlossen und schon am folgenden Tag zur Kapitulation gezwungen. Dabei war auch Kaiser **Napoleon III.** in Gefangenschaft geraten.

In Paris war zwei Tage nach der Niederlage von Sedan die Dritte Republik ausgerufen worden. Die neue Regierung setzte den Krieg gegen die eingedrungenen deutschen Truppen fort, ohne in der Lage zu sein, den Kriegsverlauf zu ihren Gunsten zu wenden. Die französische Hauptstadt wurde rund zwei Wochen nach der Schlacht bei Sedan mit einem Belagerungsring umgeben. Mit ihrem vorhersehbaren Fall wäre der Krieg definitiv entschieden.

Kaiserproklamation

Dies waren die unmittelbaren politischen Rahmenbedingungen des als Gründungsakt des Deutschen Reiches betrachteten Vorgangs im Spiegelsaal des Versailler Königsschlosses am 18. Januar 1871.

E

Napoleon III. (1808–1873), Kaiser der Franzosen (1852–1870), wurde am 20. April 1808 in Paris als Sohn von Louis Bonaparte (1778–1846), einem Bruder Kaiser Napoleons I. (1769–1821), geboren. Mit dem Ziel der Wiedererrichtung des Kaisertums seines Onkels Napoleon I. hatte Napoleon III. zwei Mal erfolglos gegen den französischen König Louis Philippe (1773–1850) geputscht. Zeitweilig im Exil lebend, gelang es ihm 1848, sich nach dem Sturz Louis Philipps und der Errichtung der Zweiten Republik zum französischen Präsidenten wählen zu lassen. Mit einem Staatsstreich verlängerte er 1851 seine Amtszeit, im Jahr darauf wurde durch ein Plebiszit das Zweite Kaiserreich in Frankreich begründet und Napoleon zum Kaiser der Franzosen proklamiert. Innenpolitisch autoritär und außenpolitisch ehrgeizig, agierte Napoleon III. seit etwa 1860 zunehmend glücklos. Der Krieg gegen Preußen beruhte auf dem Wunsch, dessen Machtzuwachs zu begrenzen, da dieser als Bedrohung der französischen Großmachtstellung wahrgenommen wurde. Der Gefangennahme durch preußische Truppen folgte Napoleons Absetzung als Kaiser.

E

Versailles
Seit 1661 wurde hier im Auftrag König Ludwigs XIV. (1638–1715) eine der prachtvollsten Schlossanlagen Europas errichtet, die zum architektonischen Symbol des Absolutismus und der Macht des französischen Königtums schlechthin wurde. Monarchen auf dem ganzen Kontinent ließen sich Schlösser nach diesem Vorbild bauen. Auch die folgenden französischen Könige erweiterten die Anlage; sie enthält circa 1300 Räume. Einer der berühmtesten davon ist der Spiegelsaal. Das Schloss war Schauplatz zahlreicher bedeutender Ereignisse; so leisteten 1789 Teile der Generalstände hier den Ballhausschwur, der zu den wichtigen frühen Etappen der Französischen Revolution zählt. Seit 1837 war das Schloss Nationalmuseum. Nachdem es 1871 vor dem Hintergrund der militärischen Niederlage Frankreichs von deutscher Seite als Ort der Kaiserproklamation gewählt worden war, wurde 1919 der gleiche Spiegelsaal zur Unterzeichnung des Versailler Vertrages genutzt, der die Niederlage des Deutschen Reiches im Ersten Weltkrieg besiegelte.

Anton von Werner (1843–1915) hat die entscheidende Szene im Spiegelsaal später auf einem der bekanntesten deutschen Historiengemälde festgehalten. Auf seinem Bild ist der Höhepunkt der Zeremonie vom 18. Januar zu sehen, nämlich der Moment, in dem der preußische Ministerpräsident Otto von Bismarck die Proklamation **Wilhelms I.** zum deutschen Kaiser verlesen hat, woraufhin der Großherzog von Baden einen Hochruf ausbringt, in welchen die Versammlung einfällt.

E

Wilhelm I. (1797–1888), König von Preußen (1861–1888) und Deutscher Kaiser (1871–1888). Geboren am 22. März 1797 als zweiter Sohn König Friedrich Wilhelms III. (1770–1840) schlug Wilhelm frühzeitig eine militärische Laufbahn ein und kämpfte bereits in den „Befreiungskriegen“ (1813–15) gegen Frankreich. 1840 wurde er nach der Thronbesteigung seines älteren Bruders Friedrich Wilhelm IV. (1795–1861) aufgrund von dessen Kinderlosigkeit thronfolgeberechtigter „Prinz von Preußen“. Bei der militärischen Niederschlagung der Revolution von 1848/49 wurde Wilhelm durch sein besonders rigoroses Vorgehen bekannt. 1858 übernahm er für seinen erkrankten Bruder die Regentschaft in Preußen, 1861 wurde er nach dessen Tod König. Anfängliche Hoffnungen, der neue Monarch könnte zu einem Entgegenkommen gegenüber der liberalen Bewegung bereit sein, zerschlugen sich rasch. Im Streit mit dem liberal dominierten preußischen Landtag um die Erweiterung des Heeres berief Wilhelm 1862 den strikt konservativen Otto von Bismarck zum neuen Ministerpräsidenten. Bismarck übte auf Wilhelm I. bis zu dessen Tod (9. März 1888) entscheidenden Einfluss aus.

Im Zentrum des Gemäldes steht, breitbeinig und selbstbewusst, zudem besonders auffällig durch eine weiße Uniform, **Otto von Bismarck**.

E

Otto von Bismarck (1815–1898) stammte aus einer Junkerfamilie in der preußischen Altmark. Er wurde am 1. April 1815 in Schönhausen bei Tangermünde geboren. Nach dem Jurastudium entschied sich Bismarck zunächst gegen eine Laufbahn im Staatsdienst und kehrte auf das Familiengut zurück. Der unstete Lebenswandel des temperamentvollen Landadeligen endete 1847 durch die Heirat mit der tief religiösen Johanna von Puttkammer (1824–1894). Bismarcks politische Laufbahn begann beinahe zeitgleich als Mitglied des Vereinigten preußischen Landtages. Bereits hier zeigte er sich als entschiedener Verfechter einer konservativen Politik. 1851 bis 1859 war Bismarck preußischer Gesandter beim Bundesrat des Deutschen Bundes in Frankfurt am Main, anschließend Gesandter in Petersburg (1859–1862) und Paris (1862). Nach seiner Berufung zum preußischen Ministerpräsidenten (1862) bekämpfte Bismarck energisch die liberale Mehrheit im preußischen Parlament. Durch seine außenpolitischen Erfolge in den Kriegen gegen Dänemark (1864) sowie Österreich-Ungarn und dessen süddeutsche Verbündete (1866) stärkte Bismarck seine innenpolitische Position. Nach der Gründung des preußisch dominierten Norddeutschen Bundes (1866/1867) erzwang er die nachträgliche Zustimmung des preußischen Landtages zur umstrittenen Heeresreform und siegte so über die liberale Opposition. 1865 wurde Bismarck vom preußischen König in den Grafen-, 1871 in den Fürstenstand erhoben. Reichskanzler war Bismarck von 1871 bis 1890. Er starb am 30. Juli 1898 auf seinem Gut Friedrichsruh bei Hamburg.

Bismarck hatte unmittelbar vor dem 18. Januar Wilhelm I. förmlich dazu gezwungen, seine Zustimmung zu dem Akt von Versailles zu geben, also zur Gründung des Deutschen Reiches und zugleich zu seiner eigenen Erhöhung zum Kaiser. Wilhelm wollte nicht Kaiser werden, er wollte es so wenig wie sein Bruder Friedrich Wilhelm IV., der die ihm Anfang 1849 vom Frankfurter Paulskirchenparlament angebotene Kaiserkrone brüsk ausgeschlagen hatte. Wilhelm war der Meinung, dass Preußen in seiner bisherigen Stellung und Größe besser dastand denn als faktischer Führungsstaat eines in vieler Beziehung prekären Reiches. Bismarck hatte dem König sein Einverständnis daher schwer abringen müssen.

Bei der Kaiserproklamation zugegen waren fast ausschließlich Soldaten, zumeist höhere Offiziere. Auch die anwesenden deutschen Fürsten oder deren Vertreter waren durchweg in Uniform erschienen. Das militärische Gepräge, das die Kaiserproklamation dadurch erhielt, betont den Charakter der Reichsgründung einerseits als Ergebnis einer siegreichen militärischen Aktion. Andererseits erscheint sie als entschieden obrigkeitlicher Akt. Die fürstlichen Würdenträger agierten, sie gründeten das Reich. Der preußische Ministerpräsident, ein knappes Jahrzehnt zuvor zur Disziplinierung des widersetzlichen preußischen Landtages vom König in dieses Amt berufen, rief den Kaiser aus. Das Volk fehlte.

2. Die Verfassung des Deutschen Reiches vom 16. April 1871 und ihre Bedeutung für das politische System

Wir Zeitgenossen von heute nehmen die Jahre von 1871 bis 1918 unter dem Etikett „Kaiserreich" meist einfach als Einheit wahr. Indessen sollte unsere eigene Gegenwart als Zeugen des Umbruchs von 1989/90 und seiner Folgen uns dafür sensibilisieren, dass auch das Deutsche Reich mit der Versailler Kaiserproklamation nicht einfach „fertig" und als politische und wirtschaftliche Einheit vorhanden war.

Bundesstaaten

Es gilt sich zunächst zu vergegenwärtigen, dass unter dem neuen staatlichen Dach des Reiches nunmehr 25 Bundesstaaten versammelt waren. Hinzu kam noch das infolge des siegreichen Krieges aus dem französischen Staatsverband herausgelöste „Reichsland Elsass-Lothringen". Diese Bundesstaaten wiesen hinsichtlich ihrer territorialen Größe, ihrer Bevölkerungszahl und ihres wirtschaftlichen Gewichts enorme Unterschiede auf.

Die nebenstehende Tabelle gibt lediglich den Bevölkerungsstand von 1890 wieder. Ein Faktor von größter gesamtgesellschaftlicher Tragweite war jedoch das anhaltende enorme Bevölkerungswachstum im Deutschen Reich. War die Bevölkerung im betreffenden Gebiet schon vor 1871 sprunghaft angewachsen, so setzte sich diese Entwicklung auch danach ungebrochen fort. Bis 1914 erreichte die deutsche Bevölkerung eine Gesamtzahl von rund 65 Millionen Menschen. Auf die Bedeutung des massiven Bevölkerungszuwachses wird unten näher eingegangen.

Minderheiten

In der Reichsbevölkerung gab es auch nationale Minderheiten, und zwar vornehmlich Dänen und Polen. Zahlenmäßig und damit politisch bedeutsam war in erster Linie die polnischsprachige Minorität, die rund 5% der Gesamtbevölkerung ausmachte. In den östlichen Provinzen Preußens lag der prozentuale Anteil regional ungleich höher; genaue Zahlen liegen allerdings nicht vor. Die polnische Bevölkerung war im Kaiserreich in wechselnder Schärfe einer „Germanisierungs"-Politik ausgesetzt, die sich insbesondere gegen den Gebrauch der polnischen Sprache im Schulunterricht und in öffentlichen Versammlungen richtete. Innenpolitisch blieb dies jedoch stets umstritten, vor allem von liberaler Seite wurde immer wieder und des öfteren mit Erfolg gegen eine Unterdrückung der polnischen Sprache interveniert. Die Politik gegenüber der im südlichen Jütland konzentrierten dänischen Minderheit war insgesamt ähnlich.

Die Bevölkerung des Reichslandes Elsass-Lothringen war mehrheitlich deutschsprachig. Nach einer Erhebung von 1900 gaben 86,8% als Muttersprache Deutsch an, 11,5% Französisch. Der Einwohnerschaft des Reichslandes fiel eine Sonderrolle zu, die noch zu behandeln sein wird.

Neben den Größenunterschieden waren die Bundesstaaten des Reiches gekennzeichnet durch erheblich abweichende politische Traditionen. Bei 20 von ihnen handelte es sich um konstitutionelle Monarchien mit fürstlichen Landesherrn und nach unterschiedlichen Regelungen gewählten, mit verschiedenen Rechten ausgestatteten Landesparlamenten. Lediglich in den beiden mecklenburgischen Herzogtümern existierte bis 1918 eine ständische Verfassung ohne gewählte Volksvertretung. Hamburg, Bremen und Lübeck waren Stadtrepubliken.

Die Bundesstaaten des Deutschen Reiches 1871–1918

Bundesstaat	**Fläche in qkm**	**Bevölkerung 1890**
Königreich Preußen	348702,1	29957367
Königreich Bayern	75870,2	5594982
Königreich Württemberg	19511,7	2036522
Königreich Sachsen	14992,9	3502684
Großherzogtum Baden	15067,7	1167867
Großherzogtum Hessen	7688,8	992883
Großherzogtum Mecklenburg-Schwerin	13126,9	578342
Großherzogtum Mecklenburg-Strelitz	2929,5	97978
Großherzogtum Oldenburg	6428,3	354968
Großherzogtum Sachsen-Weimar-Eisenach	3611,0	326091
Herzogtum Anhalt	2299,4	271963
Herzogtum Braunschweig	3672,1	403773
Herzogtum Sachsen-Meiningen	2468,3	223832
Herzogtum Sachsen-Altenburg	1323,5	170864
Herzogtum Sachsen-Koburg-Gotha	1977,4	206513
Fürstentum Reuß – ältere Linie	316,3	62754
Fürstentum Reuß – jüngere Linie	826,7	119811
Fürstentum Schwarzburg-Rudolstadt	940,4	85863
Fürstentum Schwarzburg-Sondershausen	862,1	75510
Fürstentum Lippe	1215,2	128495
Fürstentum Schaumburg-Lippe	340,3	39163
Fürstentum Waldeck	1121,0	57281
Freie Stadt Hamburg	413,9	622530
Freie Stadt Bremen	256,4	180443
Freie Stadt Lübeck	297,7	76485
Reichsland Elsass-Lothringen	14517,7	1603506
Deutsches Reich insgesamt (1890)	540777,5	49428470

Zahlen nach Hohorst/Kocka/Ritter, Sozialgeschichtliches Arbeitsbuch 1870–1914, S. 46f.

Die in den Bundesstaaten lebende Bevölkerung war im Wesentlichen in zwei große konfessionelle Gruppen geteilt. Die konfessionelle Spaltung in Protestanten und Katholiken wurde von der Mehrheit der Zeitgenossen keineswegs als bloße Beiläufigkeit betrachtet. Sie hatte vielmehr erhebliche Wirkungen auf die Parteienlandschaft (vgl. unten S. 21ff.)

E

Reichsland Elsass-Lothringen
Das in zahlreiche kleinere, zum Heiligen Römischen Reich deutscher Nation gehörende Herrschaften aufgeteilte Elsass ist in der zweiten Hälfte des 17. Jahrhunderts von König Ludwig XIV. schrittweise unter französische Kontrolle gebracht worden (Besetzung Straßburgs 1681). Das gleichfalls zum „Alten Reich" gehöri-

ge Herzogtum Lothringen fiel seinerseits nach längeren Auseinandersetzungen 1766 dauerhaft an Frankreich. Die Wortverbindung Elsass-Lothringen war vor 1871 nicht üblich. Bismarck stand nach Beginn des Deutsch-Französischen Krieges 1870 den vielfach erhobenen Forderungen nach einer Annexion der alten Grenzregion zunächst distanziert gegenüber. Der entscheidende Grund dafür, dass er einer Angliederung an das Deutsche Reich schließlich doch zustimmte, war strategischer Natur, wirtschaftliche Motive waren nicht ausschlaggebend. Das Elsass sollte nach dem Willen der führenden Militärs als stark militärisch gesichertes Vorfeld des Reiches im Falle einer als sicher erwarteten neuerlichen kriegerischen Auseinandersetzung mit Frankreich dienen. Aus primär militärischen Gründen wurde auch das östliche Lothringen mit der wichtigen Festung Metz von Frankreich abgetrennt, obwohl die Bevölkerung dort mehrheitlich französisch sprach. Frankreich musste im Friedensvertrag von Frankfurt (10. 5. 1871) die Abtretung von drei Departements und Teilen eines vierten zugestehen. Die betroffene Bevölkerung nahm die Eingliederung in das Deutsche Reich ohne Begeisterung, vielfach widerwillig auf. Über 100000 Personen verließen das annektierte Gebiet, um französische Staatsbürger bleiben zu können. Die Form der Verwaltung von Elsass-Lothringen war zunächst an das Vorbild einer preußischen Provinz angelehnt. Nach verschiedenen vorbereitenden gesetzlichen Schritten trat die Reichsverfassung dort erst am 1. Januar 1874 in Kraft. Die Annexion Elsass-Lothringens war der Hauptgrund für ein dauerhaft spannungsgeladenes französisch-deutsches Verhältnis, das 1914 in den Ersten Weltkrieg mündete. Frankreich hat sein beständig verfolgtes Ziel einer Rückgliederung Elsass-Lothringens im Friedensvertrag von Versailles 1919 erreicht.

Zu bedenken ist für die Vergegenwärtigung der inneren Ausgangslage des Reiches neben der Territorial-, Bevölkerungs- und Konfessionsstruktur weiterhin, dass die Staaten, die nun vereint wurden, keine fünf Jahre zuvor Krieg gegeneinander geführt hatten, nämlich den so genannten Deutschen Krieg von 1866 (vgl. Insert **Norddeutscher Bund**).

Infolge der militärischen Entscheidung von 1866 hatte sich die siegreiche Macht Preußen erhebliche Gebiete angeeignet. Viele der jetzt zu Reichsbürgern werdenden Deutschen waren also zugleich erst seit wenigen Jahren „Neu-Preußen" und das keineswegs freiwillig. Und die Bevölkerung des damaligen Königreichs Sachsen zum Beispiel hatte die gleichen preußischen Truppen, deren Siege in Frankreich es jetzt zu feiern galt, erst vor Kurzem als Besatzungstruppen im eigenen Land stehen gehabt.

Schließlich darf nicht vergessen werden, dass das neue Reich 1871 alles andere als ein einheitlich organisiertes Rechts- und Wirtschaftsgebiet war. Es gab gravierende Unterschiede hinsichtlich der regional jeweils geltenden Gesetze und des wirtschaftlichen Entwicklungsstandes, es existierte kein einheitliches Maß- und Gewichtssystem, ferner waren verschiedene Währungen im Umlauf.

Zusammenfassend also bleibt festzuhalten, dass es ein erhebliches Maß an Konfliktpotential im neuen Reich gab und dass viele von dessen Bewohnern gute Gründe hatten, der eindeutigen Führungsmacht Preußen mit Skepsis gegenüber zu stehen. Das neue Reich musste auch nach innen erst gegründet werden und dazu war der Akt vom 18. Januar 1871 selbstverständlich nur ein erster Schritt. Das Reich brauchte zunächst vor allem eine rechtliche Klammer, die es zusammenhielt und die das politische Leben in seinen Grundsätzen organisierte. Notwendig war also die rasche Beschlussfassung über eine Reichsverfassung.

Konfessionszugehörigkeit der Bevölkerung des Deutschen Reiches 1871–1910

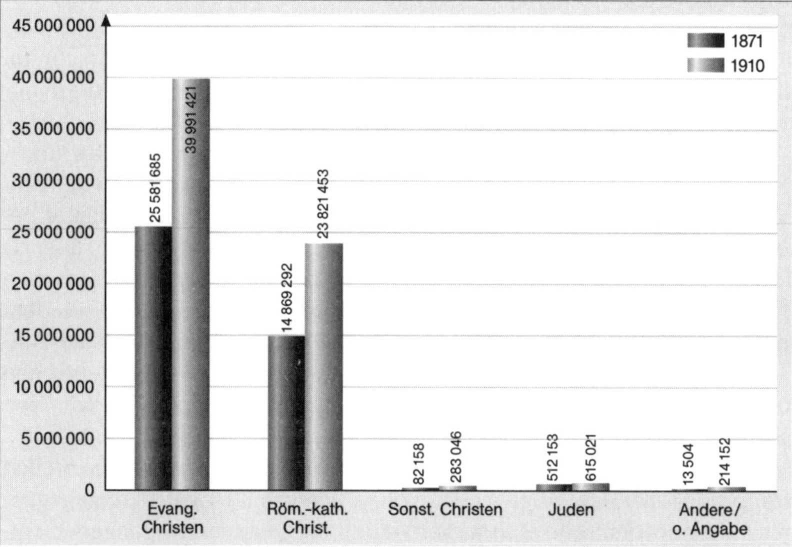

Zahlen nach Hohorst/Kocka/Ritter, Sozialgeschichtliches Arbeitsbuch 1870–1914, S. 53

Verfassungsgebung

Die Verfassungsgebung war von Bismarck bereits vor dem 18. Januar vorbereitet worden. Dies geschah mittels der im Herbst 1870 geführten Einzelverhandlungen mit den Königreichen Bayern und Württemberg sowie den Großherzogtümern Baden und Hessen, welche nicht dem 1866/67 gegründeten **Norddeutschen Bund** angehörten.

E

Norddeutscher Bund
1866 kam der Konflikt zwischen Preußen und Österreich um die Führungsrolle im Deutschen Bund, der bereits bei dessen Gründung (1815) angelegt war, auf seinen Höhepunkt. Die fortgesetzten Spannungen zwischen beiden Mächten mündeten im Juni 1866 in den „Deutschen Krieg". Auf die Seite Preußens traten 17 zumeist kleinere norddeutsche Staaten, auf die Seite Österreichs 13 Bundesglieder, darunter die größeren süddeutschen Staaten. Nach der raschen militärischen Entscheidung zugunsten Preußens in der Schlacht bei Königgrätz am 3. Juli 1866 und dem Abschluss des Friedensvertrages von Prag (23. August 1866) wurde der Deutsche Bund formell aufgelöst. Unter Führung Preußens, das zugleich Schleswig-Holstein, Hannover, Kurhessen, Nassau und Frankfurt am Main seinem Staatsverband einverleibte und so sein territoriales, wirtschaftliches und militärisches Übergewicht stark ausbaute, wurde mit den 17 Kriegsverbündeten der Norddeutsche Bund gegründet. Das Königreich Sachsen, das Großherzogtum Hessen (nur mit seinen nördlich des Mains gelegenen Gebieten), das Fürstentum Reuß ältere Linie sowie das Herzogtum Sachsen-Meiningen, die im Krieg auf Seiten Österreichs gestanden hatten, traten im September bzw. Oktober 1866 bei. Damit hatte der Norddeutsche Bund insgesamt 22 Mitglieder. Im Februar 1867 wurde der Norddeutsche Reichstag als Parlament des neuen Gebildes gewählt, am 16. April 1867 verabschiedete dieser die Verfassung des Norddeutschen Bundes. Mit den Königreichen Bayern und Württemberg sowie dem Großherzogtum Baden hatte Preußen bereits im August 1866 zunächst geheime Militärbündnisse abgeschlossen. Diese waren die Grundlage dafür, dass auch diese 1870 in den Krieg gegen Frankreich eintraten.

Die infolge der Verhandlungen im November 1870 geschlossenen Verträge hatten die Reichsgründung, nicht zuletzt auch die Versailler Kaiserproklamation, überhaupt erst ermöglicht. In diesen Übereinkünften verständigten sich die künftigen Gliedstaaten des neuen Reiches bereits darauf, nicht eine gänzlich neue Reichsverfassung zu erarbeiten, vielmehr auf die Verfassung des Norddeutschen Bundes zurückzugreifen und diese nur soweit notwendig zu modifizieren.

Die Reichsgründung bestand demnach in einer Erweiterung des Norddeutschen Bundes durch das vertraglich geregelte Hinzukommen der süddeutschen Staaten, in dessen Folge als Name des neuen Gesamtstaates bereits im Dezember 1870 „Deutsches Reich" bestimmt wurde. Die als Grundlage der Reichsverfassung dienende Verfassung des Norddeutschen Bundes war in ihren Kerngedanken von Bismarck selbst skizziert worden. In der Forschung ist allerdings umstritten, wie stark der Einfluss der zahlenmäßig dominierenden nationalliberalen Fraktion im Norddeutschen Reichstag bei der Gestaltung der Verfassung einzuschätzen ist, wie weit Bismarck also von seinen ursprünglichen Vorstellungen hat abgehen müssen. Klar ist, dass das Verfassungswerk von 1867 an verschiedenen Stellen Kompromißcharakter trug. Wolfgang J. Mommsen ist sogar so weit gegangen, die norddeutsche Bundesverfassung als „System umgangener Entscheidungen" zu bezeichnen.

Jedenfalls wurde die Verfassung des Norddeutschen Bundes nun in lediglich leicht veränderter Form in die Reichsverfassung umgewandelt. Das Parlament des Norddeutschen Bundes stimmte dem mit großer Mehrheit zu. Bis zum Januar 1871 waren die Einigungsverträge einschließlich der Vereinbarungen zur künftigen Reichsverfassung auch von den Parlamenten der vier neuen Bundesstaaten bereits angenommen worden. Zuletzt erfolgte die Annahme mit einer Vielzahl von Gegenstimmen im bayerischen Landtag, wo die Vorbehalte gegen einen Beitritt zu einem Reich, dessen Vormacht eindeutig Preußen war, am stärksten ausgeprägt waren. Grundlage des verbreiteten Missbehagens waren vor allem Befürchtungen, die hegemoniale Stellung Preußens werde in Zukunft zu immer weiter gehenden Eingriffen in die eigenständigen Angelegenheiten der Gliedstaaten des Reiches führen.

Erste Reichstagswahl

Die formelle Bestätigung der Verfassungsgebung durch ein neu zu konstituierendes Reichsparlament, genannt Reichstag, stand hingegen noch aus. Dieses musste erst gewählt werden. Daher fand am 3. März 1871 die erste Reichstagswahl statt.

Durchgeführt wurde diese Wahl auf der Grundlage des ebenfalls in der Verfassung des Norddeutschen Bundes festgelegten Wahlrechts. Es handelte sich um ein allgemeines, direktes, geheimes und gleiches Wahlrecht. Das war damals ungewöhnlich. Die weitaus meisten Wahlrechtsregelungen der Zeit, nicht allein die zu den Landesparlamenten im neuen Reich, sondern auch die Wahlrechte in anderen europäischen Staaten, beinhalteten keine gleiche Stimmabgabe, sondern vielmehr eine vom Zensus bestimmte. Dies bedeutete, dass das Gewicht der von den einzelnen Wählern abgegebenen Stimmen unterschiedlich war. Gradmesser war dabei in der Regel das einkommensabhängige Steueraufkommen der Wähler.

Die konkreten Zensus-Regelungen waren in den Bundesstaaten recht unterschiedlich. In Preußen, dem wichtigsten Beispiel, gab es gemäß den Steuerklassen auch drei Klassen von Stimmberechtigten. Das dort 1849 eingeführte Drei-Klassen-Wahlrecht sicherte den einkommensstarken Schichten einen weit größeren Einfluss auf die Zusammensetzung des preußischen Abgeordnetenhauses als ihnen rein zahlenmäßig zukam. Auch eine geheime Stimmabgabe war 1871 keineswegs eine Selbstverständlichkeit. Bei der Ausübung des preußischen Drei-Klassen-Wahlrechts wurden die Stimmen offen abgegeben.

Bismarck hatte sich im Rahmen seiner Vorüberlegungen zur Reichsgründung gegen ein Zensuswahlrecht auf Reichsebene entschieden und damit dem neuen Staatsgebilde ein erstaunlich modernes und „demokratisches" Wahlrecht beschert. Allerdings war es keineswegs Sympathie für den demokratischen Gedanken, die ihn dazu bestimmte. Demokratie als Herrschaftsform lehnte Bismarck vielmehr entschieden ab. Seine Entscheidung für ein allgemeines und gleiches Wahlrecht beruhte auf der Erwägung, dass die im Durchschnitt ärmeren Wählerschichten in den ländlichen Regionen, deren politische Grundeinstellung Bismarck für konservativ hielt, dafür sorgen würden, dass die liberalen Parteien, deren Klientel sich in der Hauptsache aus den wohlhabenderen städtischen Schichten rekrutierte, keine zu starke Stellung im neuen Reichstag gewinnen könnten. 1866 meinte er: „In einem Lande mit monarchischen Traditionen und loyaler Gesinnung wird das allgemeine Stimmrecht, indem es die Einflüsse der liberalen Bourgeoisklassen beseitigt, auch zu monarchischen Wahlen führen." Denn die Haltung der Liberalen gegenüber Bismarck und seinen politischen Intentionen war zwiespältig. Gewiss war er einerseits der politische Architekt der auch von liberaler Seite mehrheitlich befürworteten Reichsgründung. Andererseits war Bismarcks Berufung zum preußischen Ministerpräsidenten im Jahre 1862 gerade deshalb erfolgt, um den Einfluss der liberalen Mehrheit im Abgeordnetenhaus zurückzudrängen. Und dies hatte Bismarck auch erreicht.

Wahlrecht

Hinter dem vermeintlich „demokratischen" Zugeständnis des allgemeinen, freien und gleichen Wahlrechts im Deutschen Reich von 1871 stand also ein politisches Kalkül. Dieses Wahlrecht galt für alle deutschen Männer über 25 Jahren (mit Ausnahme der Empfänger von öffentlicher Armenunterstützung). Frauen hingegen hatten weder aktives noch passives Wahlrecht, waren mithin von der direkten politischen Mitbestimmung auf Reichsebene ausgeschlossen. Daran änderte sich bis zum Ende des Kaiserreichs 1918 nichts.

Bei der Betrachtung des Ergebnisses der ersten Reichstagswahl ist zu beachten, dass sich hinter den „Sonstigen" eine ganze Reihe von Parteien ziemlich unterschiedlicher Stärke und von zum Teil nur regionalem Stellenwert verbirgt. Einige Bedeutung hatten nicht zuletzt die Vertreter der nationalen Minderheiten. Am wichtigsten waren hier die Repräsentanten der polnischsprachigen Minderheit, die bei der ersten Reichstagwahl 4,5% der abgegebenen Stimmen und 13 Mandate erzielten.

Mit der Wahl im März 1871 war auch die Grundkonstellation des Parteiensystems im Kaiserreich bestimmt; dessen weitere Entwicklung wird im folgenden Abschnitt näher erläutert.

Sitzverteilung im ersten Reichstag 1871
(in % und Anzahl der Sitze)

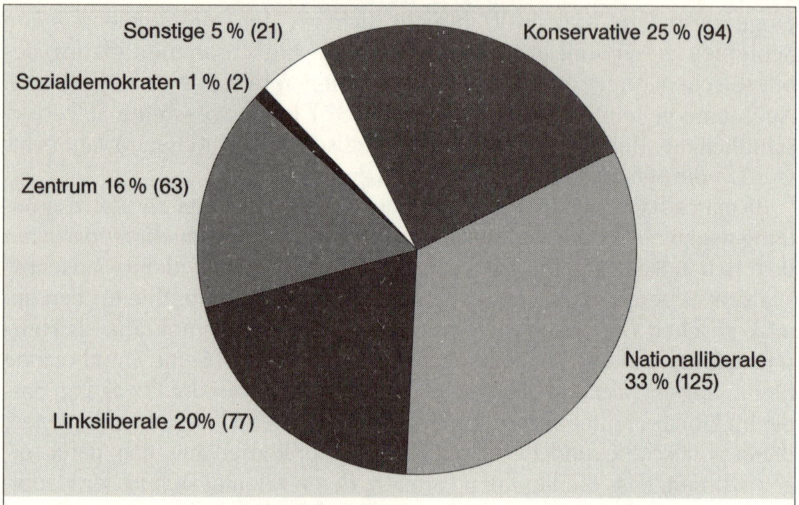

Quelle: Hohorst/Kocka/Ritter, Sozialgeschichtliches Arbeitsbuch 1870–1914, S. 173

Der erste Reichstag wurde am 21. März 1871 mit einer Thronrede Kaiser Wilhelms I. im Berliner Stadtschloss feierlich eröffnet. Die weiteren Sitzungen des Reichstages fanden in einem rasch errichteten provisorischen Gebäude statt. Der Neubau des Reichstagsgebäudes nach Plänen des Architekten Paul Wallot (1841–1912) konnte aufgrund der Schwierigkeiten, die sich bei der Suche nach einem geeigneten Bauplatz im Zentrums Berlins ergaben, erst 1884 begonnen und ein Jahrzehnt später abgeschlossen werden. Seither war der Wallot-Bau bis 1933 der Sitz des gewählten deutschen Parlaments.

Verfassungsberatungen des Reichstags

Die erste Aufgabe des neu gewählten Parlaments bestand in der Verabschiedung der Reichsverfassung. Bismarck hatte von Anfang an deutlich gemacht, dass es dabei lediglich um die formelle Bestätigung der durch die Verträge mit den süddeutschen Staaten bereits getroffenen Entscheidung für die Übernahme der leicht geänderten Verfassung des Norddeutschen Bundes gehen konnte.

Es gab aus den Reihen des Reichstages im Rahmen der Verfassungsberatungen im Frühjahr 1871 gleichwohl einen Versuch, eine wesentliche Änderung gegenüber der Verfassungsvorlage Bismarcks durchzusetzen. Dieser wurde von der Zentrums-Fraktion, also vom „politischen Katholizismus" (vgl. unten S. 23 f.) unternommen. Das Zentrum forderte, dass in die Reichsverfassung ein Katalog der **Grundrechte** aufgenommen werden sollte. Eine wichtige Motivation hierfür war, dass man in Anbetracht der Minderheitenstellung des katholischen Bevölkerungteils im neuen Reich insbesondere das Recht auf freie Religionsausübung verfassungsrechtlich absichern wollte.

E

Grundrechte
Im deutschen Verfassungsrecht wurde der Begriff Grundrechte im Zuge der Verfassungsberatungen der Nationalversammlung in der Frankfurter Paulskirche 1848 geprägt. Die Nationalversammlung maß den Grundrechten so große Bedeutung bei, dass sie noch vor Beendigung der Verfassungsberatungen das „Gesetz betreffend der Grundrechte des Deutschen Volkes" verabschiedete (27. Dezember 1848). Die Grundrechte wurden damit geltendes Recht, noch bevor sie in die am 28. März 1849 verabschiedete Gesamt-Verfassung integriert wurden (als §§ 130–189). Bedingt durch das Scheitern der Revolution von 1848/49 blieb das Grundrechte-Gesetz jedoch ohne konkrete Auswirkungen und wurde im August 1851 durch den wieder errichteten Deutschen Bund formell aufgehoben. Die wichtigsten Bestimmungen des Gesetzes vom 27. Dezember 1848 garantierten das Recht der Freizügigkeit (freie Wahl von Wohnsitz und Aufenthalt, Auswanderungsrecht), die Rechtsgleichheit aller Staatsbürger und die Unabhängigkeit der Rechtsprechung von staatlicher Intervention, die Unverletzlichkeit der Person (keine Inhaftierung ohne richterlichen Haftbefehl), das Verbot der Todesstrafe (außer unter Kriegsrecht) und des Prangers, die Unverletzlichkeit der Wohnung (keine Hausdurchsuchung ohne richterlichen Durchsuchungsbefehl), das Briefgeheimnis, das Recht auf freie Meinungsäußerung in Wort und Schrift, die Versammlungs- und Vereinigungsfreiheit, das Recht auf freie Religionsausübung, die Freiheit von Wissenschaft und Lehre, das Recht auf freie Berufswahl sowie die Eigentumsfreiheit.

Der Grundrechte-Vorstoß des Zentrums traf jedoch auf die einhellige Ablehnung der anderen Fraktionen. Die liberale Parlamentsmehrheit war keineswegs grundsätzlich gegen eine verfassungsrechtliche Grundrechtskodifizierung, aber sie wollte eine faktische Privilegierung der christlichen Kirchen durch einen entsprechenden Artikel zum Schutz der Religionsausübung nicht mittragen. So blieb die Reichsverfassung ganz ohne Grundrechtskatalog.

Obwohl die Initiative des Zentrums scheiterte, war die Fraktion bereit, die Verfassung als solche anzunehmen. Das galt auch für die größte Fraktion des ersten Reichstages, die der Nationalliberalen. Zwar stellte das neue Staatsgrundgesetz bismarckscher Prägung keineswegs den Idealtypus der Verfassungsvorstellungen von liberaler Seite dar, dennoch erschien sie den liberalen Abgeordneten akzeptabel. Sie stimmten nicht zuletzt in der Hoffnung zu, später Verfassungsänderungen in Richtung auf einen Ausbau der Parlamentsrechte durchsetzen zu können.

Verabschiedung der Reichsverfassung

In der Schlussabstimmung am 14. April 1871 votierten nur sieben der zu diesem Zeitpunkt insgesamt 382 Abgeordneten des ersten Reichstages gegen die Annahme der Verfassung. Es handelte sich um einen Vertreter der dänischen Minderheit in der preußischen Provinz Schleswig-Holstein sowie um vier Abgeordnete der „Welfen-Partei" aus dem ehemaligen Königreich Hannover, das 1866 von Preußen annektiert worden war. Auch die beiden Sozialdemokraten im ersten Reichstag stimmten mit Nein, sie hatte ihre fundamentale Ablehnung des gesellschaftlichen und politischen Systems des neuen Reichs schon zuvor zum Ausdruck gebracht. Die Reichsverfassung trat am 16. April 1871 in Kraft.

Entgegen den ursprünglichen Hoffnungen auf liberaler Seite ist die Reichsverfassung bis zum Oktober 1918, als das Kaiserreich bereits unmittelbar vor seinem Zusammenbruch stand, in keinem wesentlichen

Punkt geändert worden. So bestimmte Bismarcks Schöpfung die politischen Mechanismen des Kaiserreichs praktisch bis zu dessen Ende.

Bezeichnend für den Charakter der Gründung des Reiches „von oben" ist schon der Wortlaut der Präambel der Reichsverfassung, in welcher seine Entstehung als Bund souveräner Fürsten betont wird.

Q

Verfassung des Deutschen Reichs vom 16. April 1871 (Präambel)
(nach: Bruch/Hofmeister, Deutsche Geschichte in Quellen und Darstellung, Bd. 8, S. 25)

Seine Majestät der König von Preußen im Namen des Norddeutschen Bundes, Seine Majestät der König von Bayern, Seine Majestät der König von Württemberg, Seine Königliche Hoheit der Großherzog von Baden und Seine Königliche Hoheit der Großherzog von Hessen und bei Rhein [...] schließen einen ewigen Bund zum Schutze des Bundesgebietes und des innerhalb desselben gültigen Rechtes, sowie zur Pflege der Wohlfahrt des Deutschen Volkes. Dieser Bund wird den Namen Deutsches Reich führen [...].

Da das Reich als ein monarchischer Bund definiert war, kannte die Verfassung das moderne Prinzip der Volkssouveränität nicht. Inhaber der Souveränität waren verfassungsrechtlich die Bundesglieder, also die regierenden Fürsten und die freistädtischen Senate. Der führende zeitgenössische Staatsrechtler Paul Laband (1838–1918) stellte 1876 unzweideutig fest: „Das Deutsche Reich ist nicht eine juristische Person von 40 Millionen Mitgliedern, sondern von 25 Mitgliedern."

Bundesrat

Gemeinsames Organ der 25 Bundesstaaten war der Bundesrat. In diesem gab es insgesamt 58 Stimmen (1911 kamen drei Stimmen für das Reichsland Elsass-Lothringen hinzu). Davon hatte Preußen 17 inne, dann folgten Bayern mit sechs, Sachsen und Württemberg mit je vier, Hessen und Baden mit je drei sowie Mecklenburg-Schwerin und Braunschweig mit je zwei Stimmen. Alle anderen Bundesglieder verfügten über je eine Stimme (Art. 6 der Reichsverfassung v. 16. 4. 1871). Formal konnte Preußen damit überstimmt werden, in der politischen Praxis diente der Bundesrat gleichwohl der Absicherung der preußischen Hegemonie im Reich. Das wirtschaftlich und politisch übermächtige Preußen brauchte nicht zu befürchten, dass die zahlreichen von ihm abhängigen nord- und mitteldeutschen Kleinstaaten es wagen würden, im Bundesrat gegen seinen Willen Mehrheitsentscheidungen herbeizuführen. Auch die verfassungsrechtliche Ermächtigung der Bundesstaaten, verschiedene Gegenstände selbständig zu regeln (darunter Finanzen, Bildung, Kultur sowie Teile des Justiz- und Steuerwesens), änderten grundsätzlich nichts an der Führungsrolle Preußens. Das gilt auch für einige wenige „Reservatrechte", die sich Bayern und Württemberg vorbehielten (darunter bestimmte Eigenständigkeiten im Post-, Telegrafen- und Eisenbahnwesen, Sonderregelungen für das württembergische Heer, die bayerische Armee blieb in Friedenszeiten unter dem Oberkommando des Königs von Bayern). Michael Stürmer hat die Reservatrechte pointiert als „föderalistische Trostpreise für die Süddeutschen" bezeichnet, Hans-Peter Ullmann spricht zurückhaltender von „hegemonialem Föderalismus" und konstatiert, dass die Verfassung die preußische Hegemonie zugleich sicherte und verschleierte.

Eine Sonderstellung im Kontext des Verhältnisses zwischen dem Reich und den Bundesstaaten nahm das schon erwähnte Reichsland Elsass-Lothringen ein. Es hatte keine eigenständige Landesobrigkeit; an der Spitze der Verwaltung stand dort zunächst ein vom Kaiser ernannter Beamter im Range eines Oberpräsidenten, der dem Reichskanzler direkt unterstellt war. Im Zuge der Umgestaltung des Reichskanzleramtes wurde 1879 ein „Statthalter" für Elsass-Lothringen bestellt, der eine Immediatstellung zum Kaiser erhielt, also nicht mehr von Weisungen des Reichskanzlers abhängig war. Dadurch wurde die Stellung des Reichslandes zwar aufgewertet, allerdings gab es dort bis 1911 keine gewählte Volksvertretung (im Gegensatz zu den Bundesstaaten, in denen – mit Ausnahme der mecklenburgischen Herzogtümer – schon längst gewählte Landtage existierten). Die Bevölkerung von Elsass-Lothringen unterlag auch anderen Benachteiligungen, so dass ihre Integration in das Reich nach zweihundert Jahren der Zugehörigkeit zum französischen Staatsverband schwer wiegend behindert wurde.

Finanzverfassung

Wies die Verfassung dem Reich wichtige Kompetenzen zu, so dass insbesondere die gesamte Außenpolitik und fast das gesamte Militärwesen von der Reichsleitung zentral gesteuert wurden, so blieb die Stellung des Reiches gegenüber den Bundesstaaten auf der finanziellen Ebene vergleichsweise schwach. Die Regelungen zur Finanzverfassung bedingten, dass die Masse der Steuereinnahmen den Bundesstaaten zufloß, während das Reich direkt lediglich einige Verbrauchssteuern (auf Salz, Tabak, Rübenzucker sowie mit Einschränkungen auf Bier und Branntwein), sämtliche Zolleinnahmen sowie anfallende Überschüsse aus dem Post- und Telegrafenwesen erhielt (Art. 33 ff.). Bismarck hatte für diese aus Ländersicht günstige Regelung in der Reichsverfassung gesorgt, um im Vorfeld der Reichsgründung die Beitrittswilligkeit der süddeutschen Staaten zu fördern. Mit den begrenzten Geldquellen aber waren die Reichsausgaben nicht zu finanzieren und das Reich blieb abhängig von erheblichen Zahlungen der Bundesglieder, nicht zuletzt zur Deckung des Militärhaushalts. Diese Zahlungen der Länder wurden als „Matrikularbeiträge" bezeichnet und auf der Grundlage der Bevölkerungszahl der Einzelstaaten berechnet. Erst als die Zolleinnahmen des Reiches mit der Wende zur Schutzzollpolitik im Jahre 1879 (vgl. Kap. II 1. b) massiv anstiegen, besserte sich seine finanzielle Lage. Im Reichstag wurde allerdings vor allem vom föderalistisch eingestellten Zentrum durchgesetzt, dass die Länder jetzt bedeutende Anteile an den Zolleinnahmen erhielten („Franckensteinsche Klausel"; benannte nach dem an ihrer Entstehung wesentlich beteiligten Zentrums-Abgeordneten Georg Freiherr von Franckenstein [1825–1890]). Da diese zeitweilig höher ausfielen als die weiterhin zu zahlenden Matrikularbeiträge, wurden die Länder zu Nettozahlungsempfängern des Reiches. Bedingt durch die rasant steigenden Rüstungskosten, insbesondere infolge der massiven Aufrüstung der Kriegsflotte seit 1898, wurde der Reichshaushalt jedoch trotz der Zolleinnahmen und der Matrikularbeiträge zunehmend defizitär. Da weitere Bemühungen um eine durchgreifende, das Reich begünstigende Steuer- und Finanzreform ohne durchschlagenden Erfolg blieben, musste sich das Reich fortschreitend verschulden. Bis 1913 liefen etwa 5 Milliarden Mark Reichsschulden auf (vgl. auch Kap. III 5. e). Die Schärfe der im Reichstag immer wieder ausgetragenen Auseinandersetzungen um Haushaltsfragen lässt sich zum Teil daraus erklären, dass das Reich durch sein Finanzsystem beinahe ständig in Geldnot war, obwohl seine Wirtschaft insgesamt – zeitweilige Schwankungen eingeschlossen – prosperierte.

Der Bundesrat nahm laut Verfassung eine zentrale Funktion ein, da die Reichsgesetzgebung nur über gemeinsame Mehrheits-Beschlüsse von Bundesrat und Reichstag erfolgen konnte (Art. 5). Damit war sichergestellt, dass die mehrheitlich monarchische Obrigkeit der Bundesglieder den legislativen Ambitionen des Reichstages jederzeit Grenzen setzen konnte. Zugleich hatte der Bundesrat wichtige exekutive Aufgaben; so oblag es ihm, Ausführungsbestimmungen zu Reichsgesetzen zu erlassen, er hatte dadurch entscheidenden Einfluss auf deren administrative Umsetzung. Obwohl der Bundesrat also auf der Grundlage der Verfassung enorme Bedeutung hatte, ist seine Tätigkeit in der Geschichte des Kaiserreichs vordergründig nur wenig wahrnehmbar. Thomas Nipperdey hat von einem „Papier- und Schattendasein" des Bundesrates gesprochen. Die Ursache hierfür lag darin, dass er aufgrund seiner Konstruktion und in Anbetracht der faktischen Führungsrolle Preußens so gut wie nie Austragungsort politischer Konflikte wurde. Gegen die Richtungsentscheidungen von Kaiser und Reichskanzler, der im Bundesrat den Vorsitz führte (und in dessen Amtssitz dieser auch zu seinen grundsätzlich nicht öffentlichen Sitzungen zusammentraf, da er über kein eigenes Gebäude verfügte), ist dort kaum je fühlbar opponiert worden. Daher existierte der Bundesrat weitgehend jenseits der öffentlichen Aufmerksamkeit der Zeitgenossen.

Stellung des Kaisers

Das „Präsidium des Bundes" fiel gemäß Artikel 11 der Reichsverfassung dem König von Preußen zu, der in dieser Eigenschaft den Titel „Deutscher Kaiser" führte. Damit war das Reich als erbliche Monarchie des preußischen Königshauses der Hohenzollern konstituiert. Das ist ein wichtiger Unterschied zum „Alten Reich", das der langen und seit dem späten Mittelalter beinahe ununterbrochenen Kette der Kaiser aus dem Hause Habsburg zum Trotz stets eine Wahlmonarchie blieb. Die preußische Dominanz wird auch hierin augenfällig.

Der Kaiser vertrat das Reich völkerrechtlich, ihm stand das Recht zu, im Namen des Reichs anderen Staaten den Krieg zu erklären und Frieden zu schließen. Dazu bedurfte er der Zustimmung des Bundesrates, nicht jedoch der des Reichstages. Für die deutschen Kriegserklärungen zu Beginn des Ersten Weltkrieges im August 1914 wurde allerdings auch das Einverständnis des Bundesrates erst nachträglich eingeholt.

Die kaiserliche Prärogative war auch sonst gerade im militärischen Bereich besonders stark ausgeprägt. Entscheidende Teile des Militärwesens waren einer unmittelbaren parlamentarischen Kontrolle völlig entzogen. Lediglich durch die Zustimmungspflichtigkeit zum Wehretat (aber auch hier nur eingeschränkt) sowie in Fragen der Militärverwaltung, die gesetzlich geregelt werden mussten, konnte der Reichstag Einfluss geltend machen. Im Rahmen seiner „Kommandogewalt" aber entschied der Kaiser allein über die militärische Planung, die Stellenbesetzung, Organisation, Ausbildung, Disziplin, Mobilisierung und den Einsatz des deutsches Heeres und der Marine (Art. 53, 63 und 64). In diesen Bereichen bedurfte der Monarch auch nicht der Gegenzeichnung seiner Anordnungen durch den

Reichskanzler, welche in zivilen Fragen erforderlich war. Darüber hinaus hatten zahlreiche Offiziere im Generals- und Admiralsrang eine „Immediatstellung" gegenüber dem Kaiser inne, wodurch sie befugt waren, ihm unmittelbar Vortrag über ihren Aufgabenbereich zu halten und kaiserliche Entscheidungen einzuholen, ohne dass irgendeine zivile Stelle eingeschaltet oder informiert werden musste. Dies galt nicht zuletzt für die Chefs des Militär- und des erst 1889 eingerichteten Marinekabinetts, welche die engsten militärischen Beratungsgremien des Monarchen darstellten. Damit wurde eine Art militärischer „Nebenregierung" etabliert, in deren Tätigkeit die zivilen politischen Instanzen keinen Einblick hatten und auf die sie auch keinen direkten Einfluss ausüben konnten. Bezeichnend ist, dass die Chefs von Militär- und Marinekabinett wöchentlich drei regelmäßige Audienzen beim Kaiser hatten, der Reichskanzler nur eine, (preußische) Minister mussten erforderlichenfalls im Einzelfall um Termine bitten. Besonders im Verlauf des Ersten Weltkrieges sollte sich zeigen, dass die militärische Führung sich so gegenüber der zivilen Reichsleitung und dem Reichstag fast vollkommen selbständig verhalten und wesentliche politische Richtungsentscheidungen in hohem Maße mitbestimmen konnte.

Wehrpflicht

Die Reichsverfassung schrieb auch die allgemeine (Männer-)Wehrpflicht mir dreijähriger aktiver Dienstzeit fest (Art. 57 und 59). Die aktive Wehrdienstzeit wurde 1893 im Rahmen größerer Umstrukturierungen bei den Fußtruppen allerdings auf zwei Jahre verkürzt. Junge Männer mit höherer Schulbildung und guter finanzieller Ausstattung (das war allerdings nur ein Bruchteil der insgesamt Wehrpflichtigen) hatten die Möglichkeit, ihren Wehrdienst als so genannte Einjährig-Freiwillige verkürzt auf ein Jahr abzuleisten. Sie konnten dann unter Umständen Reserveoffiziere werden, mussten aber ihre Ausrüstung selbst finanzieren. Der Status eines Reserveoffiziers genoss hohes gesellschaftliches Ansehen und war daher vor allem in den bürgerlichen Schichten sehr begehrt. Entscheidend für den stark hervortretenden Militarismus in weiten Teilen der Gesellschaft des Kaiserreichs war jedenfalls, dass die große Mehrheit der körperlich tauglichen jungen Männer zeitweilig Militärdienst zu leisten hatte. Ein Recht auf Wehrdienstverweigerung existierte nicht. Die während der Ausbildung vermittelten militärischen Disziplinierungs- und Normierungsgrundsätze hatten so eine große gesellschaftliche Reichweite.

Reichskanzler

Wesentlich für die politische Machtverteilung im Reich war ferner, dass der Kaiser das Recht hatte, den **Reichskanzler** ohne Mitwirkung des Reichstages zu ernennen und wieder zu entlassen. Der Reichskanzler seinerseits übte als Vorsitzender des Bundesrates die wichtigsten exekutiven Funktionen im Reich aus (Art. 15). Er zeichnete die zivile Angelegenheiten betreffenden kaiserlichen Anordnungen und Verfügungen gegen und übernahm auf diese Weise die Verantwortlichkeit dafür (Art. 17). Die Exekutive des Reiches war damit von der unmittelbaren Autorität des Parlamentes unabhängig. Der Reichstag hatte keine direkte Möglichkeit, auf die Berufung beziehungsweise die Entlassung des Reichskanzlers einzuwirken. Wesentlich für die Amtsdauer des Reichskanzlers war mithin das persönliche Vertrauen, das der Monarch in ihn setzte oder nicht mehr setzte.

E

Reichskanzler waren zwischen 1871 und 1918 Otto von Bismarck (von 1871 bis 1890), Leo von Caprivi (von 1890 bis 1894), Chlodwig von Hohenlohe-Schillingsfürst (von 1894 bis 1900), Bernhard von Bülow (von 1900 bis 1909), Theobald von Bethmann Hollweg (von 1909 bis 1917), Georg Michaelis (1917), Georg von Hertling (von 1917 bis 1918) sowie Max von Baden (1918).

Auf der Grundlage der Reichsverfassung waren der Bundesrat beziehungsweise der Reichskanzler in Abhängigkeit vom Kaiser die exekutiven Organe des Reiches. Eine Bildung von Reichsministerien war nicht vorgesehen. Als administrativer Unterbau stand dem Reichskanzler zunächst lediglich das Reichskanzleramt zur Verfügung. Bismarck ging bei der Reichsgründung davon aus, dass die konkrete Regierungsarbeit für das Reich von den preußischen Fachministerien erledigt werden könne. Deren Tätigkeit leitete er als preußischer Ministerpräsident auch, zugleich sollte so die Reichsexekutive noch besser gegen einen möglichen Einfluss des Reichstages abgeschirmt werden. Die Personalunion von preußischem Regierungschef und Reichskanzler war allerdings in der Verfassung nicht vorgeschrieben. Gleichwohl hatten Bismarck und die Mehrzahl seiner Nachfolger im Reichskanzleramt bis 1918 beide Funktionen parallel inne.

Reichsämter

Es erwies sich rasch als unmöglich, die schnell wachsenden Aufgaben der Reichsexekutive tatsächlich dauerhaft durch die preußischen Ministerien und das Reichskanzleramt allein bearbeiten zu lassen. Daher wurden bereits seit Mitte der 1870er-Jahren so genannte Reichsämter geschaffen, die faktisch die Funktion von Reichsministerien ausübten. Zum Teil wurden dazu bisherige Zuständigkeiten aus dem Reichskanzleramt ausgegliedert und selbständig organisiert. Die Leiter der Reichsämter erhielten nicht den Rang von Ministern, sondern den von Staatssekretären. Sie waren weisungsgebundene Untergebene des Reichskanzlers und wurden, wie der Reichskanzler, ohne Mitwirkung des Reichstages vom Kaiser ernannt und entlassen. Daher wurde bis 1918 auch meist nicht von einer „Reichsregierung", sondern von einer „Reichsleitung" gesprochen. Im einzelnen entstanden das Auswärtige Amt (bereits 1870), das Reichseisenbahnamt (1873), das Reichspostamt (1876), das Reichsjustizamt (1877), das Reichsamt des Innern (mit der Zuständigkeit auch für Wirtschaft und Soziales) und das Reichsschatzamt (beide 1879), das Reichsmarineamt (1889) und zuletzt 1907 das Reichskolonialamt. Zu den Reichsämtern zu zählen ist auch die Sonderverwaltung für Elsass-Lothringen, die seit 1879 von dem in Straßburg residierenden „Reichsstatthalter" geleitet wurde. Daneben wurden einige weitere oberste Reichsbehörden geschaffen, darunter das Reichspatentamt (1872), das Statistische Amt (1872) und das Kaiserliche Gesundheitsamt (1876). Verbunden mit dem Ausbau der Reichsverwaltung war ein starker Personalzuwachs. Die kennzeichnenden Schlagworte zur Reichsverwaltung seit 1871 lauten Expansion und Differenzierung.

Trotz des Aufbaus der Reichsämter und -behörden blieb vor allem die personelle Verflechtung von Reichs- und preußischer Administration stets eng. Die politische Bedeutung der Chefs der Reichsämter wuchs allerdings vor allem nach der Jahrhundertwende beständig, womit ein Bedeutungsverlust der preußischen Ministerien einherging.

Reichstag

Dem Reichstag fielen auf der Grundlage der Bismarck'schen Reichsverfassung im Vergleich zur Volksvertretung in einer parlamentarisch-demokratischen Regierungsform lediglich begrenzte Befugnisse zu. Das erstaunlich fortschrittlich wirkende Wahlrecht, festgelegt in Artikel 20 der Reichsverfassung, wurde schon erwähnt. Das begleitende Wahlgesetz bestimmte zudem, dass ein reines Mehrheitswahlrecht galt. Es gab lediglich direkt in einem Wahlkreis gewählte Abgeordnete im Reichstag. Mandatsträger eines Wahlkreises wurde derjenige Kandidat, der im ersten Wahlgang die absolute Mehrheit der abgegebenen Stimmen erhielt. Gelang dies keinem der Kandidaten, wurde zwischen den beiden Bewerbern mit den meisten Stimmen des ersten Wahlgangs eine Stichwahl durchgeführt. Die Reichsverfassung sah zunächst eine Gesamtzahl von 382 Abgeordneten im Reichstag vor. Die Mandatszahl wurde jedoch bereits 1873 durch die Einbeziehung der 15 Wahlkreise des Reichslandes Elsass-Lothringen auf 397 erhöht. Bei dieser Zahl blieb es bis 1918, obwohl sich bedingt durch das starke Bevölkerungswachstum erhebliche Disparitäten hinsichtlich der in den einzelnen Wahlkreisen wohnenden Bevölkerung ergaben. Ursprünglich waren die Wahlkreise so zugeschnitten worden, dass in ihnen jeweils etwa 100000 Menschen lebten, die acht Kleinstaaten, die 1871 weniger als 100000 Einwohner hatten, wurden jedoch gleichwohl zu einem eigenen Wahlkreis gemacht. Dadurch aber, dass die städtischen Regionen vom Bevölkerungszuwachs sehr viel stärker betroffen waren (vor allem durch massive Binnenwanderungen) als die ländlichen Gebiete, wurden die Parteien, deren Wählerklientel überwiegend in den größeren Städten lebte, durch die starre Wahlkreiseinteilung benachteiligt. Zur Verdeutlichung: im bevölkerungsreichsten Wahlkreis Teltow-Charlottenburg lebten 1912 rund 338900 Wahlberechtigte, im Abstimmungsbezirk Schaumburg-Lippe hingegen nur etwa 10700 – und beide entsandten je einen Abgeordneten.

Die Dauer der Legislaturperiode des Reichstags wurde in der Verfassung auf drei Jahre festlegt (Art. 24). Diese Bestimmung wurde allerdings 1888 auf fünf Jahre geändert. Wichtig für das Verhältnis von Reichstag und Exekutive war neben der Stellung des Reichskanzlers, dass Artikel 21 hohe Hürden für die gleichzeitige Wahrnehmung eines besoldeten Staatsamtes und eines Reichstagsmandates errichtete. Wenn ein Abgeordneter die Berufung in ein Amt der Reichsleitung beziehungsweise der Regierung eines Bundesstaates annahm, musste er sein Mandat niederlegen. Dadurch wurde die Trennung zwischen exekutiver Gewalt und Parlament betont.

Die Stellung der Exekutive gegenüber dem Reichstag wurde weiterhin durch die Bestimmung gestärkt, dass der Bundesrat mit Zustimmung des Kaisers befugt war, den Reichstag jederzeit aufzulösen (Art. 24). Zwar mussten nach einer Reichstagsauflösung binnen 60 Tagen Neuwahlen stattfinden und das neu gewählte Parlament war spätestens nach 90 Tagen einzuberufen (Art. 25), jedoch stand damit der Reichsleitung ein wichtiges Mittel zur Verfügung, das Parlament im Falle von aus ihrer Sicht unbefriedigenden Mehrheitsverhältnissen vorübergehend auszuschalten – in der Hoffnung, dass sich durch die erforderliche Neuwahl die Fraktionsstärken im neuen Reichstag zugunsten der Wünsche der Exekutive verschieben würden. Auf den zwischenzeitlichen Wahlkampf nämlich konnte die Reichsleitung direkt oder indirekt einwirken und damit auch den Wahlausgang beeinflussen. Tatsächlich ist das Recht zur Reichstagsauflösung in der Geschichte des Kaiserreichs, vor allem in innenpolitischen Konfliktsituationen, wiederholt zur Anwendung gekommen (1878, 1887, 1893 und 1906; vgl. unten S. 50ff.)

Gesetzesvorlagen konnten durch den Bundesrat in den Reichstag eingebracht werden (Art. 16), es war aber auch möglich, dass aus den Reihen des Parlaments selbst Gesetzesvorschläge unterbreitet wurden (Art. 23). Da aber Reichsgesetze zu ihrer Gültigkeit in jedem Falle der Zustimmung des Bundesrates bedurften, hatte das Recht der Gesetzesinitiative für den Reichstag nur begrenzte Bedeutung, da legislative Akte somit nicht gegen den Willen der vom Bundesrat repräsentierten monarchischen Obrigkeiten durchgesetzt werden konnten. Thomas Nipperdey hat mit Nachdruck betont, dass es die eigentliche Aufgabe des Bundesrates im Sinne Bismarcks gewesen sei, „die Macht des Reichstags auf Dauer einzuschränken".

Kern des Mitbestimmungsrechtes des Reichstages war das Budgetrecht, also die jährliche Festlegung des Reichshaushalts (Art. 69). Hinsichtlich des Militäretats war es allerdings eingeschränkt, weil dieser nicht jährlich neu festgelegt, sondern für längere Zeitabschnitte beschlossen wurde. Mehrfach bewilligte der Reichstag so genannte Septennate, das heißt einen für sieben Jahre gültigen Militärhaushalt. Während dieser Zeitdauer waren die Militärausgaben einer parlamentarischen Mitbestimmung entzogen – und damit der mit Abstand größte Ausgabeposten des Reiches überhaupt. Von der Reichsgründung bis zum Beginn des Ersten Weltkriegs machten die direkten Militärausgaben durchschnittlich 70 bis 75% des Reichshaushaltes aus. Allerdings unterschied sich das Deutsche Reich, wenn man die Gesamtstruktur der öffentlichen Haushalte (also unter Einschluß der Länder- und kommunalen Budgets) in den Blick nimmt, hinsichtlich der Höhe seiner Militärausgaben im Jahrzehnt vor dem Ersten Weltkrieg nicht signifikant von den anderen europäischen Großmächten.

Auf die Außenpolitik des Reiches hatte der Reichstag nur geringen Einfluss, denn zustimmungspflichtig waren völkerrechtliche Verträge mit anderen Staaten nur dann, wenn sie Zoll-, Handels-, Verkehrs- oder ähnliche Fragen berührten (Art. 4 bzw. Art. 11). Für sonstige Abkommen, insbesondere militärische Bündnisse, war ein Einverständnis der Reichstagsmehrheit nicht erforderlich, sie mussten dem Parlament nicht einmal bekannt gemacht werden. Dies war die Grundlage für das teilweise geheime Bündnissystem Bismarcks; auch seine Nachfolger setzten die in entscheidenden Punkten keinerlei direkter parlamentarischer Kontrolle unterworfene Außenpolitik fort. Immerhin konnte das Parlament jeden Bereich der Tätigkeit der Reichsleitung auf dem Wege einer Interpellation (parlamentarische Anfrage) oder einer Petition (Bittschrift) zum Gegenstand einer Debatte machen. Die Verhandlungen des Reichstages waren ausdrücklich öffentlich (Art. 22) und sie wurden in der Öffentlichkeit auch wahrgenommen, alle größeren deutschen Zeitungen berichteten regelmäßig und ausführlich über die parlamentarischen Vorgänge.

Die Mitglieder des Reichstages genossen weitgehende parlamentarische Immunität (Art. 30 und 31). Wichtig für die Mandatsträger war, dass Artikel 32 der Reichsverfassung bestimmte, dass sie als Abgeordnete keine Diäten erhielten. In der Praxis bedeutete dies, dass man sich die Tätigkeit als Reichstagsabgeordneter nur dann leisten konnte, wenn man über ein beträchtliches privates Vermögen und beruflichen Freiraum verfügte oder von der eigenen Partei beziehungsweise einem Interessenverband materiell unterstützt wurde. Erst seit 1906 erhielten Reichstagsmitglieder für ihre parlamentarische Tätigkeit eine Aufwandsentschädigung. Bismarck hatte mit Artikel 32 verhindern wollen, dass sich die Mandatsträger zu Berufspolitikern entwickelten. In der realen Entwicklung ist sein Kalkül allerdings nicht aufgegangen. Zahlreiche Reichstagsmitglieder übten ihre parlamentarische Tätigkeit faktisch doch längerfristig als Beruf aus. Freilich bedingte das Fehlen einer angemessenen Abgeordnetenbezahlung einerseits, dass materiell schlechter gestellte Personen in aller Regel von vornherein an einer Bewerbung um ein Reichstagsmandat gehindert wurden. Andererseits wurden Parteien und Interessenverbände gestärkt, da ein großer Teil der Parlamentarier an sie auch materiell gebunden war. Das gemäß Artikel 29 der Reichsverfassung ausdrücklich freie, nicht an Weisungen und Aufträge gebundene Mandat jedes einzelnen Abgeordneten blieb vor diesem Hintergrund weithin Theorie.

Herrschaftssystem

In der Forschung wurde darüber gestritten, ob die Verfassung von 1871 ein Herrschaftssystem errichtete, das als konstitutionelle Monarchie bezeichnet werden kann. Insbesondere die Stellung des Kaisers, die zum Teil über die anderer „konstitutioneller" Monarchen hinausreicht, wurde als Argument dafür angeführt, das Herrschaftssystem des Reiches lediglich als „halbkonstitutionell" zu bezeichnen. Thomas Nipperdey hat unter Hinweis auf die weitestgehende persönliche Entscheidungsfreiheit, welche dem Kaiser in nahezu allen militärischen Belangen vorbehalten blieb, von einem „extrakonstitutionellen Kern" der Verfassung gesprochen. In jedem Falle aber legitimierte sie eine autoritäre Regierungsform. Der Kaiser und in Verbindung mit diesem der Reichskanzler hatten weitgehende Freiheiten in der Bestimmung des innen- und mehr noch des außenpolitischen Kurses. Daher hatten die individuellen politischen Ansichten, Fähigkeiten und Charakterzüge der drei Kaiser (Wilhelm I. [1871–1888], Friedrich III. [1888], Wilhelm II. [1888–1918]), welche dem Reich als Oberhäupter vorstanden, sowie diejenigen seiner insgesamt acht Reichskanzler hohe Bedeutung für dessen politische Entwicklung, ohne dass andere Faktoren zu vernachlässigen wären. Darauf wird im Folgenden einzugehen sein.

Die konkrete Handhabung der durch die Verfassung definierten parlamentarischen Mitbestimmungs- und Kontrollrechte beziehungsweise ihre Erweiterung war eines der entscheidenden Dauerthemen der Innenpolitik des Reiches. Vieles von dieser Innenpolitik, vor allem in der letzten Phase der Existenz des Reiches, lässt sich zusammenfassen unter dem Stichwort des Versuches der „Parlamentarisierung" des Reiches. Die Reichweite und Bedeutung der Verschiebung der politischen Gewichte innerhalb des weitgehend unverändert geltenden Verfassungsrahmens bis 1914 wird abschließend zu diskutieren sein.

3. Politische Parteien und Interessenverbände

a) Politische Parteien

Rechtliche Grundlagen

Bestand und Funktion der politischen Parteien waren im Kaiserreich nicht verfassungsrechtlich abgesichert und definiert. Ihre Existenz beruhte juristisch auf dem Vereinsrecht, welches reichseinheitlich erst 1908 geregelt wurde. Bis dahin galten die Vereinsgesetze der einzelnen Bundesstaaten, die in ihren Regelungen zum Teil erhebliche Unterschiede aufwiesen. Insbesondere politische Vereine, zu denen auch die Parteien zählten, konnten hinsichtlich ihrer Tätigkeit enger staatlicher Kontrolle und weitgehenden Beschränkungen unterworfen werden. Die Mitgliedschaft von Frauen in politischen Vereinen war bis zum Erlass des Reichsvereinsgesetzes im April 1908 grundsätzlich verboten, Jugendliche unter 18 Jahren blieben auch danach ausgeschlossen. Das letztgenannte Gesetz war aufgrund seiner hohen Bedeutung für politische Organisationen lange Zeit heftig umstritten. Bereits die Verfassung von 1871 hatte eine einheitlich für das ganze Reich geltende Vereinsgesetzgebung eingefordert (Art. 4), jedoch erst rund 37 Jahre später passierte ein entsprechendes Gesetz Bundesrat und Reichstag.

Q

Reichsvereinsgesetz vom 19. April 1908
(nach: Bruch/Hofmeister, Deutsche Geschichte in Quellen und Darstellung, Bd. 8, S. 313f.)

§ 1. Alle Reichsangehörigen haben das Recht, zu Zwecken, die den Strafgesetzen nicht zuwiderlaufen, Vereine zu bilden und sich zu versammeln. Dieses Recht unterliegt polizeilich nur den in diesem Gesetz und anderen Reichsgesetzen enthaltenen Beschränkungen. [...]
§ 3. Jeder Verein, der eine Einwirkung auf politische Angelegenheiten bezweckt (politischer Verein), muß einen Vorstand und eine Satzung haben. Der Vorstand ist verpflichtet binnen zwei Wochen nach Gründung des Vereins die Satzung sowie das Verzeichnis der Mitglieder des Vorstandes der für den Sitz des Vereins zuständigen Polizeibehörde einzureichen. [...]

Insgesamt stellte das Vereinsgesetz von 1908 eine Liberalisierung des Vereins- wie auch des eng damit verbundenen Versammlungsrechtes dar. Letzteres war ebenfalls aufgrund des fehlenden Grundrechtskatalogs in der Reichsverfassung nicht für das ganze Reich einheitlich gesichert. Öffentliche politische Versammlungen in geschlossenen Räumen unterlagen erst mit dem Gesetz von 1908 keiner polizeilichen Genehmigungspflicht mehr, sie mussten den zuständigen Behörden nur noch angezeigt werden. Genehmigungspflichtig blieben allerdings politische Versammlungen und Umzüge unter freiem Himmel.

Parteiorganisationen

Jenseits ihrer unterschiedlichen rechtlichen Stellung hatten die Parteien im Kaiserreich auch mit Blick auf ihre organisatorische Gestalt wenig gemein mit den heutigen Parteien. Zum Zeitpunkt der Reichsgründung 1871 war lediglich die damals noch zahlenmäßig schwache Sozialdemokratie reichsweit organisiert. Die anderen relevanten politischen Strömungen, der Liberalismus, der Konservativismus und der politische Katholizismus, hatten zwar gleichfalls bereits eine längere Entwicklung hinter sich, als Parteien organisiert existierten sie allerdings bis dahin nur in von Bundesstaat zu Bundesstaat abweichender Form und Stärke und unter unterschiedlichen Namen. Erst im Verlauf der 1870er-Jahre wuchsen die einzelstaatlichen Parteien zu das ganze Reichsgebiet umfassenden Gebilden zusammen, die allerdings noch längere Zeit locker gefügt blieben. Nur die Sozialdemokratie stellte hier wiederum eine Ausnahme dar. Eine gewisse Verfestigung der organisatorischen Strukturen der anderen Parteien zeigte sich seit den 1880er-Jahren. Kern der Parteiorganisationen waren und blieben die Parlamentsfraktionen. Allerdings kam es nicht selten vor, dass Abgeordnete während einer Legislaturperiode die Fraktion wechselten; außerdem gab es vor allem in den ersten Legislaturperioden nach 1871 noch eine nicht unbeträchtliche Anzahl fraktionsloser Abgeordneter („Wilde"), die seit Ende der 1870er-Jahre aber schnell zurückging. Da die Abgeordneten für die Finanzierung ihres Wahlkampfes im eigenen Wahlkreis selbst verantwortlich waren und die Parteien dazu nur begrenzt beitragen konnten, war ihre Bindung an sie unterstützende Interessenverbände zum Teil bedeutsamer als die Parteibindung. Außerhalb der Parlamente traten die Parteien in der Regel nur während des Wahlkampfs als örtliche Wahlkomitees oder Wahlvereine in Erscheinung, die in einem Abstimmungsbezirk einen bestimmten Kandidaten unterstützten. Ferner artikulierten sich die Parteien in verschiedenen regionalen und überregionalen Zeitungen. Diese waren neben den wiederum überwiegend in Wahlkampfzeiten abgehaltenen Versammlungen ihr Hauptinstrument zur Beeinflussung der öffentlichen Meinung.

Parteiensystem

Grundsätzlich hatte das Kaiserreich während seiner gesamten Existenz ein Fünfparteiensystem. Einer Reihe von Splitterparteien gelang es zwar zeitweilig, Abgeordnete in den Reichstag zu entsenden, doch konnten sie nie wesentlichen Einfluss auf die parlamentarische Mehrheitsbildung erlangen. Die fünf großen Parteien beziehungsweise politischen Lager waren jeweils mehr oder weniger deutlich einem bestimmten „sozialmoralischen Milieu" in der Bevölkerung verpflichtet, der Typus der modernen milieuverbindenden „Volkspartei" entwickelte sich allenfalls in Ansätzen.

Liberalismus

Die am Beginn des Kaiserreichs stärkste politische Strömung stellten die Liberalen dar. Dies zeigen auch die unten (S. 149) angeführten Wahlergebnisse und die Sitzverteilung im ersten Reichstag. Politisch und organisatorisch stellte der deutsche Liberalismus zu keinem Zeitpunkt eine Einheit dar. Zwar gab es gewisse liberale Grundüberzeugungen (darunter die von der Richtigkeit der marktwirtschaftlichen Ordnung der Wirtschaft, die Forderung nach Rechtsstaatlichkeit und der Wahrung individueller Freiheitsrechte), welche allen seinen Spielarten gemein waren, im konkreten Umgang mit wichtigen politischen Fragen zeigten sich jedoch erhebliche Differenzen und das nicht erst seit 1871. Der Liberalismus war insgesamt in den Nationalliberalismus und den Linksliberalismus gespalten.

Der Linksliberalismus erlebte seinerseits seit 1871 mehrere Parteispaltungen und -fusionen, so dass er unter wechselnden Parteinamen auftrat (u. a. Deutsche Fortschrittspartei, Deutsche Freisinnige Partei, Freisinnige

Volkspartei, Freisinnige Vereinigung, Fortschrittliche Volkspartei). Programmatisch war der Linksliberalismus im Vergleich zum Nationalliberalismus vor allem dadurch gekennzeichnet, dass er Forderungen nach einer weitergehenden Parlamentarisierung des politischen Systems und auch nach einer aktiven staatlichen Sozialpolitik aufgeschlossener oder sogar ausdrücklich positiv gegenüberstand. Das Prinzip der konstitutionellen Monarchie wurde von linksliberaler Seite jedoch nicht aktiv in Frage gestellt. Unter den führenden Persönlichkeiten im linksliberalen Spektrum hatten Eugen Richter (1838–1906) und **Friedrich Naumann** besondere Bedeutung.

E

Friedrich Naumann (1860–1919), geboren in der Nähe von Leipzig, studierte evangelische Theologie und wurde Pfarrer. Naumann bemühte sich frühzeitig um praktische Lösungsmöglichkeiten für soziale Probleme. Er trat für die Schaffung von Selbsthilfeorganisationen der Arbeiterschaft und eine aktive staatliche Sozialpolitik ein. Ferner befürwortete er eine Ausweitung der Mitbestimmungsrechte des Reichstages. An der Erarbeitung des Grundrechtskatalogs in der Weimarer Reichsverfassung wirkte Naumann noch kurz vor seinem Tod 1919 mit.

Der Nationalliberalismus stellte so wenig wie der Linksliberalismus einen monolithischen Block dar, wenngleich seine Organisationsgeschichte äußerlich kontinuierlicher unter dem Namen „Nationalliberale Partei“ verlief. Auch in dieser gab es Flügelkämpfe, welche wiederholt zu Abspaltungen beziehungsweise Fraktionsaustritten von Abgeordneten führten. Die Grenzen zum Linksliberalismus einerseits und zum konservativen Spektrum andererseits waren fließend. Insgesamt stimmten die Nationalliberalen der autoritären Politik Bismarcks und seiner Nachfolger nach innen und einer Erweiterung des machtpolitischen Einflusses des Deutschen Reiches nach außen – anders als viele Linksliberale – weitgehend zu. Insbesondere trugen sie mehrheitlich die imperialistische Außen-, Rüstungs- und Flottenpolitik mit. Eine führende Rolle bei den Nationalliberalen spielte spätestens seit 1867 **Rudolf von Bennigsen.**

E

Rudolf von Bennigsen (1824–1902), geboren in der Nähe von Hannover, stammte aus einer adeligen Beamten- und Offiziersfamilie. Er befürwortete bereits in den späten 1850er-Jahren die Idee einer deutschen Einigung unter preußischer Führung. Nachdem Hannover 1866 von Preußen annektiert worden war, spielte Bennigsen bald eine Führungsrolle bei den preußischen Nationalliberalen. 1867 übernahm er den Fraktionsvorsitz im Preußischen Abgeordnetenhaus und zugleich im Parlament des Norddeutschen Bundes; 1871 trat er auch an die Spitze der nationalliberalen Fraktion im Reichstag. Von 1873 bis 1879 war er Präsident des preußischen Abgeordnetenhauses. 1878/79 verhandelte Bennigsen längere Zeit mit Bismarck über seinen Eintritt in die preußische Regierung, als diese Gespräche schließlich ergebnislos endeten, bestimmte dies Bismarcks Entschluss zu einer Beendigung der zeitweiligen Kooperation mit den Nationalliberalen mit. 1883 zog sich Bennigsen nach innerparteilichen Querelen aus den politischen Leben zurück. Als er 1887 in die Reichstagsfraktion zurückkehrte, konnte er seine dominierende Stellung nicht zurückgewinnen. 1889 ernannte ihn Kaiser Wilhelm II. zum Oberpräsidenten der preußischen Provinz Hannover.

Später folgte Bennigsen an der Spitze der Nationalliberalen Ernst Bassermann (1854–1917).

Die liberalen Parteien hatten ihre Wählerklientel mehrheitlich in den mittleren und gehobenen bürgerlichen Schichten der Städte, vor allem soweit diese einer der protestantischen Kirchen angehörten. Eine gewisse Rolle spielten hier auch Teile des Kleinbürgertums und Inhaber mittelgroßer landwirtschaftlicher Betriebe. Finanzielle Unterstützung erhielten die liberalen Parteien aus unterschiedlichen Kreisen der Wirtschaft.

Konservatismus

Die konservativen Parteien konkurrierten zum Teil mit den Nationalliberalen um bürgerliche Wählergruppen, hatten aber erheblich stärkeren Rückhalt als diese in der ländlichen Bevölkerung vor allem der preußischen Ostprovinzen und in Mecklenburg. Hier hatten vielfach noch immer die adeligen Gutsbesitzer die politische Meinungsführerschaft inne und beeinflussten die teilweise von ihnen abhängigen bäuerlichen und unterbäuerlichen Wähler in diesem Sinne. Programmatisch standen die Konservativen Bismarck und seinem autoritären Regierungsstil nahe. Dies allerdings durchaus nicht immer kritiklos, Teile gerade der preußischen Konservativen lehnten bestimmte Elemente der Politik Bismarcks sogar entschieden ab. Ein Grund hierfür waren Bismarcks zeitweilige, taktisch bedingte Zugeständnisse an die Liberalen (z. B. während des Kulturkampfs; vgl. unten Kap. II.1). Eine die Interessen der deutschen (Groß-)Landwirtschaft wahrende Wirtschaftspolitik hatte für die Konservativen herausragende Bedeutung. Daher gab es zwischen den Konservativen und agrarischen Interessenorganisationen auch besonders enge Verbindungen. Im wirtschaftspolitischen Bereich lag generell ein beständiger Konfliktherd mit den Nationalliberalen, trotz wesentlicher Übereinstimmungen hinsichtlich außenpolitischer und anderer Fragen. Auch hinsichtlich der Religionssowie der Schul- und Bildungspolitik waren liberale und konservative Positionen gar nicht oder nur sehr schwer vermittelbar. Organisatorisch bildeten die Konservativen ebenfalls keine Einheit. Ihre wichtigsten Parteiorganisationen waren die Deutschkonservative Partei und die Deutsche Reichspartei (zum Teil unter der Bezeichnung Freikonservative). An den Rändern des konservativen Spektrums gab es aber auch diverse Splitterparteien, teilweise mit antisemitischem Einschlag. Adelige spielten in der Führung der Konservativen generell eine größere Rolle als in den anderen Parteien. Unter den wichtigsten Parteiführern ist Otto von Manteuffel (1805–1882) zu nennen.

Politischer Katholizismus

In mancher Beziehung fiel der Deutschen Zentrumspartei eine Sonderrolle im Parteienspektrum des Kaiserreichs zu. Hatten alle anderen Parteien deutliche Schwerpunkte hinsichtlich ihrer Unterstützer in bestimmten sozialen Milieus, so war das verbindende Element der Anhängerschaft des Zentrums zunächst die Zugehörigkeit zur römisch-katholischen Kirche. Zwar gab es nie eine formelle Bindung zwischen Parteiorganisation und Kirche, auch definierte sich das Zentrum selbst zu keinem Zeitpunkt offiziell als „katholische" Partei. In der politischen Realität indessen spielte es die Rolle des „politischen Katholizismus". Die Funktion des Faktors Konfession als bindendes Element bedingte, dass das Zentrum hinsichtlich seiner Wähler- und Anhängerschaft am ehesten mit einer modernen, soziale Schichten übergreifenden Volkspartei zu vergleichen ist. Nach innen hatte dies allerdings im Zentrum eine ausgeprägte Flügelbildung zur Folge, da der Versuch unternommen werden musste, unterschiedliche Interessen sozial differierender Wählergruppen programmatisch in Einklang zu bringen. Seine innere Heterogenität war ausschlaggebend dafür, dass das Zentrum nicht ohne weiteres als konservative Partei bezeichnet werden kann. Zwar gab es gerade mit den Konservativen wichtige Anknüpfungspunkte, nicht zuletzt in der Religionspolitik. Im Zentrum bildete sich aber auch ein starker „linker" Arbeiterflügel heraus. Dieser trug insbesondere dazu bei, dass die Partei immer wieder auf eine aktivere, arbeiterfreundliche staatliche Sozialpolitik drängte. Das Zentrum war „nicht Klassenpartei im Links-Rechts-Schema, sondern katholische Volkspartei" (Michael Stürmer). Bis zu seinem Tod weithin unbestrittener Führer des Zentrums war **Ludwig Windthorst**.

E

Ludwig Windthorst (1812–1891) stammte aus der Nähe von Osnabrück und hatte nach dem Jurastudium im Königreich Hannover Karriere gemacht. Zeitweilig fungierte er dort als Kammerpräsident und Justizminister. Auch nach der Annexion Hannovers durch Preußen 1866 blieb Windthorst als Parlamentarier ein energischer Kritiker der preußischen Politik. Insbesondere Bismarck stand Windthorst distanziert gegenüber, zugleich gehörte er durch seine rhetorische Begabung zu dessen wirkungsvollsten parlamentarischen Gegnern.

Sozialdemokratie

Die einzige Partei im Reichstag, die sich als Fundamentalopposition zum politischen und gesellschaftlichen System des Kaiserreichs begriff, war die Sozialdemokratie. Zum Zeitpunkt der Reichsgründung war die sozialistische Arbeiterbewegung noch nicht programmatisch und organisatorisch geeint. Bis 1875 bestand einerseits der Allgemeine Deutsche Arbeiterverein (ADAV), der 1863 unter dem prägenden Einfluss von Ferdinand Lasalle (1825–1864) entstanden war. Andererseits hatten August Bebel (1840–1913) und Wilhelm Liebknecht (1826–1900) 1869 die Sozialdemokratische Arbeiterpartei gegründet, welche sich im Gegensatz zum ADAV an der Theorie von Karl Marx (1818–1883) orientierte. 1875 gelang in Gotha die Vereinigung beider Organisationen zur Sozialistischen Arbeiterpartei Deutschlands (SAP). Erst 1891 wurde der Parteiname in die noch heute gültige Form Sozialdemokratische Partei Deutschlands (SPD) geändert. Grundsätzlich blieb die Sozialdemokratie auch nach 1875 programmatisch der politischen Theorie von Marx verpflichtet, ohne diese allerdings vollständig und dogmatisch zu übernehmen (vgl. unten zum Gothaer Programm, S. 49). Vielmehr gab es über Auslegung und Weiterentwicklung der Marx'schen Lehre sowie die abzuleitende praktische Politik innerhalb des geltenden politischen Systems frühzeitig heftige innerparteiliche Differenzen. Wenn die Parteieinheit dennoch bis in den Ersten Weltkrieg hinein gewahrt werden konnte – dann allerdings gründlich zerbrach –, so war dies nicht zuletzt das Verdienst **August Bebels**.

Obwohl Bebel in den inneren Richtungsstreitigkeiten der Sozialdemokraten Position zugunsten einer „revolutionären" Ausrichtung der Partei bezog, konnte er als integrative Führungspersönlichkeit ein Auseinanderbrechen der SPD verhindern. Getragen wurde die Partei im Wesentlichen von der Industriearbeiterschaft, welche infolge der nach 1871 rapide fortschreitenden Industrialisierung Deutschlands rasch an Zahl zunahm. Lediglich der Zentrumspartei gelang es in Konkurrenz mit den Sozialdemokraten längerfristig, einen Teil der Arbeiter, allerdings im Wesentlichen nur die zahlenmäßig stark untergeordneten konfessionell gebundenen Katholiken, als Wähler an sich zu binden.

E

August Bebel (1840–1913), geboren in Deutz bei Köln, wuchs nach dem frühzeitigen Tod des Vaters in ärmlichen Verhältnissen auf. Er machte eine Drechslerlehre und ließ sich 1861 als Handwerksmeister in Leipzig nieder. Hier wurde er Mitglied eines Arbeiterbildungsvereins und unter dem Einfluss Wilhelm Liebknechts mit marxistischem Gedankengut bekannt. 1869 war er Mitgründer der Sozialistischen Arbeiterpartei Deutschlands. Seither spielte er in der Partei die entscheidende Führungsrolle. Daran änderte sich auch nach der Vereinigung mit dem ADAV nichts. 1871 wurde Bebel als einer der beiden ersten sozialdemokratischen Abgeordneten in den Reichstag gewählt, dem er bis zu seinem Tod angehörte. Auch in Zeiten schwerer Bedrängnis seiner Partei blieb Bebel ein unerschütterlicher und umsichtiger Kämpfer für die Rechte der Arbeiterschaft. Als begabter Redner und Publizist entfaltete er große Öffentlichkeitswirksamkeit.

Kräfteverteilung im Reichstag

Die Ausgangssituation hinsichtlich der Kräfteverteilung im Reichstag, welche durch die erste Reichstagswahl bedingt war, wurde oben schon gezeigt. Auch im Verlauf der folgenden Entwicklung änderte sich nichts an der gegebenen Grundkonstellation des Parteiensystems. Die kleinen Parteien blieben hinsichtlich ihrer Bedeutung für die Mehrheitsbildung im Reichstag marginal. Unter den fünf großen politischen Lagern beziehungsweise Parteien im Reichstag ergaben sich jedoch im Zuge der insgesamt 12 Reichstagswahlen bis 1912 (1871, 1874, 1877, 1878, 1881, 1884, 1887, 1890, 1893, 1898, 1903, 1907, 1912; danach fanden kriegsbedingt bis zum Ende des Kaiserreichs keine mehr statt) einschneidende Gewichtsverlagerungen (vgl. auch Tabelle Seite 150).

Deutlich werden diese Gewichtsverlagerungen, wenn man die Sitzverteilung im ersten Reichstag mit der des letzten im Kaiserreich gewählten Parlaments vergleicht.

Erkennbar wird aus den Diagrammen, dass der Liberalismus insgesamt einer fortschreitenden Erosion unterlag und seine beherrschende Stellung einbüßte. Einem generellen Bedeutungsverlust unterlagen auch, bei gewissen Schwankungen allerdings, die konservativen Parteien. Als stabilste politische Kraft des Kaiserreichs erwies sich das Zentrum, das mit ziemlicher Konstanz seit 1874 jeweils etwa ein Viertel der Reichstagsmandate gewann – andererseits aber auch nicht darüber hinaus zu gelangen vermochte. Die Sozialdemokratie schließlich entwickelte sich von einer parlamentarisch nur unbedeutenden Kraft 1871 zur mit Abstand stärksten Fraktion des Reichstages von 1912. Die Gründe für diese Entwicklung des Parteiensystems werden in den folgenden Kapiteln erläutert werden.

Fundamentalpolitisierung

Bemerkenswert ist auch, dass die Wahlbeteiligung von Reichstagswahl zu Reichstagswahl beinahe kontinuierlich stieg. Während bei der ersten Reichstagswahl 1871 nur wenig mehr als die Hälfte der Berechtigten von ihrem Stimmrecht Gebrauch machte, waren es 1912 mehr als 84%. Der dahinter stehende Prozess ist als Fundamentalpolitisierung gekennzeichnet worden. Es ist den politischen Kräften offenbar gelungen, insgesamt eine ungleich größere Zahl von Menschen zu mobilisieren. Dies war auch das Ergebnis einer verschärften Ideologisierung der politischen Auseinandersetzungen.

Sitzverteilung im Reichstag 1871
(in % und Anzahl der Sitze)

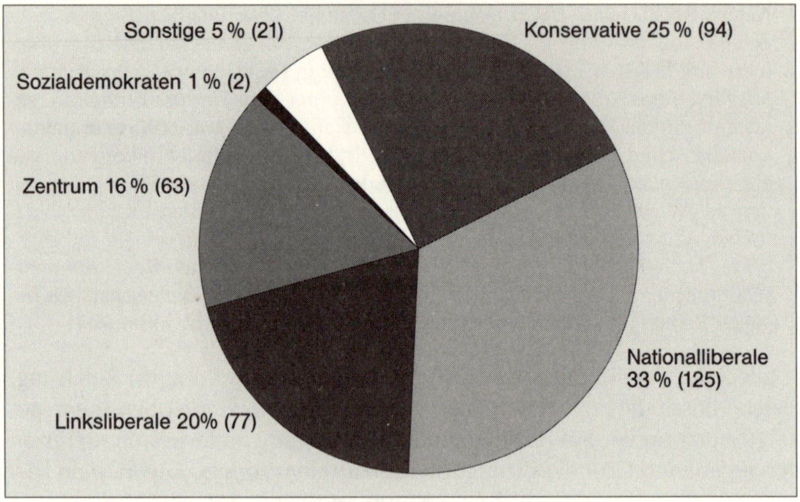

b) Interessenverbände

Aufstieg der Interessenverbände

Eine der auffälligsten Veränderungen im innenpolitischen Kräftefeld des Kaiserreichs seit seiner Gründung ist der Aufstieg der Interessenverbände. Insbesondere im Zusammenhang mit einer (zeitweiligen) Verschlechterung der wirtschaftlichen Situation des Reiches seit 1873 und einer im Allgemeinen fortschreitenden Verhärtung der politischen Fronten wurde aus unterschiedlichen gesellschaftlichen Gruppen heraus der Versuch unternommen, Organisationen zu bilden, deren Hauptaufgabe darin bestehen sollte, in der Öffentlichkeit für bestimmte Interessen zu werben und zugleich auf die politischen Entscheidungsträger Einfluss auszuüben. Im Laufe der Zeit entwickelte sich ein enges Beziehungsgeflecht zwischen Parteien und Interessenverbänden, aber auch zwischen Verbänden und der staatlicher Verwaltung.

Rechtlich unterlag die Bildung von Interessenorganisationen so wie die von Parteien den Vorgaben der Vereinsgesetzgebung. Zu ihrer Stellung im politischen System enthielt die Reichsverfassung keine Bestimmungen. Grundsätzlich können die wichtigen Interessenverbände des Kaiserreichs in zwei große Gruppen geteilt werden, nämlich diejenigen, deren Hauptzweck in der Förderung bestimmter wirtschaftlicher Intentionen bestand, und diejenigen, die weitergehend politische Ziele verfolgten. Allerdings ist diese Aufteilung in hohem Maße idealtypisch; die Grenzen zwischen beiden Gruppen sind fließend.

Gewerkschaften

Am bedeutendsten unter den wirtschaftlichen Interessenverbänden waren zweifellos die Gewerkschaften, deren grundsätzliche Zielstellung in einer Verbesserung der ökonomischen und sozialen Situation der Arbeiter-

Sitzverteilung im Reichstag 1912
(in % und Anzahl der Sitze)

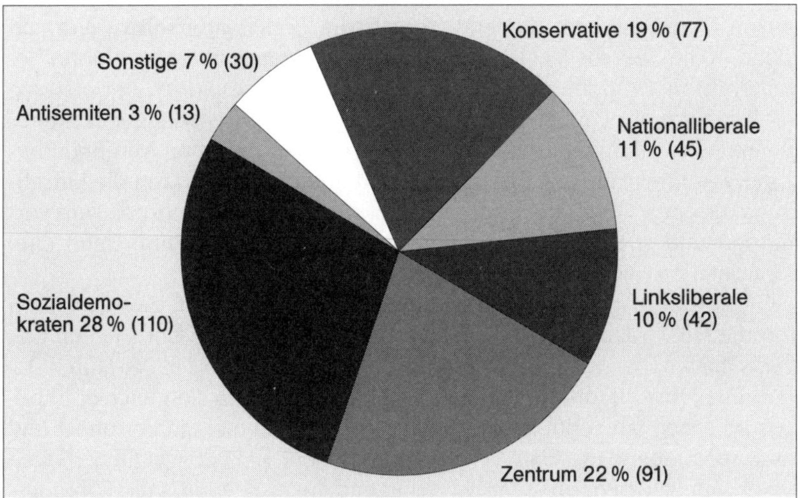

Quelle: Hohorst/Kocka/Ritter, Sozialgeschichtliches Arbeitsbuch 1870–1914, S. 173

schaft bestand. Allerdings stellte die deutsche Gewerkschaftsbewegung schon zum Zeitpunkt der Gründung des Deutschen Reiches alles andere als eine Einheit dar. Vielmehr gab es von vornherein erhebliche Differenzen hinsichtlich der konkreten Ziele und des besten Weges zu ihrer Verwirklichung. Vor diesem Hintergrund entstanden unterschiedliche, organisatorisch getrennte Gewerkschaftsrichtungen, die jeweils auch mehr oder weniger enge Verbindungen zu unterschiedlichen Teilen des Parteienspektrums unterhielten.

Am wichtigsten waren bereits 1871 die so genannten Freien Gewerkschaften, die seit Beginn der 1860er-Jahre entstanden waren und sich in einzelne Berufs- und Industriegewerkschaften gliederten. Um die Mitte der 1870er-Jahre hatten die Freien Gewerkschaften reichsweit schon deutlich über 50000 Mitglieder. Da sie politisch an die Sozialdemokratie gebunden waren, unterlagen auch die Freien Gewerkschaften beim Versuch der Unterdrückung der Partei insbesondere seit 1878 schwer wiegenden Beschränkungen ihrer Tätigkeit und Organisationsverboten von staatlicher Seite. Dies konnte jedoch den massiven Mitgliederzulauf nicht stoppen, ebenso wenig wie die repressiven Maßnahmen, die zahllose Arbeitgeber in ihren Betrieben über Gewerkschaftsmitglieder in der Belegschaft verhängten. Nach dem Auslaufen des Sozialistengesetzes (1890; vgl. Kap. II. 3. b) stieg die Mitgliederzahl der Freien Gewerkschaften sprunghaft an und erreichte 1913 mit deutlich über 2,5 Millionen ihren Höhepunkt im Kaiserreich. Damit stellten die Freien Gewerkschaften zugleich die weitaus stärksten Arbeiterorganisationen Europas dar. Das Verhältnis zwischen Freien Gewerkschaften und der sozialdemokratischen Partei war zwar eng, jedoch immer wieder von Konflikten um konkrete Kursbestimmungen geprägt. Seit 1890 existierte als gemeinsame Dachorganisation der Freien

Gewerkschaften die so genannte Generalkommission, deren Vorsitz von ihrer Schaffung bis 1920 Carl Legien (1861–1920) innehatte.

Ähnlich wie bei den Freien Gewerkschaften reichen auch bei den Hirsch-Dunckerschen Gewerkvereinen die organisatorischen Wurzeln schon in die Zeit vor 1871 zurück; ihr Name leitet sich von zwei ihrer bedeutendsten Gründer ab. Zahlenmäßig konnten sie jedoch mit ersteren rasch nicht mehr konkurrieren, zumal die Anzahl ihrer Mitglieder erheblichen Schwankungen unterlag. 1913 erreichten sie einen Mitgliederbestand von rund 106000. Programmatisch und politisch waren die Hirsch-Dunckerschen Gewerkvereine dem linksliberalen Parteienspektrum verbunden und suchten daher generell eher eine Kooperation denn eine Konfrontation mit den Arbeitgebern.

Organisationsgeschichtlich weit jünger als die Freien Gewerkschaften und die Hirsch-Dunckerschen Gewerkvereine waren die Christlichen Gewerkschaften, deren Entstehung überwiegend erst in den 1890er-Jahren datiert. Die Hirsch-Dunckerschen Gewerkvereine haben sie gleichwohl bereits im ersten Jahrzehnt des 20. Jahrhunderts zahlenmäßig überrundet und bis zum Vorabend des Ersten Weltkriegs mit über 341 000 Mitgliedern weit hinter sich gelassen, ohne freilich zu irgendeinem Zeitpunkt die Führungsrolle der Freien Gewerkschaften in Frage stellen zu können. Politisch waren die Christlichen Gewerkschaften mit dem linken Flügel des Zentrums verwoben. Allerdings gab es auch hier Spannungen zwischen Partei und Gewerkschaften. Grundsätzlich strebten die Christlichen Gewerkschaften ein Einvernehmen mit den Arbeitgebern an, waren aber nötigenfalls auch bereit, Konfrontationen mit dem Mittel des Streiks auszutragen.

Für alle Gewerkschaftsrichtungen gilt, dass sie bis in den Ersten Weltkrieg hinein von Seiten des Staates und der Mehrheit der Arbeitgeber nicht als legitime Arbeitnehmervertretungen anerkannt und in ihren Aktivitäten vielfach behindert wurden. Erst unter dem Druck der Kriegslage wurden die Gewerkschaften vor allem seit 1916 politisch und rechtlich aufgewertet.

Arbeitgeberverbände

Die *Arbeitgeberseite* hatte ihrerseits bereits vor 1871 begonnen, sich verbandlich zu organisieren, meist innerhalb bestimmter Branchen. Durch den Aufstieg der Arbeiterorganisationen wurde auch auf Arbeitgeberseite die Bereitschaft zum Zusammenschluß erheblich gefördert. Hinsichtlich einer ablehnenden Haltung gegenüber den Gewerkschaften war man sich weitgehend einig, mit Blick auf die für richtig gehaltene Wirtschaftspolitik gab es jedoch vielfache Meinungsverschiedenheiten. Die einzelnen industriellen Branchen wünschten vor dem Hintergrund differierender Interessen teilweise entgegengesetzte wirtschaftspolitische Maßnahmen des Staates. Daher verwundert es nicht, dass auch die deutsche Industrie sich in unterschiedlichen Organisationen formierte, die den Versuch unternahmen, die politischen Entscheidungsträger in ihrem Sinne zu beeinflussen. Der 1876 gegründete Centralverband deutscher Industrieller (CdI) repräsentierte als Dachorganisation vor allem schwerindustrielle Interessen. Die deutsche Schwerindustrie war, ähnlich wie die (Groß-)Landwirtschaft, darauf bedacht, ausländischen Konkurrenzdruck mit Hilfe einer staatlichen Schutzzollpolitik von sich fern zu halten. Im Gegensatz dazu sahen große Teile der exportorientierten Branchen (nicht zuletzt Textil-, Chemie und Fertigwarenindustrie) ihren Nutzen in einer freihändlerischen Politik, die ganz oder zum größten Teil auf Zölle verzichten sollte, und suchten daher die Wirtschaftspolitik in ihrem Sinne zu beeinflussen. Da sie sich vom CdI nicht hinreichend vertreten sahen, wurde 1895 als Konkurrenzorganisation der Bund der Industriellen (BdI) gegründet. CdI und BdI verband in der Folgezeit ein spannungsreiches Verhältnis, das meist von Konfrontation, gelegentlich auch von Kooperation geprägt war. Aufgrund ihrer wirtschaftspolitischen Grundausrichtung bestanden zwischen dem CdI und den konservativen Parteien beziehungsweise zwischen dem BdI und den Nationalliberalen intensive Verbindungen. In der Praxis förderten die Verbände den Wahlkampf bestimmter Abgeordneter finanziell und erwarteten dafür ein entsprechendes wirtschaftspolitisches Engagement im Reichstag. Generell lag die Bedeutung der Arbeitgeberverbände nicht in ihrer vergleichsweise geringen Mitgliederzahl, sondern in ihrer finanziellen Potenz.

Hansabund

Unter den Spitzenverbänden der Wirtschaft, die aktiv in die Politik einzugreifen bestrebt waren, ist auch der 1909 gegründete Hansabund zu nennen. Er repräsentierte vor allem Banken und mittelständische Unternehmer unterschiedlicher Branchen, aber auch Handwerker und Angestellte. Wirtschaftspolitisch stand der Hansabund vor allem im Gegensatz zum CdI.

Bund der Landwirte

Im Bereich der Landwirtschaft existierte schon vor 1871 eine Vielzahl von Vereinen. Ein schlagkräftiger und agitatorisch äußerst rühriger Dachverband entstand mit dem Bund der Landwirte (BdL) jedoch erst 1893, charakteristischerweise aus dem Widerstand gegen zollpolitisch bedeutsame Außenhandelsabkommen der Reichsleitung heraus (vgl. Kap. III. 3. b). Der mit den Konservativen liierte BdL vertrat vor allem die Interessen der großen und mittleren Agrarproduzenten im Reich. 1914 hatte der BdL rund 330 000 Mitglieder.

Agitationsverbände

Neben den Verbänden, die hauptsächlich nach der Durchsetzung bestimmter wirtschaftlicher Interessen strebten, entstand im Kaiserreich auch eine Vielzahl anderer Organisationen, die versuchten, auf bestimmte Politikfelder Einfluss zu gewinnen. Der 1890 gegründete Volksverein für das katholische Deutschland konnte bis 1913 über 800 000 Mitglieder gewinnen und wurde damit eine der größten Organisationen im Reich überhaupt. Mit deutlich antisozialdemokratischer Stoßrichtung war der Volksverein vor allem im volksbildnerischen Bereich tätig. Zugleich hat er die sozialpolitische Konzeption und Aktivität des Zentrums wesentlich mitbestimmt. Außer dem Volksverein gewannen vor allem auch verschiedene nationalistisch und imperialistisch ausgerichtete Agitationsverbände Bedeutung als Massenorganisationen. Die wichtigsten unter ihnen waren die Deutsche Kolonialgesellschaft (gegr. 1887), der Deutsche Flottenverein (gegr. 1898) und vor allem der Alldeutsche Verband (gegr. 1891). Gerade diese Organisationen hatten wesentlichen Anteil an der erwähnten Fundamentalpolitisierung weiter Bevölkerungskreise im Verlauf der Geschichte des Kaiserreichs (vgl. auch Kap. III. 2 b.)

4. Mächtige Triebkräfte: Bevölkerungswachstum und (Hoch-)Industrialisierung

a) Die „demographische Revolution"

Bevölkerungswachstum

Quantitative Schwankungen einer menschlichen Population sind außerordentlich komplexe Vorgänge, die sie sich keinesfalls auf eindimensionale Ursache-und-Wirkung-Schemata reduzieren lassen. Eine nähere Erläuterung der vielfältigen Wirkungszusammenhänge ist hier nicht möglich, es kann nur auf die wichtigsten Ergebnisse der „demographischen Revolution" eingegangen werden. Der Begriff bezeichnet den Bevölkerungszuwachs, der in Zentraleuropa bereits im 18. Jahrhundert einsetzte, sich bis über den hier betrachteten Zeitraum hinaus fortsetzte und enorme Konsequenzen hatte. Das quantitative Ausmaß der Bevölkerungszunahme sprengte alle bis dahin bekannten Grenzen, ihre Folgen berührten alle gesellschaftlichen, wirtschaftlichen und politischen Bereiche.

Die Bevölkerungszahl der deutschen Territorien (soweit sie später zum Deutschen Reich kamen) betrug um 1800 rund 23 Millionen Menschen. Bis 1850 ist die Zahl der auf dem gleichen Gebiet lebenden Menschen sprunghaft auf über 35 Millionen angestiegen. Trotz eines gewissen Abflachens des Bevölkerungswachstums seit etwa der Mitte des 19. Jahrhunderts stieg die Bevölkerung auf dem künftigen Reichsgebiet weiter an, so dass 1871 deutlich mehr als vierzig Millionen Menschen Bürger des neuen Staatsgebildes wurden. Damit war das Deutsche Reich nach Russland der bevölkerungsreichste Staat in Europa.

Das Bevölkerungswachstum blieb auch nach der Reichsgründung ungebrochen. 1910 lebten im Deutschen Reich annähernd 65 Millionen Menschen. Dies entsprach einem Anteil von 14,5% an der europäischen Gesamtbevölkerung. Lediglich Russland hatte größeres demographisches Gewicht in Europa (1910: ca. 131 Millionen Einwohner, d.h. rund 29% der europäischen Gesamtbevölkerung), es folgten Großbritannien (1910: ca. 41 Millionen Einwohner, d.h. rund 9% der europäischen Gesamtbevölkerung) und Frankreich (1910: ca. 39 Millionen Einwohner, d.h. rund 8,8%). Diese demographische Gewichtsverteilung hatte wesentliche Bedeutung für die wirtschaftlichen und die militärischen Potenzen der europäischen Mächte, denn sie bedingte nicht zuletzt das vorhandene Arbeitskräftepotenzial und die Zahl der wehrdienstfähigen Männer.

Wanderungsbewegungen

Die Zunahme der Bevölkerung im Deutschen Reich war mit massiven Wanderungsbewegungen verbunden. Dabei wird grundsätzlich unterschieden zwischen Binnenwanderung – also einer Bewegung innerhalb eines politisch zusammengehörigen Territoriums – und Außenwanderung, bei der politische Grenzen überschritten werden.

Die Binnenwanderung stellt die insgesamt erheblich wichtigere Entwicklung dar. Ihre entscheidende Konsequenz hieß Verstädterung. An einigen Zahlen wird dies deutlich: Um 1800 lebten nur etwa 10% der Deutschen in Städten mit mehr als 5000 Einwohnern. Diese Zahl ist noch einmal zu differenzieren: 5% lebten in Städten bis 20000 Einwohner, rund 3% lebten

Bevölkerungszuwachs auf dem Gebiet des deutschen Kaiserreichs 1800–1910

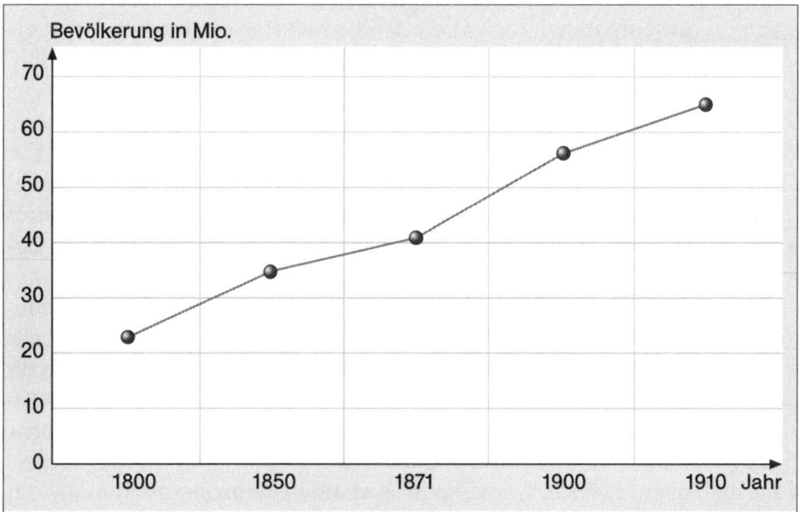

Quelle: Nipperdey, Deutsche Geschichte 1800–1866, S. 102 ff. u. Hohorst/Kocka/Ritter, Sozialgeschichtliches Arbeitsbuch 1870–1914, S. 22

in Städten mit bis zu 100000 Einwohnern und schließlich nur 2% lebten in wirklichen Großstädten mit über 100000 Einwohnern. Davon gab es nur drei, nämlich Berlin, Wien und Hamburg. Die anderen 90% der deutschen Bevölkerung lebten in der großen Mehrzahl auf dem Land oder aber in Kleinstädten mit weniger als 5 000 Einwohnern. Im Jahre 1870 hatte sich das Bild folgendermaßen gewandelt: Fast 24% der Bevölkerung des Deutschen Reiches wohnten in Ortschaften mit mehr als 5 000 Einwohnern. Wiederum ist die Gesamtzahl genauer zu betrachten: Rund 11% wohnten in Städten mit 5000 bis 10000 Einwohnern, 7,7% in solchen mit 10000 bis 100000 Einwohnern und schließlich knapp unter 5% in solchen mit über 100000 Einwohnern. Das waren nunmehr 10: Zu den älteren Metropolen Berlin, Wien und Hamburg sind Breslau, Dresden, München, Köln, Königsberg, Leipzig und Magdeburg hinzugekommen.

Das massive Städtewachstum, das sich nach der Reichsgründung noch verstärkt fortsetzte, beruhte kaum auf einem von der Stadtbevölkerung selbst erbrachten Zuwachs. Es handelte sich um fast reine Wanderungsgewinne aus der ländlichen Umgebung. Hauptgewinner waren die alten Haupt-, Residenz- und Verwaltungsstädte, wie z.B. Berlin und Dresden, traditionsreiche alte Wirtschaftszentren, wie Köln oder Leipzig, und schließlich kleinere und mittlere Städte in frühen gewerblichen Verdichtungszonen, wo die Industrialisierung zuerst spürbar wurde. Hier sind beispielsweise Barmen und Elberfeld zu nennen, die zu Wuppertal zusammenwuchsen, ferner die Städte an Rhein und Ruhr, schließlich etwa Chemnitz (1875: ca. 78000 Einwohner; 1890: ca. 139000 Einwohner; 1910: ca. 288000 Einwohner!).

Bemerkenswert ist auch, dass das Gesamtwachstum der Bevölkerung nach der Jahrhundertmitte zwar etwas abflachte, das Städtewachstum sich aber gleichzeitig noch intensivierte. Dies ist eine deutliche Folge der fortschreitenden Industrialisierung, die städtische Arbeitsplätze bereitstellte, während die Aufnahmefähigkeit der ländlichen Regionen weitgehend erschöpft war. Zugleich spielte die bessere Verkehrserschließung eine Rolle, die Wanderungsbewegungen in der Praxis erheblich erleichterte. Ein Eisenbahnanschluss war daher ein wichtiges Kriterium für das Ausmaß der Wanderungsgewinne einer Stadt. In der Reichshauptstadt Berlin, zugleich ein Schwerpunkt der Hochindustrialisierung, lebten 1907 etwas mehr als zwei Millionen Menschen, von denen aber nur rund 40% gebürtige Berliner waren. Weit mehr als die Hälfte der Stadtbevölkerung bestand also aus Zuwanderern.

Zu erwähnen ist noch die zweite Wanderungsbewegung, die Auswanderung. Diese war bezogen auf Deutschland im 19. Jahrhundert zwar zeitweise durchaus wichtig, insgesamt aber insbesondere nach 1871 von zweitrangiger Bedeutung. Zwischen 1870 und 1914 haben rund 2,5 Millionen Menschen das Deutsche Reich als Auswanderer verlassen, bei einer Gesamtzunahme der Bevölkerung um etwa 25 Millionen. Die Entscheidung zur Auswanderung war zumeist in erster Linie ökonomisch motiviert; kurzfristige Verschlechterungen der wirtschaftlichen Situation im Reich führten regelmäßig zu einem Anstieg der Auswandererzahlen. Das bei weitem wichtigste Aufnahmeland waren die Vereinigten Staaten von Amerika, die das Ziel von rund 90% aller deutschen Auswanderer darstellten.

b) Die Hochindustrialisierung

Fortschreitende Industrialisierung

Hand in Hand mit dem rasanten Bevölkerungswachstum ging das Fortschreiten des Industrialisierungsprozesses als entscheidendes Merkmal der grundsätzlich kapitalistisch organisierten deutschen Wirtschaft einher (das heißt, die Produktionsmittel – wie etwa Maschinen und so weiter – waren mit geringfügigen Ausnahmen Eigentum privater Unternehmer oder von Aktiengesellschaften, selten das von Genossenschaften, fast nie Eigentum des Staates). Kern des Industrialisierungsprozesses ist die sich ständig ausdehnende Ersetzung handwerklicher Produktionsformen durch Maschineneinsatz in Richtung auf die Herstellung einheitlicher Massengüter. Der Beginn des Industrialsierungsprozesses ist für Deutschland nicht leicht zu bestimmen, seine Voraussetzungen und Anfänge reichen bis ins 18. Jahrhundert zurück. Bei erheblichen regionalen Unterschieden erfuhr er seit etwa den 1850er-Jahren eine merkliche Beschleunigung. Diese Entwicklungsphase wird oft als eigentliche „industrielle Revolution" bezeichnet (wobei der Begriff als solcher nicht unumstritten ist). Ein wichtiger Indikator ist im Zusammenhang mit der Industrialisierung die Verteilung der Zahl der Beschäftigten auf die einzelnen Wirtschaftssektoren. In den 1850er-Jahren lebten noch rund 55% der Erwerbstätigen im späteren Reichsgebiet in und von der Land- beziehungsweise der Forstwirtschaft. Etwa 25% der Erwerbstätigen erarbeiteten ihren Lebensunterhalt hingegen in Industrie und Handwerk. Der Rest der Beschäftigten lebte von Tätigkeiten im Dienstleistungs- und im öffentlichen Bereich. Im Jahrzehnt nach der Reichsgründung arbeiteten nur noch 49% aller deutschen Erwerbstätigen in der Land- und Forstwirtschaft, annähernd 30% arbeiteten jetzt in Industrie und Handwerk. Das Deutsche Reich konnte also bereits als in einem erheblichen Maß industrialisiert gelten.

Der Industrialisierungsvorgang erfuhr seit den späten 1880er und frühen 1890er-Jahren einen weiteren rapiden Beschleunigungsschub. Zwischen 1905 und 1909 überholten Industrie und Handwerk endgültig die Land- und Forstwirtschaft hinsichtlich ihres Anteils an der Zahl der Gesamtbeschäftigten. Sie erreichten nunmehr 38%, in der Land- und Forstwirtschaft arbeiteten hingegen nur noch circa 36% der Beschäftigten in Deutschland. Bei diesem Verhältnis blieb es in etwa bis zum Ausbruch des Ersten Weltkrieges.

Hinsichtlich des Beitrages zum Nettoinlandsprodukt, der ebenfalls eine wesentliche Bedeutung als gesamtwirtschaftliche Kennziffer hat, hatten Industrie und Handwerk die Land- und Forstwirtschaft bereits im letzten Jahrzehnt des 19. Jahrhunderts hinter sich gelassen. In den letzten Jahren vor dem Ersten Weltkrieg wurden in Industrie und Handwerk bereits 45% des deutschen Nettoinlandsproduktes erwirtschaftet, in der Land- und Forstwirtschaft nur noch circa 23%. In den 1850er-Jahren war dieses Zahlenverhältnis noch ziemlich genau umgekehrt gewesen. Die Land- und Forstwirtschaft war mit Blick auf den Beitrag zum Nettoinlandsprodukt ungefähr seit Beginn des 20. Jahrhunderts sogar hinter den Dienstleistungsbereich zurückgefallen, der 1910/13 fast ein Drittel davon erwirtschaftete (die genannten Zahlen wurden auf der Grundlage der Preise von 1913 errechnet).

Der deutlich sinkende Stellenwert des agrarischen Sektors innerhalb der Gesamtwirtschaft darf in seiner enormen Bedeutung keinesfalls verkannt werden. Erstmals seitdem der Mensch im deutschen Raum damit begonnen hatte, gezielt und sesshaft den Boden zu bearbeiten und Vieh zu halten (dieser Vorgang wird für Europa ungefähr in das sechste vorchristliche Jahrtausend datiert), wurde die Landwirtschaft an der Wende vom 19. zum 20. Jahrhundert von ihrem gesamtwirtschaftlichen Führungsrang verdrängt. Das Deutsche Reich war definitiv in die Phase der Hochindustrialisierung eingetreten. Der neuerliche industrielle Wachstumsschub war nicht zuletzt dem massiven Ausbau „neuer Industrien" zu verdanken, welcher wiederum auf der rasche Fortschritte machenden naturwissenschaftlichen Forschung und deren Nutzanwendung in Form bahnbrechender technischer Innovationen beruhte. Zu den sprunghaft expandierenden neuen Branchen gehörten vor allem die Elektro- und die chemische Industrie, bedeutsam blieben aber auch die „klassischen" schwerindustriellen Branchen der Metallherstellung und -verarbeitung. Parallel zu den Gewichtsverlagerungen innerhalb des gesamten industriellen Sektors verlief ein Konzentrationsprozess, der dazu führte, dass Zahl und Bedeutung industrieller Großbetriebe enorm zunahmen. Zwar machten die Betriebe mit mehr als 50 Beschäftigten auch 1907 nur 1,3% der insgesamt in Deutschland vorhandenen Industrie- und Handwerksbetriebe aus, in ihnen arbeiteten jedoch mehr als 42% aller Beschäftigten dieses Wirtschaftssektors. Die Entstehung industrieller Großkonzerne mit Tausenden von Arbeitern hatte auch wesentliche politische Folgewirkungen – nicht zuletzt mit Blick auf die Durchschlagskraft von seitens der Konzernleitungen geltend gemachten Interessen.

Austauschbeziehungen

Die Industrie übernahm im letzten Jahrzehnt des 19. Jahrhunderts die gesamtwirtschaftliche Führungsrolle in Deutschland. Verbunden damit war eine rasch voranschreitende Einbindung des Deutschen Reiches in europäische, teils sogar globale ökonomische Austauschbeziehungen. Die Industrialisierung revolutionierte auch das Transportwesen – wesentlich durch den Einsatz von Eisenbahn und Dampfschiff – und schuf damit die technischen Voraussetzungen für kostengünstige Fernhandelsverbindungen, die zuvor für Massengüter viel zu teuer oder technisch nicht realisierbar gewesen waren. Damit konnten deutsche Produkte in ganz anderem Ausmaß als bisher grenzüberschreitend vermarktet werden, Importe nach Deutschland wurden erheblich einfacher und billiger. 1913 wurden mehr als 54% aller deutschen Im- und Exportgeschäfte mit europäischen Partnern abgewickelt, fast 28% jedoch bereits mit Partnern auf dem amerikanischen Kontinent, unter denen wiederum die USA mit annähernd 16% den Spitzenplatz einnahmen. Einerseits wurde somit die deutsche Industrie, allerdings mit gravierenden branchenspezifischen Unterschieden, in erheblich stärkerem Maße für den Absatz ihrer Produkte vom Zugang zu auswärtigen Märkten abhängig, andererseits war sie, insbesondere zur Deckung ihres Rohstoffbedarfs, immer stärker auf entsprechende Importe angewiesen. 1913 hatten die eingeführten Rohstoffe einen Anteil von über 43% an allen Importen nach Deutschland und nahmen damit einen einsamen Spitzenrang ein, während zum gleichen Zeitpunkt zumeist industriell hergestellte Fertigwaren mit einem Anteil von über 53% am gesamten deutschen Exportgeschäft die Ausfuhren klar dominierten.

Die deutsche Landwirtschaft indessen konnte, obwohl auch sie infolge technischer Innovationen vor allem in der zweiten Hälfte des 19. Jahrhunderts enorme Produktivitätszuwächse erzielte, die weiter rasch wachsende Bevölkerung etwa ab der letzten Dekade vor der Wende vom 19. zum 20. Jahrhundert nicht mehr ausreichend mit Nahrungsmitteln versorgen. Zur Sicherstellung der Ernährung vor allem der am schnellsten wachsenden städtischen Bevölkerungsschichten war das Deutsche Reich seither abhängig von Lebensmittelimporten. Am Vorabend des Ersten Weltkrieges wurden circa 20% des Gesamtbedarfs an Nahrungsmitteln im Deutschen Reich durch Importe gedeckt.

Die Bedeutungszunahme von Im- und Export wird auch aus den folgenden Zahlen deutlich: Im Jahre 1880 wurden in das Deutsche Reich Waren im Wert von rund 2,8 Milliarden Mark eingeführt, dagegen Produkte im Wert von circa 2,9 Milliarden Mark exportiert. 1913 lag der Wert der Importe ins Deutsche Reich bei über 10,7 Milliarden, der der Exporte bei rund 10,1 Milliarden Mark (in laufenden Preisen). Die Außenhandels-, insbesondere die Zollpolitik mit all ihren Implikationen für die ökonomische Entwicklung im Innern Deutschlands gewann mit der stark zunehmenden Internationalisierung der deutschen Handelsbeziehungen ein ungleich größeres Gewicht im wirtschaftspolitischen Meinungsstreit als zuvor.

Industrielle Massengesellschaft

Der grundsätzliche ökonomische und soziale Wandel, den Deutschland im 19. Jahrhundert insgesamt und beschleunigt in dessen letztem Drittel erlebte, konnte hier nur äußerst knapp angedeutet werden. Entscheidend für das Verständnis der Politik im deutschen Kaiserreich ist, dass die Lebens- und Arbeitswelt der zeitgleich an Zahl enorm zunehmenden deutschen Bevölkerung einem rasanten Veränderungsdruck unterlag, der in seiner Breiten- und Tiefenwirkung bis dahin beispiellos war. Die relativ stabile soziale Schichtung der vorindustriellen Zeit wurde durch die industrielle Massengesellschaft abgelöst, deren zahlenmäßig am stärksten an Bedeutung gewinnende Schicht, nämlich die Industriearbeiterschaft, in der vorindustriellen Zeit gar nicht existiert hatte. In der deutschen Industrie waren 1882 knapp 6,4 Millionen Menschen beschäftigt, zusammen mit ihren Angehörigen repräsentierten sie annähernd 35% der Gesamtbevölkerung. Bis 1907 stieg die Zahl der industriell Beschäftigten auf über 11,2 Millionen Menschen, das waren zusammen mit ihren Angehörigen mehr als 42% der Gesamtbevölkerung. Parallel dazu stieg zwar die absolute Zahl der in der Landwirtschaft Beschäftigten von rund 8,2 Millionen auf über 9,8 Millionen, deren relativer Anteil mit Angehörigen an der Gesamtbevölkerung sank jedoch von 41,6 auf nur noch 28,4%.

Die bürgerlichen, wie die Industriearbeiterschaft zumeist in städtischen Siedlungen wohnenden Schichten gewannen nicht nur ihrerseits an Zahl, sondern sie bauten auch ihre ökonomische Führungsrolle auf der Grundlage des kapitalistischen Wirtschaftssystems weiter aus. Das Bürgertum war in sich vielfach differenziert, grob wird es in Wirtschafts-, Bildungs- und Kleinbürgertum aufgeteilt. Das Wirtschaftsbürgertum umfasste insbesondere mittlere und größere Unternehmer, es trug mit seiner unternehmerischen Tätigkeit entscheidend den Industrialisierungsvorgang. Dem Wirtschaftsbürgertum fiel damit eine ökonomische Schlüsselrolle zu. Das Bildungsbürgertum schloss Personen mit höherer Schul- beziehungsweise akademischer Bildung ein, die vielfach in den „freien Berufen" (Ärzte, Rechtsanwälte etc.) oder in der staatlichen und kommunalen Verwaltung tätig waren. Das Kleinbürgertum bestand hauptsächlich aus Personen, die im handwerklichen und kleingewerblichen Bereich arbeiteten. Die im Zuge der Hochindustrialisierung stark an zahlenmäßiger Bedeutung gewinnende soziale Gruppe der Angestellten ergänzte die bürgerlichen Schichten, vielfach wird bezogen auf sie auch der Begriff des „neuen Mittelstandes" verwendet.

Jeweils genaue und klar abgrenzende Definitionen für die einzelnen „bürgerlichen" Komponenten existieren jedoch nicht, die Übergänge waren fließend. Die Verschiebung der gesellschaftlichen Gewichte lässt sich daher aufgrund schwer wiegender statistischer Erfassungs- und Berechnungsprobleme nicht in verlässlichen Zahlen ausdrücken. Für 1895 wagte der Nationalökonom Gustav Schmoller (1838–1917) eine Schätzung, bei der er 2% der deutschen Bevölkerung zur Oberschicht, 23% zur oberen, 31% zur unteren Mittelschicht und schließlich 44% zu den „unteren Klassen" rechnete, ohne allerdings zwischen ländlicher und städtischer Bevölkerung zu unterscheiden. Dies mag als grober Anhalt dienen, nicht mehr. Jedenfalls waren die innergesellschaftlichen Gewichtsverlagerungen eine wesentliche Ursache dafür, dass die wenigstens teilweise noch aus vorindustrieller Zeit überkommenen politischen Machtstrukturen in Deutschland, das anders als etwa Frankreich am Ende des 18. Jahrhunderts und im Verlauf des 19. Jahrhunderts keine erfolgreiche politische Revolution durchlief, erst durch den gigantischen Veränderungs- und Modernisierungsschub gegen Ende des 19. Jahrhunderts zunehmend unter Druck gerieten. Dies betraf insbesondere die noch vorhandenen politischen und gesellschaftlichen Privilegien des Adels, dessen Anteil an der Gesamtbevölkerung deutlich unter einem Prozent lag und dessen Führungsfunktion in der vorindustriellen Zeit bezeichnenderweise wesentlich auf seiner überragenden Stellung im damals wichtigsten Wirtschaftssektor, der Landwirtschaft, beruhte. Zwischen Adel und bürgerlicher Großunternehmerschaft, die zahlenmäßig ähnlich geringen Umfang hatte, bestanden wiederum teilweise fließende Übergänge.

Nicht von ungefähr wurde vielfach mit Blick auf die hier lediglich schlagwortartig skizzierte Hochindustrialisierungsphase und ihre Konsequenzen auch von einer „zweiten industriellen Revolution" gesprochen. Sie konnte nicht ohne tief greifende Folgen für die politische Landschaft bleiben.

II. „Reichsfeinde" und „vaterlandslose Gesellen" – Innenpolitische Konfliktlinien in der Ära Bismarck 1871–1890

8. 7. 1871	Aufhebung der Katholischen Abteilung im preußischen Kultusministerium
10. 12. 1871	„Kanzelparagraph"
11. 3. 1872	Gesetz über die staatliche Schulaufsicht in Preußen
4. 7. 1872	„Jesuitengesetz"
12.–14. 5. 1873	Preußische „Maigesetze"
10. 1. 1874	Wahlen zum zweiten Reichstag
22.–27. 5. 1875	Sozialistischer Parteikongress in Gotha: Gründung der SAP
10. 1. 1877	Wahlen zum dritten Reichstag
7. 2./3. 3. 1878	Tod von Papst Pius IX. und Amtsantritt von Leo XIII.
11. 5./2. 6. 1878	Fehlgeschlagene Attentate auf Kaiser Wilhelm I.
11. 6./30. 6. 1878	Auflösung des Reichstags, Neuwahlen zum vierten Reichstag
21. 10. 1878	„Sozialistengesetz"
12. 7. 1879	Zolltarifgesetz
14. 7. 1880	Erstes „Milderungsgesetz" zum Abbau des Kulturkampfs
27. 10. 1881	Wahlen zum fünften Reichstag
15. 6. 1883	Krankenversicherungsgesetz
27. 6. 1884	Unfallversicherungsgesetz
28. 10. 1884	Wahlen zum sechsten Reichstag
14. 1./21. 2. 1887	Auflösung des Reichstags/Neuwahlen zum siebten Reichstag („Kartell-Reichstag")
29. 4. 1887	Zweites (und letztes) „Friedensgesetz" zur Beilegung des Kulturkampfs
9. 3./15. 6. 1888	Tod Kaiser Wilhelms I./Tod Kaiser Friedrichs III. und Thronbesteigung Kaiser Wilhelms II.
25. 4. 1889	Beginn des Bergarbeiterstreiks im Ruhrgebiet
22. 6 1889	Gesetz über die Alters- und Invaliditätsversicherung
4. 2. 1890	„Februarerlass" Wilhelms II. an den Reichskanzler
20. 2. 1890	Wahlen zum achten Reichstag
20. 3. 1890	Rücktritt Bismarcks von allen Ämtern, Ernennung Leo von Caprivis zum Reichskanzler
30. 9. 1890	„Sozialistengesetz" tritt außer Kraft

1. Der „Kulturkampf“ – Auseinandersetzung zwischen Kalkül und Ideologie

a) Konfliktursachen, die Kulturkampfgesetzgebung und ihre Wirkung

Begriff Kulturkampf

Der Jubel über den Sieg im Krieg gegen Frankreich und über die Reichsgründung war kaum verklungen, da hatte das neue Reich seinen ersten tief greifenden innenpolitischen Konflikt. Es handelte sich um die Konfrontation zwischen dem Reich, einzelnen von dessen Gliedstaaten sowie den liberalen Parteien einerseits und der römisch-katholischen Kirche und dem deutschen Katholizismus andererseits. Für die Auseinandersetzung insgesamt bürgerte sich schon unter den Zeitgenossen rasch der Begriff „Kulturkampf“ ein, den der bekannte Mediziner und linksliberale Abgeordnete Rudolf Virchow (1821–1902) Anfang 1873 prägte.

Schon vor der Reichsgründung hatte es zu den wesentlichen Anliegen von Teilen der liberalen Bewegung gehört, eine säkularisierte Gesellschaftsordnung zu verwirklichen und somit kirchliche Einflüsse auf Staat und Gesellschaft so weit als möglich zu reduzieren. Dieses Bestreben resultierte aus dem Denken der Aufklärung, welches – verkürzt gesagt – Religion zur ausschließlichen Privatsache deklarieren wollte, ja sie zum Teil wenigstens in Form der römisch-katholischen Konfession als „wissenschaftlich überholt“ betrachtete. Die großen christlichen Kirchen, denen 1871 noch etwa 98% der Reichsbevölkerung angehörten, sollten dem gesetzgeberisch omnipotenten Staat vollständig untergeordnet werden. Lediglich der klar umgrenzte Bereich der unmittelbar seelsorgerischen Tätigkeit sollte nicht staatlicher Normierung unterliegen.

Ein wichtiger Vertreter der liberalen Staatsauffassung war der aus der Schweiz gebürtige, jedoch seit 1861 als Professor für Völker- und allgemeines Staatsrecht an der Universität Heidelberg lehrende Johann Caspar Bluntschli (1808–1881). Bluntschli war neben seiner Lehrtätigkeit auch Abgeordneter im badischen Landtag. Mit Nachdruck vertrat er die angebliche Überlegenheit des modernen Staates und des wissenschaftlich gebildeten Menschen über die Anschauungen der katholischen Kirche.

Q

Johann Caspar Bluntschli, Rom und die Deutschen, Berlin 1872 (Auszug)
(nach: Lill: Der Kulturkampf, S. 59f.)

[...] Der heutige Staat ist der mittelalterlichen Kirche geistig überlegen, wie die heutige Wissenschaft es ist gegenüber der kirchlichen Tradition. Die Menschheit hat seither nicht vergeblich gelebt und viel gearbeitet, auch viel gedacht. Es ist unmöglich, dass sie sich der kirchlichen Bevormundung wieder unterwerfe, über welche sie schon lange geistig emporgewachsen ist. Wir wissen mehr, als Rom und der Papst weiß, sehr viel mehr. Die Philosophie und die Naturwissenschaft, die Kritik und die Geschichte haben so Großes geleistet, wie es die mittelalterliche Theologie, die heute noch in dem römisch erzogenen Klerus herrscht, nie vermocht hat. Der wissenschaftliche Mensch von heute schaut von der sonnenbeglänzten Höhe eines Berggipfels herab auf die dunklen nebelumhüllten Schluchten, in denen der römische Klerus von seiner Größe träumt. Er wird sich nie wieder von diesem beherrschen lassen. [...]

Eine pointierte Gegenposition zum liberalen Staatsdenken vertrat Wilhelm Emmanuel von Ketteler (1811–1877), der zunächst als studierter Jurist im preußischen Staatsdienst tätig gewesen war, sich aber unter dem Eindruck der bereits gegen Ende der 1830er-Jahre ausbrechenden Auseinandersetzungen zwischen Staat und Kirche entschlossen hatte, Theologie zu studieren und katholischer Priester zu werden. Ketteler, der seit 1850 als Bischof von Mainz amtierte, war einer der wichtigsten Sprecher des deutschen Katholizismus in der Phase unmittelbar nach der Reichsgründung. Von 1871 bis zu seinem Tod gehörte er auch der Zentrumsfraktion im Reichstag an und war damit einer der politisch einflussreichsten Kirchenführer in Deutschland. 1875 warnte Ketteler in einer Rede auf dem Freiburger „Katholikentag" mit Nachdruck vor einer seiner Meinung nach fatalen Überhöhung der Idee des Staates, welche im Gegensatz zu einem richtig verstandenen Christentum die eigentliche Gefahr für die individuelle Freiheit darstelle.

Q

Wilhelm Emmanuel von Ketteler, Rede auf der 23. Generalversammlung der Katholiken Deutschlands („Katholikentag") in Freiburg i. Br., 1. September 1875
(nach: Wilhelm Emmanuel von Ketteler 1811–1877, Iserloh, S. 148f.)

[...] Der Todfeind [...] [der] wahren persönlichen Freiheit ist nun der Absolutismus, jene Idee vom Staate, welche ihm eine absolute, eine unumschränkte Gewalt beilegt. Da nur Gott absolut ist, so liegt im Absolutismus zugleich eine Vergötterung des Staates. Wo diese Idee vom Staate Platz greift, da kann natürlich von dem Rechte des Individuums und seiner Freiheit keine Rede mehr sein; da ist die Idee der persönlichen Freiheit aufgehoben. Der Absolutismus ist aber der Freiheit um so gefährlicher, je mehr er sich in gewisse freiheitliche Formen kleidet; desto mehr lassen sich nämlich viele durch diesen Schein täuschen [...]. Im Grunde besteht gar kein Unterschied zwischen Ludwig XIV., welcher seinen unumschränkten Willen als Gesetz geltend machte und deshalb ausrief: „Der Staat bin ich", und einem Robespierre und einem Liberalen unserer Zeit. Was sich jener zuschrieb, das muten diese der *Gesetzgebung* zu, die sie selbst in Händen haben. Die übrigen Menschen sind ihnen der Teig, an dem ihre Weisheit knetet. Der radikale Saint Just hat den Geist dieses Absolutismus der Gesetzgebung, welcher jede persönliche Freiheit vernichtet, in klassischer Weise geschildert, als er in der französischen National-Versammlung in lächerlichem Hochmut ausrief: „Der Gesetzgeber befiehlt der Zukunft. Seine Sache ist es, das Gute zu wollen. *Seine Aufgabe ist es, die Menschen so zu machen, wie er will, dass sie seien.*" Das ist Wahnsinn, das ist unerträglich; das ist Sklaverei für alle, die nicht zur Majorität der Gesetzgeber gehören; und das ist dennoch durch und durch der Gedanke aller Anhänger der Idee des modernen Staates, der Gedanke, unter dessen Herrschaft wir auch jetzt stehen. [...]

In dem Maße, in dem es der liberalen beziehungsweise nationalliberalen Bewegung gelang, Einfluss auf die Politik zu gewinnen, wurde das auf die Kirchen gerichtete Ansinnen umgesetzt. In Deutschland war das Großherzogtum Baden der Schauplatz frühzeitiger Auseinandersetzungen, denn der regierende Großherzog öffnete bereits in den späten 1850er-Jahren sein Kabinett für liberale Politiker. Die Kirchen, speziell die römisch-katholische, waren in Anbetracht der seit der Christianisierung engen Verzahnung mit den weltlichen Herrschaftsinstanzen sowie aufgrund ihres Selbstverständnisses als für die Gesamtgesellschaft weltanschaulich wegweisende Institutionen nicht bereit, der liberalen Politik kampflos zu weichen. Ein zentrales Feld des Konflikts waren stets die öffentlichen Schulen, die traditionell kirchlicher Kontrolle unterlagen. Diese wollten die Liberalen beseitigen oder zumindest drastisch einschränken. Verschärft wurde die ideologische Auseinandersetzung zwischen liberaler Bewegung und katholischer Kirche gerade im Jahrzehnt vor der Reichsgründung, als Papst Pius IX. (1792–1878; Papst 1846–1878) mehrfach öffentlich liberale Grundüberzeugungen in scharfer Form verwarf und als für jeden gläubigen Katholiken völlig inakzeptabel erklärte. Die Beschlüsse des von Pius IX. einberufenen Ersten Vatikanischen Konzils (1869/70), darunter die formelle Feststellung der Unfehlbarkeit päpstlicher Lehrentscheidungen, verschärften erneut die Frontstellung zwischen liberaler und römisch-katholischer Weltsicht. Das mehr oder weniger latente Konfliktmuster des Kulturkampfs war also 1871 bereits bekannt, und zwar durchaus nicht nur in Deutschland, sondern auch in anderen europäischen Staaten, z.B. in Italien oder der Schweiz.

Absichten Bismarcks

Die Gründe, warum Bismarck, kaum im Amt als Reichskanzler, die Auseinandersetzung mit dem deutschen Katholizismus auf Reichsebene vom Zaun brach, sind nicht völlig eindeutig geklärt. Sicher dürfte sein, dass eine religiöse Motivation bei dem Protestanten Bismarck wenn überhaupt, dann nur eine untergeordnete Rolle spielte. Auch dass der konservative Reichskanzler, der sich schon als preußischer Ministerpräsident seit 1862 heftige Auseinandersetzungen mit den Liberalen geliefert hatte, deren kirchenpolitische Anliegen beförderte, weil er echte Sympathien dafür hegte, kann ausgeschlossen werden.

Deutlich ist, dass Bismarck in erster Linie auf der Grundlage taktischer Überlegungen handelte. Der politische Katholizismus, der sich seit Mitte des 19. Jahrhunderts in verschiedenen deutschen Staaten in Form von Parteien herausgebildet hatte und der sich 1870 als reichsweit agierende Deutsche Zentrumspartei formierte, war in Bismarcks Herrschaftskonzept für das neue Reich unwillkommen. Zwar stellten die deutschen Katholiken nur rund ein Drittel der Gesamtbevölkerung des Reiches, allerdings stimmten die katholischen Wahlberechtigten schon bei der ersten Reichstagswahl 1871 erstaunlich geschlossen für das Zentrum. Die Partei erhielt 18,6% der abgegebenen Stimmen und entsandte 63 Abgeordnete in den Reichstag. Damit stellte das Zentrum nach den Nationalliberalen die zweitstärkste Fraktion und ließ die Konservativen hinter sich. Während die liberalen Parteien im Wesentlichen vom protestantischen Bildungs- und Wirtschaftsbürgertum gestützt wurden, die konservativen Parteien für den Adel, die Großagrarier und andere Teile der ländlichen Bevölkerung standen und schließlich die Sozialdemokratie die Partei eines ständig größer werdenden Teils der industriellen Arbeiterschaft war, gelang es dem Zentrum mit Hilfe des verbindenden Elements der gemeinsamen katholischen Konfession Wähler aus praktisch allen Bevölkerungsschichten an sich zu binden.

Eine derartig heterogen zusammengesetzte Partei war hinsichtlich ihres politischen Kurses weit weniger berechenbar als die anderen. Außerdem hatte das Zentrum seine Wählerhochburgen insbesondere in den südlichen

Bundesstaaten des Reiches, also gerade dort, wo ohnehin die größten Vorbehalte und Widerstände gegen die preußische Hegemonie im neuen Reich vorhanden waren. Möglicherweise sah Bismarck im politischen Katholizismus tatsächlich eine zumindest potentielle Gefahr für seine Konstruktion des Reiches unter preußischer Führung. Mit Blick auf diesen Aspekt im komplexen Gesamtgefüge von Bismarcks Absichten bei der Auslösung des Kulturkampfs wurde dieser als erster „innenpolitischer Präventivkrieg" bezeichnet.

Wichtiger noch waren die politischen Kräfteverhältnisse im Reichstag insgesamt und die Notwendigkeiten, die sich für den Reichskanzler daraus ableiteten. Bismarck hatte seine politischen Erfolge vor 1870 über weite Strecken im offenen Konflikt mit den (preußischen) Liberalen erzielt. Da das Reich zwar ein autoritär regiertes politisches System war, seine Funktionsfähigkeit aber ohne die Mitarbeit der Reichstagsmehrheit nicht gewährleistet war, stellten das Zentrum und die katholische Kirche aus Bismarcks Sicht den geradezu idealen Gegner für ihn und die Liberalen dar. Dessen Bekämpfung schuf eine Gemeinsamkeit, welche sich auf die Kooperationsbereitschaft auf anderen Feldern der Politik, jenseits von Kirchen- und Schulpolitik, positiv auswirken konnte. Gerade in den ersten Jahren nach der Reichsgründung war eine Vielzahl von Gesetzen erforderlich, die den gegebenen Verfassungsrahmen inhaltlich füllen und eine tatsächliche Wirtschafts- und Rechtseinheit für den neuen Gesamtstaat schaffen sollten. Da die ersten Reichstagswahlen den Liberalen insgesamt eine stabile Mehrheit beschert hatte, war der Reichskanzler auf deren Mitwirkung bei den zahlreichen dringenden Gesetzgebungsverfahren angewiesen.

In der politischen Öffentlichkeit legte Bismarck seine taktischen Motive selbstverständlich nicht offen. Vielmehr stilisierte der Reichskanzler die Vertreter des politischen Katholizismus zu „Reichsfeinden", welche der siegreichen Gründung des neuen Reiches, anders als in ihren öffentlichen Lippenbekenntnissen, in Wahrheit ablehnend gegenüberstünden, weil es vom protestantischen preußischen König und Kaiser regiert wurde, und weil die Katholiken darin nur eine Minderheit mit begrenztem politischem Einfluss darstellten. Angeblich, so Bismarcks Begründung für die Auseinandersetzung mit dem Zentrum, erträumte dieses nicht das in Versailles gegründete preußisch-protestantisch dominierte Reich, sondern ein Wiederaufleben des alten, durch den stets katholischen Habsburger-Kaiser regierten Reiches, dessen Politik obendrein von den Weisungen des Papstes abhängig sein sollte. Bismarck unterstellte, ganz wie die Liberalen, dem politischen Katholizismus eine **„ultramontane"** Gesinnung.

E

Ultramontanismus

Der Begriff leitet sich vom lateinischen „ultra montes" ab, was wörtlich übersetzt „jenseits der Berge" bedeutet. Gemeint ist eine politische Orientierung an den Vorgaben des Papstes, der „jenseits der Alpen" in Rom residiert und die kirchliche Interessen über nationale und staatliche Anliegen stellt. Der Begriff wurde in Deutschland, den Niederlanden und Frankreich bereits im 17./18. Jahrhundert gebräuchlich. Insbesondere während des Kulturkampfs wurde „ultramontan" in Deutschland vielfach mit unpatriotisch, reichsfeindlich und antiliberal gleichgesetzt.

Tatsächlich war das Zentrum zu keinem Zeitpunkt seiner Existenz direkt weisungsabhängig vom Papst, vielmehr verstanden sich seine selbstbewussten Repräsentanten als legitime Vertreter der Interessen des katholischen Bevölkerungsteils in Deutschland, welche zwar meist im Einklang mit, aber keineswegs in Abhängigkeit von der Amtskirche handelten. Dies galt in besonderer Weise für Ludwig Windthorst, die unumstrittene Führungsfigur der Zentrumspartei und im Kulturkampf der eigentliche politische Widerpart Bismarcks.

Begleitet von heftigen publizistischen Angriffen der liberalen Presse begann der Kulturkampf auf Reichsebene in Frühsommer 1871. Der Auftakt mag heute eher beiläufig erscheinen: Bismarck ließ Anfang Juli in seiner Eigenschaft als preußischer Ministerpräsident die Katholische Abteilung im preußischen Kultusministerium auflösen. Deren Einrichtung dreißig Jahre zuvor aber war allgemein als ein Signal für die Bereitschaft gewertet worden, die Anliegen des katholischen Bevölkerungsteils in der preußischen Staatsverwaltung im gleichen Maße zu berücksichtigen wie die der protestantischen Mehrheit.

Kulturkampfgesetze

Weitere Maßnahmen, die den Aktionsradius der katholischen Kirche als Institution und des politischen Katholizismus einschränken sollten, folgten rasch. Grundsätzlich ist zu beachten, dass nur der kleinere Teil von ihnen in Form von Reichsgesetzen erfolgte, mithin für das gesamte Reichsgebiet einheitlich Geltung gewann. Die Mehrzahl der so genannten Kulturkampfgesetze waren Gesetze einzelner Gliedstaaten. Dies war vornehmlich dadurch bedingt, dass gemäß der Reichsverfassung die Kultur- und Bildungspolitik Ländersache geblieben war. So kam es, dass der Kulturkampf über weite Strecken in einzelnen Ländern ausgetragen wurde, und zwar insbesondere in Preußen und, wie schon vor 1871, im Großherzogtum Baden. Demgegenüber wurden in anderen Gliedstaaten nur in ganz unterschiedlichem Ausmaß eigene antikirchliche Maßnahmen ergriffen. Und auch die Handhabung der entsprechenden Reichsgesetze war zum Teil sehr großzügig, da einzelne Landesregierungen beziehungsweise Landesherren kein Interesse an einer Konfrontation mit den Kirchen hatten.

Manche der Kulturkampfgesetze waren mit liberalen Grundüberzeugungen nicht vereinbar. So stellte der so genannte „Kanzelparagraph", um den noch Ende 1871 das Strafgesetzbuch erweitert wurde, und der tatsächlich oder vermeintlich politische Äußerungen von Geistlichen während der Ausübung ihres Amtes mit Haftstrafen bis zu zwei Jahren bedrohte, eine unzweideutige Einschränkung des Rechtes auf freie Meinungsäußerung dar. Dies wurde auf linksliberaler Seite durchaus gesehen und kritisiert; die nationalliberale Mehrheit indessen ließ sich von der Kreuzzugsstimmung gegen den aus ihrer Sicht verderblichen, antimodernen Einfluss der Kirche dazu bestimmen, rechtspolitische Bedenken grundsätzlicher Art hintanzustellen.

Das wichtigste Feld der Auseinandersetzung waren die öffentlichen Schulen. In diesen galt noch immer die traditionelle Aufsicht über Lehrer und Lehrinhalte durch die Geistlichkeit beider Konfessionen. Als auf Veranlassung Bismarcks im Frühjahr 1872 ein für Preußen gültiges neues Gesetz über die Schulaufsicht formuliert wurde, welches – ganz im Einklang mit den liberalen Forderungen – die Schulaufsicht den Kirchen gänzlich entzog und sie allein zur Sache der staatlichen Schulverwaltung machte, wurde deutlich, dass Bismarcks Kurs auch auf Seiten konservativer protestantischer Kreise zunehmend in die Kritik geriet. Denn auch den evangelischen Kirchen wurden die bisherigen Aufsichtsrechte entzogen. Zu denen, die Bismarcks kirchenpolitischen Schulterschluss mit den Liberalen immer distanzierter sahen, gehörte nicht zuletzt Kaiser Wilhelm I., welcher ein überzeugter evangelischer Christ war.

Q

Reichsgesetz betreffend die Ergänzung des Strafgesetzbuchs für das Deutsche Reich vom 10. Dezember 1871 („Kanzelparagraph")
(nach: Lill, Der Kulturkampf, S. 84f.)

[...] Hinter dem § 130 des Strafgesetzbuchs für das Deutsche Reich wird folgender neuer § 130a eingestellt:
Ein Geistlicher oder ein anderer Religionsdiener, welcher in Ausübung oder in Veranlassung der Ausübung seines Berufes öffentlich vor einer Menschenmenge, oder welcher in einer Kirche, oder an einem anderen zu religiösen Versammlungen bestimmtem Orte vor Mehreren Angelegenheiten des Staates in einer den öffentlichen Frieden gefährdenden Weise zum Gegenstand seiner Verkündigung oder Erörterung macht, wird mit Gefängniss oder Festungshaft bis zu zwei Jahren bestraft.
[1876 erweitert auf die entsprechende Verbreitung von Schriftstücken]

Bismarck hatte im weiteren Verlauf des Kulturkampfes also nicht nur mit der wachsenden Missstimmung des Kaisers zu kämpfen, sondern auch mit der Tatsache, dass die Parteien, die ihm eigentlich politisch am nächsten standen, nämlich die konservativen, sein Vorgehen keineswegs uneingeschränkt billigten.

Gleichwohl folgten zunächst noch weitere Kulturkampfgesetze sowohl auf Reichs- wie auf preußischer Ebene. Unter anderem wurden im Sommer 1872 Niederlassungen des Jesuiten-Ordens im Reich verboten, galt doch gerade dieser als intellektuelle Speerspitze der katholischen Geistlichkeit und als besonders papsttreu. Ein Höhepunkt der legislativen Akte im Kulturkampf war mit den preußischen „Maigesetzen" von 1873 erreicht, welche unter anderem die innerkirchliche Personalpolitik staatlicher Kontrolle unterwerfen sollten. Weitere Gesetze griffen in die Ausbildung von Geistlichen sowie die Finanzierung der Kirchen beziehungsweise in die Verwaltung von deren Vermögen ein. Die katholischen Bischöfe Preußens weigerten sich im Einklang mit dem Papst geschlossen, diesen Gesetzen Folge zu leisten und die einzelnen Geistlichen teilten diese Abwehrhaltung so gut wie ausnahmslos. Auch die katholischen Gläubigen unterstützten in ihrer übergroßen Mehrheit den Klerus in seinem passiven Widerstand.

Altkatholiken

Bismarck hatte gehofft, dass wenigstens ein Teil der deutschen Katholiken sich auf seine Seite stellen würde, denn die uneingeschränkte Autorität, die Papst Pius IX. über die Gesamtkirche auszuüben bestrebt war, traf durchaus auf Kritik in den eigenen Reihen. Daraus könne, so hatte Bismarck spekuliert, eine sich als vom Papst unabhängig verstehende katholische deutsche Nationalkirche hervorgehen, ähnlich etwa der anglikanischen Kirche, die bereits im 16. Jahrhundert in England gegründet worden war. Eine derartige Spaltung der deutschen Katholiken aber hätte mit

Sicherheit die von Bismarck angestrebte Schwächung des politischen Katholizismus mit sich gebracht, also eines seiner taktischen Hauptziele erfüllt. Indessen war der Solidarisierungseffekt bei den sich kollektiv angegriffen fühlenden deutschen Katholiken weit stärker als der Reichskanzler angenommen hatte. Tatsächlich löste sich zwar ein Teil von ihnen von der römischen Autorität und bildete die so genannte altkatholische Kirche, für die per Gesetz sofort günstige Existenzbedingungen geschaffen wurden. Allerdings blieben die Altkatholiken gegenüber den Millionen in Treue zum Papst verharrenden Katholiken nur eine verschwindend kleine Minderheit von einigen Tausend Personen im ganzen Reich.

Trotz eines immer härter werdenden juristischen Vorgehens gegen Geistliche, insbesondere Bischöfe, welche die Ausführung von Kulturkampfgesetzen verweigerten – zunächst mit Geldbußen und gefolgt von einer Vielzahl von Haftstrafen --, wurde die geschlossene katholische Front nicht brüchig. Auch gegen die katholische Presse wurde vorgegangen, katholische Vereine wurden vielfach verboten, Versammlungen aufgelöst. 1875 waren rund 25% aller katholischen Pfarreien in Preußen vakant, weil die Stelleninhaber im Gefängnis saßen oder sich der Verhaftung durch Flucht entzogen hatten. Von elf katholischen Bischöfen in Preußen waren 1874/1875 fünf inhaftiert, die restlichen sechs wurden staatlicherseits für abgesetzt erklärt und mussten ins Exil gehen.

Die ungebrochene Solidarität der katholischen Bevölkerung zeigte sich auch in demonstrativen Gesten. So wurden zu Haftstrafen verurteilte Priester von ihren Gemeinden bis ans Gefängnistor begleitet, traditionelle, gewöhnlich kleinere Wallfahrten wurden mit Tausenden von Teilnehmern zu formell unpolitischen Massendemonstrationen und anderes mehr. Schlimmer noch für Bismarck war, dass gerade die Hoffnung auf eine Schwächung der Stellung der Zentrumspartei im Reichstag sich vollkommen zerschlug. Im Gegenteil: Bei den Reichstagswahlen vom Januar 1874 verdoppelte das Zentrum seinen Anteil an den abgegebenen Stimmen, und dem Reichskanzler saßen im Plenum jetzt nicht mehr nur 63, sondern vielmehr 91 Zentrumsabgeordnete gegenüber.

Zusammenarbeit mit den Liberalen

Deutete sich also frühzeitig ein zumindest partielles Scheitern von Bismarcks Kulturkampf-Konzept an, so erwies sich das Zweckbündnis mit den Liberalen in anderen Bereich als produktiv. Vor allem mit Hilfe der nationalliberalen Fraktion wurden parallel zu den Kulturkampfmaßnahmen wichtige legislative Schritte zur Herstellung der inneren Einheit des Reiches durchgesetzt. Allein in den Jahren 1871 bis 1875 verabschiedete der Reichstag nicht weniger als 167 Gesetze. Zu den vorrangigen Erfordernissen gehörte unter anderem die Schaffung der gesetzlichen Voraussetzungen der Währungs- und Münzeinheit. 1871 gab es im Deutschen Reich zunächst noch sieben verschiedene Währungsgebiete und 33 Notenbanken, die nach zum Teil sehr unterschiedlichen Vorschriften Banknoten herausgaben. Noch im Jahr der Reichsgründung wurde die Mark (1 Mark = 100 Pfennige) als gemeinsame gesetzliche Währungseinheit bestimmt, das andere in den einzelnen Bundesstaaten noch vorhandene Münzgeld verlor bis 1878 seine Gültigkeit. Für die Mark galt seit 1873 der so genannte Goldstandard (d.h. Banknoten konnten bis 1914 jederzeit im Nennwert in Goldmünzen umgetauscht werden). Dies war eine wichtige Voraussetzung zur Währungsstabilität und zur Akzeptanz der Mark als internationales Zahlungsmittel, was wiederum dem deutschen Außenhandel zugute kam. 1875 wurde die Preußische Staatsbank in die Reichsbank umgewandelt, die Ausgabe von Banknoten wurde neuen einheitlichen und strengen Regelungen unterworfen. Neben der Währungsvereinheitlichung gleichfalls von großer wirtschaftlicher Bedeutung war auch, dass das Reich 1874 ein einheitliches Maß- und Gewichtssystem erhielt (mit dem Kilogramm und dem Meter als Einheiten).

Weiterhin zu den Kernpunkten der Kooperation zwischen Bismarck und den Liberalen gehörte die Umwandlung des Reichs in ein einheitliches Rechtsgebiet. Hier profitierte man von Vereinheitlichungsmaßnahmen, die schon im Jahrzehnt vor 1871 durch den Deutschen beziehungsweise den Norddeutschen Bund beschlossen worden waren. Auf dieser Grundlage erhielt das Reich rasch ein einheitliches Handels- und Strafgesetzbuch. Erheblich länger dauerte der Angleichungsprozess im Bereich des Privatrechts. Die entscheidenden gesetzgeberischen Weichenstellungen dazu wurden schon 1873 vorgenommen, der komplizierte Prozess der Ausarbeitung des reichsweit gültigen Bürgerlichen Gesetzbuchs (BGB) dauerte in verschiedenen Etappen jedoch noch bis 1896. Im Jahre 1900 trat es in Kraft. Es ist, im Einzelnen vielfach geändert, noch heute gültig. Zwischen 1876 und 1879 wurden ferner die Gerichtsverfassung sowie die Straf- und Zivilprozessordnung vereinheitlicht, 1879 nahm in Leipzig das Reichsgericht seine Tätigkeit als oberster deutscher Gerichtshof auf.

Die in den 1870er-Jahren beschlossenen legislativen Schritte hatten entscheidende Bedeutung für das Zusammenwachsen des Reiches zu einem homogenen Wirtschaftsraum. Dies wiederum war eine wesentliche Voraussetzung für das rapide Fortschreiten des Industrialisierungsprozesses, welcher das Deutsche Reich, dessen Wirtschaft 1871 noch überwiegend agrarisch geprägt war, bis 1914 hinter den Vereinigten Staaten von Amerika auf den weltweit zweiten Rang unter den hoch industrialisierten Nationen katapultierte. Die daraus resultierende ökonomische Machtstellung hat den außenpolitischen Kurs des Reiches nicht unbeträchtlich mitbestimmt. Außerdem hatte die Schaffung des einheitlichen Wirtschafts- und Rechtsraums kaum zu überschätzende Bedeutung für die Entstehung eines Zusammengehörigkeitsgefühls der Gesamtbevölkerung, die 1871 noch von den stark unterschiedlichen politischen Traditionen der einzelnen Bundesstaaten geprägt war. Dies hat zweifellos dazu beigetragen, dass die territoriale Einheit des Reichs von innen heraus (abgesehen von den nationalen Minderheiten) nicht mehr ernsthaft in Frage gestellt wurde.

b) Der Abbau des Kulturkampfs und die innenpolitischen Folgen

Milderungs- und Friedensgesetze

Bismarck war klug genug, den um die Mitte der 1870er-Jahre ersichtlich werdenden Misserfolg im Kulturkampf anzuerkennen und den Versuch zu unternehmen, eine aus seiner Sicht bestmögliche Schadensbegrenzung zu erreichen. Zugleich konnte und musste er dem Drängen des Kaisers nachgeben, endlich wieder einen kirchenpolitischen Friedenszustand herzustellen. Die Gelegenheit, eine Beilegung der Streitigkeiten zu erreichen, ergab sich, als Anfang 1878 Papst Pius IX. starb und mit Leo XIII. (1810–1903, Papst 1878–1903) ein wesentlich kompromissbereiterer Nachfolger gewählt wurde. In langwierigen Verhandlungen zwischen Vertretern des Reichs und der Kirchenleitung in Rom wurde erreicht, dass der größte Teil der Kulturkampfgesetze entweder aufgehoben oder in einer für beide Seiten akzeptablen Weise modifiziert wurde. Bis zum Frühjahr 1887 ergingen verschiedene „Milderungs"- beziehungsweise „Friedensgesetze". Lediglich einige wenige Regelungen blieben in Kraft. So konnte der Jesuiten-Orden vollständig legal im Reich erst wieder 1917 tätig werden. Der „Kanzelparagraph" wurde sogar erst 1953 aufgehoben. Bezeichnenderweise vermied Bismarck jede Beteiligung von Zentrumspolitikern an den Verhandlungen mit der römischen Kurie, um so seine Niederlage gegenüber dem Zentrum als politischer Kraft zu verschleiern. Dass die päpstliche Diplomatie dies mittrug und den Kulturkampf ohne direkte Einbeziehung der Vertreter des politischen Katholizismus beendete, hat in der Partei erheblichen Unmut ausgelöst.

Innenpolitischer Kurswechsel

Es versteht sich von selbst, dass die Nationalliberalen als wichtigste politische Trägerkraft des Kulturkampfes neben dem Reichskanzler mit dem jetzt eingeschlagenem Kompromisskurs gegenüber der katholischen Kirche und dem Zentrum keineswegs einverstanden waren. Der Abbau des Kulturkampfes seit Ende der 1870er-Jahre war jedoch zugleich mit einer fundamentalen innenpolitischen Wende im Reich verbunden. Hatte bis dahin – grundlegender Differenzen in der politischen Weltsicht zum Trotz – das Zweckbündnis zwischen Bismarck und den liberalen Parteien funktioniert, zerbrach dieses nun. Bismarck war bestrebt, sich dieses schwierigen Partners, auf den er bis dahin zur Mehrheitsbildung im Reichstag angewiesen war, zu entledigen, er wollte die so genannte liberale Ära des Kaiserreichs beenden. Als alternativer politischer Partner boten sich lediglich die Konservativen an, mithin die politische Kraft, deren Überzeugungen Bismarck weitgehend teilte, bei der aber der Kulturkampf auf deutliche Kritik gestoßen war. Nun waren die Konservativen im Parlament allein nicht stark genug, um dem Reichskanzler die erforderliche Mehrheit für weitere Gesetzgebungsverfahren zu sichern. Zur Mehrheitsbeschaffung ohne oder gegen die Liberalen aber kam nur eine Partei in Frage, nämlich das Zentrum, das wenigstens eine partielle Interessenübereinstimmung mit den Konservativen aufwies.

Gründerkrise

Der von Bismarck anvisierte innenpolitische Kurswechsel stand zugleich im Zeichen der so genannten Gründerkrise und deren Folgen für die Wirtschaft des Reiches. Im Anschluss an den siegreich beendeten Krieg gegen Frankreich und die Reichsgründung hatte Deutschland eine Phase der Hochkonjunktur erlebt. Die nach damaligen Maßstäben hohe Kriegsentschädigung (5 Milliarden Goldfrancs), die Frankreich gemäß des Frankfurter Friedensvertrages zu zahlen hatte, trug dazu bei, dass auf dem deutschen Kapitalmarkt plötzlich ungleich mehr Geld zur Verfügung stand als zuvor. Es kam zu zahlreichen Unternehmensneugründungen und zu einer enormen Zunahme hochspekulativer Börsengeschäfte. Seit dem Frühjahr 1873 schon zeigte sich allerdings, dass die Absatz- und Gewinnerwartungen zahlreicher Unternehmen weit überzogen waren, der Zusammenbruch des Höhenflugs der Aktienkurse an der deutschen Börse wurde zudem durch eine internationale Finanz- und Börsenkrise mitbestimmt. Viele deutsche Firmen gerieten in finanzielle Nöte, es kam zu einer erheblichen Zahl von Insolvenzen mit entsprechenden Arbeitsplatzverlusten. Parallel dazu bekamen auch zahlreiche landwirtschaftliche Betriebe Schwierigkeiten, nicht zuletzt die vor allem Getreide produzierenden Großgüter in den preußischen Ostprovinzen. Denn es war ein Weltagrarmarkt im Entstehen begriffen, im durchaus wörtlichen Sinne getragen von Eisenbahn und Dampfschiff. Dies hatte zur Folge, dass die Getreidepreise langfristig fielen und dass Nahrungsmittelimporte nach Deutschland generell billiger und damit rentabel wurden (nicht zuletzt solche aus den USA und Russland). Dadurch wurde der Konkurrenzdruck auf die deutschen Agrarproduzenten verstärkt.

Der Historiker Hans Rosenberg hat für die ökonomische Entwicklung seit den 1870er-Jahren den Begriff der „großen Depression" eingebürgert. Indessen hat die neuere wirtschaftsgeschichtliche Forschung nachgewiesen, dass die gesamtwirtschaftliche Bedeutung der Gründerkrise nicht überschätzt werden darf. Zwar zeigte sich in der ökonomischen Entwicklung des Reiches seit 1873 für etwa zwei Jahrzehnte eine merkliche Abflachung, allerdings blieb der Wachstumstrend, zumal im industriellen Sektor der deutschen Wirtschaft, insgesamt ungebrochen. Es handelte sich demnach nicht um eine echte konjunkturelle Wende. Allerdings müssen die politischen Folgen des Rückgangs des Wirtschaftswachstums anders als die wirtschaftlichen Konsequenzen beurteilt werden. Die Mehrheit der Zeitgenossen erschrak vor der unerwarteten Verschlechterung der wirtschaftlichen Situation und wurde in hohem Maße verunsichert. Daher trat die daraus folgende kontroverse Diskussion um die „richtige" wirtschaftspolitische Reaktion seitens des Staates viel deutlicher in das Bewusstsein der Öffentlichkeit, als eine nüchterne rückschauende Analyse vermuten ließe.

Zoll- und Handelspolitik

Entscheidend für die weitere politische Entwicklung war, dass vor dem Hintergrund der als tief greifender wirtschaftlicher Abschwung wahrgenommenen Situation sowohl Interessenvertreter der deutschen Schwerindustrie wie solche der Großlandwirtschaft mit Nachdruck eine Abkehr von der bisher vom liberalen Freihandelsgrundsatz bestimmten Handels- und Zollpolitik des Reiches verlangten. Durch die Einführung hoher Schutzzölle sollten die deutschen Produzenten vor der vermeintlich erdrückend werdenden ausländischen Konkurrenz geschützt werden, das Schlagwort vom angeblich unabdingbaren „Schutz der nationalen Arbeit" wurde vielfach wiederholt. Verlangt wurde also eine wirtschaftspolitische Wendung zum Protektionismus.

Eine derartige Handels- und Zollpolitik war mit der übergroßen Mehrheit der Liberalen im Reichstag nicht zu machen – diese hätten dazu den Kern ihres wirtschaftspolitischen Glaubensbekenntnisses aufgeben müssen. Einverstanden aber waren mit der Schutzzollpolitik die Konservativen, die in hohem Maße von Großindustrie und Großlandwirtschaft unterstützt wurden und sich als deren parlamentarische Interessenwahrer verstanden. Mit dem Beginn und der Fortentwicklung der Gründerkrise erhielt die Bildung wirtschaftlicher Interessenverbände einen entscheidenden Impuls;

Michael Stürmer hat sie treffend „Kinder der Depression" genannt. Zugleich verstärkte sich deren gezielte Einflussnahme auf Parteien, Parlamentarier und andere politische Entscheidungsträger sowie auf die Presse. Nicht zufällig datiert die Gründung des Centralverbandes deutscher Industrieller aus dem Jahr 1876. Hier schlossen sich in erster Linie Schwerindustrielle zusammen, um ihre wirtschaftspolitischen Intentionen wirksamer an die Entscheidungsträger in Reichsleitung und Parlament herantragen zu können.

Bismarcks Bruch mit den Liberalen

Bismarck sah neben der Unmöglichkeit, eine wirtschaftspolitische Umorientierung im Einklang mit der liberalen Mehrheit zu vollziehen, auch noch andere Gründe, sich von der bisherigen Teilkooperation mit dieser abzuwenden. Zwar hatten der Reichskanzler und die liberalen Reichstagsfraktionen seit 1871 in vielen legislativen Fragen Kompromisse finden können, dennoch konnte Bismarck nicht damit zufrieden sein, seine Politik immer wieder von der Zustimmung einer politischen Richtung abhängig zu machen, von der ihn letztlich eine tiefe weltanschauliche Kluft trennte. Gerade die von liberaler Seite von Beginn an gehegten Hoffnungen auf eine langfristige Weiterentwicklung von Verfassung und politischem System des Reichs in Richtung auf eine verstärkte Parlamentarisierung mussten auf prinzipiellen Widerstand Bismarcks treffen, der die kanzler- beziehungsweise kaiserzentrierte autoritäre Regierungsweise in der Verfassung selbst konzipiert hatte. Ein wichtiger Anlass für Bismarcks Trennung von den Liberalen war auch, dass seit den 1860er-Jahren die Festlegung des Militäretats ein beständiger Konfliktherd mit diesen war. 1874 scheiterte ein Versuch der Reichsleitung, im Reichstag eine dauerhafte Festschreibung der Militärausgaben durchzusetzen („Äternat"), am liberalen Widerstand. Erreicht wurde, nicht zuletzt um der gemeinsamen Fortsetzung des Kulturkampfs willen, mit dem ersten Septennat lediglich eine Kompromisslösung. Diese wurde gleichwohl von liberaler Seite mit Missbehagen gesehen, weil sie doch eine Einschränkung des parlamentarischen Budgetrechts darstellte, aber auch Bismarck konnte nicht zufrieden sein, weil der Konflikt um die nächste fällige Etatfestlegung bereits absehbar war und der Reichstag wenigstens grundsätzlich sein indirektes Eingriffsrecht in die militärische Kommandogewalt des Kaisers gewahrt hatte. Strategisch strebte der Reichskanzler also einerseits eine Schwächung der parlamentarischen Position des Liberalismus an. Andererseits hoffte Bismarck, sich künftig auf eine verstärkte konservative Fraktion im Reichstag stützen zu können, die fallweise mit dem Zentrum zusammengehen sollte. Dazu musste freilich der ohnehin erfolglose Kulturkampf abgebrochen werden, um dem Zentrum eine partielle Unterstützung der Politik des ungeliebten Reichskanzlers zu ermöglichen.

Bismarck ging mit derartigen Überlegungen spätestens seit der zweiten Hälfte des Jahres 1877 um, nachdem er zuvor noch vergeblich versucht hatte, die Nationalliberalen fest an sich zu binden, indem er ihrem Führer Rudolf von Bennigsen sogar einen Ministerposten anbot. Der Plan scheiterte an den nationalliberalen Gegenforderungen. Nunmehr entschloss sich Bismarck endgültig zum Vollzug des Kurswechsels; zu dessen Realisierung fehlte ihm allerdings noch die passende Gelegenheit. Diese kam einerseits mit dem Wechsel an der Spitze der katholischen Kirche Anfang 1878.

Wichtiger noch für den Vollzug von Bismarcks schon längerfristig geplanten Kurswechsel aber war der 11. Mai 1878.

2. Die „konservative Wende", der Kampf gegen die Sozialdemokratie und die Sozialgesetzgebung

a) Das Zustandekommen des Sozialistengesetzes

Programmatik der Sozialdemokratie

Am 11. Mai 1878 gab der Handwerksgeselle Max Hödel (1857–1878) auf offener Straße in Berlin mehrere Pistolenschüsse auf Kaiser Wilhelm I. ab, jedoch ohne diesen zu treffen. Der sofort festgenommene Attentäter hatte keine klaren politischen Motive und er unterhielt auch keine aktuellen Beziehungen zur Sozialdemokratie. Gleichwohl hielt Bismarck den Moment für gekommen, gegen die Sozialdemokraten vorzugehen, die in der Tat aus ihrer grundsätzlichen Gegnerschaft gegen das bestehende politische und gesellschaftliche System kein Hehl machten. Ihr 1875 auf dem Gothaer Parteikongress beschlossenes neues Programm brachte das Ziel einer vollkommen neuen Gesellschafts- und Eigentumsordnung klar zum Ausdruck.

Q

Gothaer Programm der Sozialistischen Arbeiterpartei Deutschlands (1875)
(nach: Görtemaker, Deutschland im 19. Jahrhundert, S. 283 f.)

I. Die Arbeit ist die Quelle allen Reichtums und aller Kultur, und da allgemein nutzbringende Arbeit nur durch die Gesellschaft möglich ist, so gehört der Gesellschaft, das heißt allen ihren Gliedern, das gesamte Arbeitsprodukt, bei allgemeiner Arbeitspflicht, nach gleichem Recht, jedem nach seinen vernunftgemäßen Bedürfnissen.
In der heutigen Gesellschaft sind die Arbeitsmittel Monopol der Kapitalistenklasse; die hierdurch bedingte Abhängigkeit der Arbeiterklasse ist die Ursache des Elends und der Knechtschaft in allen Formen.
Die Befreiung der Arbeit erfordert die Verwandlung der Arbeitsmittel in Gemeingut der Gesellschaft und die genossenschaftliche Regelung der Gesamtarbeit mit gemeinnütziger Verwendung und gerechter Verteilung des Arbeitsertrages.
Die Befreiung der Arbeit muss das Werk der Arbeiterklasse sein, der gegenüber alle anderen Klassen nur eine reaktionäre Masse sind.
II. Von diesen Grundsätzen ausgehend, erstrebt die Sozialistische Arbeiterpartei Deutschlands mit allen gesetzlichen Mitteln den freien Staat und die sozialistische Gesellschaft, die Zerbrechung des ehernen Lohngesetzes durch Abschaffung des Systems der Lohnarbeit, die Aufhebung der Ausbeutung in jeder Gestalt, die Beseitigung aller sozialen und politischen Ungleichheit. [...]

In der Reichstagswahl vom Januar 1877 entschied sich fast eine halbe Million der Wähler für die Sozialdemokratie, dies entsprach einem Anteil von 9,1% an den abgegebenen Stimmen. Damit hatte sich der Stimmenanteil der Sozialdemokraten seit 1871 annähernd verdreifacht und sie erhielten 12 Mandate. Bereits zuvor waren insbesondere in Preußen Repressionsmaßnahmen gegen die Sozialdemokratie ergriffen worden, ohne deren Stimmengewinne verhindern zu können. Insofern begann nun Bismarcks zweiter „innenpolitischer Präventivkrieg" auf Reichsebene, der sich nicht mehr gegen das Zentrum, sondern die sozialistische Arbeiterbewegung richtete.

Neben dem Vorgehen gegen die Sozialdemokraten schien dem Reichskanzler jetzt der richtige Zeitpunkt gekommen, die zuvor ins Auge gefasste innenpolitische Umorientierung zu vollziehen. Dies wurde dadurch begünstigt, dass die Reichstagswahl von 1877 nicht nur den Sozialdemokraten, sondern auch den konservativen Parteien Gewinne gebracht hatten. Sie hatten zusammen 3,5% der abgegebenen Stimmen mehr erhalten (insgesamt 17,6%) und stellten nun 78 statt bislang 55 Abgeordnete. Zugleich hatten die Liberalen, insbesondere die Nationalliberalen, erhebliche Mandatsverluste erlitten. Sie blieben aber, wenngleich geschwächt, die stärkste Kraft im Reichstag. Den Erosionstrend, der den Liberalismus aufgrund von dessen zahlreichen Zugeständnissen an den konservativ-autoritären Reichskanzler in Zuge der liberalen Ära erfasst hatte, weil Teile seiner Anhängerschaft von deren Gesamtergebnis enttäuscht waren, wollte Bismarck verstärken.

Erster Anlauf zum Sozialistengesetz

Auf Veranlassung des Reichskanzlers wurde binnen weniger Tage nach Hödels Anschlag auf Wilhelm I. ein Gesetzentwurf zur Unterdrückung der Sozialdemokratie ausgearbeitet, da deren Einfluss angeblich hinter der Tat stand. Dies wollte Bismarck die Öffentlichkeit jedenfalls glauben machen. Sein Kalkül ging dahin, in der Gesetzesvorlage die Möglichkeit zu so einschneidenden Eingriffen in das Presse- und Vereinswesen vorzusehen, dass den National- und erst recht den Linksliberalen die Zustimmung im Reichstag unmöglich sein würde. Bereits 1874 und 1875 waren Bestrebungen Bismarcks, gegen die Sozialdemokraten gerichtete presse- und strafrechtliche Verschärfungen im Parlament durchzusetzen, an prinzipiellen Bedenken der liberalen Mehrheit gescheitert. Diese befürchtete damals eine zu weit gehende Beschneidung des Rechts auf freie Meinungsäußerung und eine Gefährdung des Grundsatzes der Rechtsgleichheit, was beides mit liberalen Grundüberzeugungen unvereinbar war. Eine ähnliche Haltung erwartete Bismarck nun hinsichtlich des neuerlichen antisozialdemokratischen Gesetzentwurfs. Dessen einkalkulierte Ablehnung wollte er dann zum Anlass nehmen, den Reichstag aufzulösen. Dabei hoffte der Reichskanzler, dass die Erregung über das Attentat und die nach seiner Lesart mangelnde Bereitschaft der Liberalen, Gesetze mitzutragen, die dergleichen Vorkommnisse in Zukunft unmöglich machen würden, bei den fälligen Neuwahlen zu einer weiteren Stärkung der Konservativen führen würde.

Erwartungsgemäß fiel der erste Entwurf der Reichsleitung für ein Ausnahmegesetz gegen die Sozialdemokratie im Reichstag durch. Am 24. Mai 1878 stimmten Liberale und Zentrum geschlossen dagegen. Letzeres teilte die Ablehnung von Ausnahmegesetzen, auch weil der deutsche Katholizismus im Kulturkampf unmittelbar zuvor selbst Ziel solcher Gesetze geworden war. Immerhin aber hatten die Liberalen, die Bismarcks wirkliche Intentionen durchschauten, signalisiert, ihre Zustimmung zu anderen gegen die Sozialdemokratie gerichtete Maßnahmen nicht zu verweigern. Daher fehlte dem Reichskanzler ein in der Öffentlichkeit überzeugender Grund für die geplante Reichstagsauflösung.

Bismarcks öffentliche Bekundungen, dass es ihm um den Kampf gegen die angeblich staatsgefährdende Sozialdemokratie gehe, waren auch dadurch bestimmt, dass er um die Sympathien des Kronprinzen Friedrich für die Nationalliberalen wusste. Eine Auflösung des Reichstages mit der unverhohlenen Absicht, die Nationalliberalen in den folgenden Wahlen zu schwächen, wäre gegen den Widerstand Friedrichs, der Bismarck ohnehin kritisch gegenüberstand, beim Kaiser kaum durchsetzbar gewesen. Auch die liberal orientierte badische Landesregierung war nicht gewillt, Bismarcks Ansinnen ohne weiteres zu folgen.

Reichstagsauflösung

Da kam dem Reichskanzler erneut ein Attentat zu Hilfe. Am 2. Juni 1878, also nicht einmal vier Wochen nach dem Anschlag Hödels, wurde neuerlich auf Wilhelm I. geschossen. Der Täter war ein junger, offenbar geistig verwirrter Akademiker namens Dr. Karl Nobiling (1848–1878). Diesmal ging der Anschlag für den mittlerweile 81-jährigen Kaiser nicht so glimpflich ab, er erlitt erhebliche Verletzungen. Überaus bezeichnend ist Bismarcks Reaktion, als ihm die Nachricht von der Tat überbracht wurde. Er soll nach dem Zeugnis des Chefs der Reichskanzlei, Christoph von Tiedemann (1836–1907), sofort, noch bevor er sich nach dem Befinden des Kaisers erkundigte, „tief aufatmend" ausgerufen haben: „Dann lösen wir den Reichstag auf!"

Tatsächlich erging die Auflösungsorder für den Reichstag, der im Bundesrat jetzt auch Baden zustimmte, wenige Tage später, am 11. Juni 1878. Im anschließenden Wahlkampf setzte Bismarck mit Hilfe der gezielt mit entsprechenden Informationen versorgten Presse vor allem auf die Furcht besonders bürgerlicher Kreise vor der demagogisch maßlos übertriebenen angeblichen Gefährlichkeit der Sozialdemokraten. Diese wurden nicht zuletzt als „vaterlandslose Gesellen" beschimpft, der einflussreiche Historiker Heinrich von Treitschke (1834–1896) bezeichnete die Sozialdemokratie öffentlich als „Schule des Verbrechens". Auch der zweite Attentäter hatte jedoch, wie Bismarck sehr wohl wusste, nichts mit Bebels Partei zu tun. Gleichwohl wurde in einer offiziellen Mitteilung unmittelbar nach der Tat das Gegenteil behauptet, obwohl Nobiling infolge einer Verletzung, die er sich bei seiner Verhaftung selbst beibrachte, gar nicht vernehmungsfähig war.

Die Verunsicherung des Bürgertums saß tief: Einerseits war die Nervosität wegen des wirtschaftlichen Abschwungs infolge der Gründerkrise ohnehin groß, andererseits wusste Bismarck angstvolle Erinnerungen an die Revolution von 1848/49 zu schüren. Viele Zeitgenossen hatten damals miterlebt, wie den ursprünglichen bürgerlichen Führungskreisen die Lenkung der sich radikalisierenden revolutionären Ereignisse entglitten war. Bismarck dachte im Rahmen seiner Inszenierung der sozialdemokratischen „Umsturzgefahr" sogar daran, während des Wahlkampfes „aus Sicherheitsgründen" Truppen in Berlin patrouillieren zu lassen, um das propagandistisch aufgebaute Bedrohungsszenario zu verstärken. Dazu kam es zwar nicht, gleichwohl waren „Zucht und Ordnung" die beherrschenden Schlagworte in den Auseinandersetzungen vor der Wahl. Im Hintergrund war jedoch kritischen Beobachtern vollkommen klar, dass es um jene längst ins Auge gefasste grundlegende antiliberale Wende nicht zuletzt in der Wirtschaftspolitik ging.

Das Ergebnis der Neuwahlen zum Reichstag am 30. Juni 1878 fiel indessen nicht vollständig nach den Wünschen des Reichskanzlers aus. Zwar bauten die Konservativen ihre Stellung ebenso aus, wie die Liberalen erneut zahlreiche Mandate verloren. Stärkste politische Kraft aber blieben die liberalen Fraktionen. Die massiv diffamierten Sozialdemokraten hatten lediglich moderate Verluste, ihr Stimmenanteil ging von 9,1 auf 7,6% zurück und sie stellten nur noch neun gegenüber zuvor 12 Abgeordneten. Da die Konservativen als Bismarcks neue „Regierungspartei" jedenfalls einen Partner brauchten, rückte die beinahe gleich stark gebliebene Zentrumsfraktion (94 statt 91 Sitze), die soeben von Bismarck noch heftig befehdet worden war, unversehens in eine Schlüsselrolle im Parlament.

Bismarcks erhoffte konservative Mehrheit war ausgeblieben, eine weitere Zusammenarbeit mit den Liberalen insgesamt kam mit Blick auf die wirtschaftspolitischen Intentionen und die prinzipiellen Überlegungen des Reichskanzlers nicht in Frage. Infolgedessen blieb Bismarck nichts anderes übrig, als gegenüber dem Zentrum zu taktieren, um sowohl das gegen die Sozialdemokratie gerichtete Gesetz wie auch die Schutzzollpolitik durchsetzen zu können.

Verabschiedung des Sozialistengesetzes

Einerseits war es dazu notwendig, den Abbau der Kulturkampfgesetze glaubwürdig in Aussicht zu stellen beziehungsweise zu beschleunigen. Hinsichtlich des projektierten „Sozialistengesetzes" war aber das Zentrum weiterhin keineswegs bereit, den Wünschen Bismarcks zu folgen. Bismarck setzte jedoch auch den neuen Reichstag unter Druck, und zwar mit der kaum verhüllten Drohung eines Staatsstreiches. Er dachte dabei an eine autoritär durchgeführte Verfassungsrevision zur Beschneidung der Rechte des Reichstags. Zugleich aber musste der Reichskanzler hinnehmen, dass der Entwurf des Sozialistengesetzes im Reichstag eine wichtige Änderung erfuhr. Das zu beschließende Gesetz sollte lediglich auf drei Jahre befristet gültig sein, dann sollte das Parlament über eine Verlängerung oder ein Auslaufen entscheiden. Für den Kanzler war dadurch absehbar, dass er sich nach einer relativ knappen Zeitspanne erneut um eine parlamentarische Mehrheit für eine Verlängerung der Gültigkeit des umstrittenen Gesetzes zu bemühen haben würde. Außerdem blieb für die Sozialdemokraten die Möglichkeit bestehen, parlamentarisch tätig zu sein. Dies hatte zur Folge, dass die Vertreter einer verbotenen Partei weiterhin im Reichstag und den Landtagen agieren konnten, also die wichtigste Bühne der politischen Öffentlichkeit nicht zu verlassen brauchten.

Als der geänderte Entwurf am 19. Oktober 1878 im Reichstag zur Abstimmung stand, war die Zustimmung der Konservativen gewiss. Aber es waren schließlich die Nationalliberalen, die nach heftigen Auseinandersetzungen in der Fraktion für die nötige Majorität sorgten. Schließlich waren sie mehrheitlich zu dem Schluss gekommen, dass das modifizierte Gesetz tragbar sei, insbesondere mit Blick auf Bismarcks weitergehende Drohungen. Das Zentrum blieb bei seinem Nein, die große Mehrheit der Linksliberalen gleichermaßen, die Sozialdemokraten selbstverständlich auch. Das Gesetz wurde in namentlicher Abstimmung mit 221 gegen 149 Stimmen angenommen. Am 21. Oktober 1878 wurde das offiziell „Gesetz gegen die gemeingefährlichen Bestrebungen der Sozialdemokratie" benannte Sozialistengesetz in Kraft gesetzt.

Q

Gesetz gegen die gemeingefährlichen Bestrebungen der Sozialdemokratie vom 21. Oktober 1878 („Sozialistengesetz")
(nach: Ritter, Das Deutsche Kaiserreich 1871–1914, S. 232–235)

[...] § 1. Vereine, welche durch sozialdemokratische, sozialistische oder kommunistische Bestrebungen den Umsturz der bestehenden Staats- und Gesellschaftsordnung bezwecken, sind zu verbieten.
Dasselbe gilt von Vereinen, in welchen sozialdemokratische, sozialistische oder kommunistische auf den Umsturz der bestehenden Staats- und Gesellschaftsordnung gerichtete Bestrebungen in einer den öffentlichen Frieden, insbesondere die Eintracht der Bevölkerungsklassen gefährdenden Weise zu Tage treten.
Den Vereinen stehen gleich Verbindungen jeder Art. [...]
§ 9. Versammlungen, in denen sozialdemokratische, sozialistische oder kommunistische [...] Bestrebungen zu Tage treten, sind aufzulösen.
Versammlungen, von denen durch Thatsachen die Annahme gerechtfertigt ist, dass sie zur Förderung der im ersten Abschnitt bezeichneten Bestrebungen bestimmt sind, sind zu verbieten.
Den Versammlungen werden öffentliche Festlichkeiten und Aufzüge gleichgestellt. [...]
§ 11. Druckschriften, in welchen sozialdemokratische, sozialistische oder kommunistische [...] Bestrebungen zu Tage treten, sind zu verbieten. [...]
§ 17. Wer an einem verbotenen Vereine (§ 6) als Mitglied sich betheiligt, oder eine Thätigkeit im Interesse eines solchen Vereins ausübt, wird mit Geldstrafe bis zu fünfhundert Mark oder mit Gefängniss bis zu drei Monaten bestraft. Eine gleiche Strafe trifft denjenigen, welcher an einer verbotenen Versammlung (§ 9) sich betheiligt, oder welcher nach polizeilicher Auflösung einer Versammlung (§ 9) sich nicht sofort entfernt.
Gegen diejenigen, welche sich an dem Vereine oder an der Versammlung als Vorsteher, Leiter, Ordner, Agenten, Redner oder Kassirer betheiligen, oder welche zu der Versammlung auffordern, ist auf Gefängniss von Einem Monat bis zu Einem Jahre zu erkennen.
§ 18. Wer für einen verbotenen Verein oder für eine verbotene Versammlung Räumlichkeiten hergiebt, wird mit Gefängniss von Einem Monat bis zu einem Jahr bestraft.
§ 19. Wer eine verbotene Druckschrift (§§. 11, 12), oder wer eine von der vorläufigen Beschlagnahme betroffene Druckschrift (§. 15) verbreitet, fortsetzt oder wieder abdruckt, wird mit Geldstrafe bis zu eintausend Mark oder mit Gefängniss bis zu sechs Monaten bestraft. [...]

Das Gesetz stellte ein sehr weit greifendes Instrument zur Zerschlagung der Organisations- und Kommunikationsstrukturen der sozialdemokratischen Partei dar. Außerdem konnte auf der Grundlage weiterer, im oben stehenden Auszug nicht zitierter Bestimmungen des Gesetzes über Regionen oder Städte zeitlich befristet der so genannte Kleine Belagerungszustand verhängt werden (gemäß § 28 des Sozialistengesetzes), unter welchem das gesamte öffentliche Leben einer noch strafferen behördlichen Kontrolle unterworfen war. In den vom Kleinen Belagerungszustand betroffenen Gebieten konnten Personen mit Aufenthaltsverboten belegt werden. Dies zielte vor allem darauf ab, sozialdemokratische Funktionäre räumlich von ihrer Anhängerschaft zu isolieren.

Schutzzollpolitik

Bis Mitte 1879 konnte Bismarck im Reichstag auch die Wendung zur Schutzzollpolitik durchsetzen. Die dazu erforderliche Mehrheit hatte sich bereits abgezeichnet, als sich im Herbst 1878 im Parlament die fraktionsübergreifende „Freie wirtschaftliche Vereinigung" (gelegentlich auch unter der Bezeichnung „Volkswirtschaftliche Vereinigung") gebildet hatte. In ihr sammelten sich die Schutzzollbefürworter: Die meisten Konservativen, der weitaus größte Teil der Zentrumsfraktion und schließlich auch einige Nationalliberale. Insgesamt traten der Vereinigung 204 Abgeordnete bei, also die Mehrheit der 397 Parlamentarier im Reichstag. Gleichwohl gab es heftige und langwierige Auseinandersetzungen um die konkrete Gestaltung der neuen Zolltarife. Die letztendliche Zustimmung des Zentrums wurde durch finanzpolitische Zugeständnisse, die verhinderten, dass die Reichsleitung durch die künftig erhöhten Zolleinnahmen von der parlamentarischen Budgetbewilligung unabhängig wurde und die die Bundesstaaten finanziell stärkten („Franckensteinsche Klausel"; vgl. oben S. 13), sowie den angekündigten Fortgang des Abbaus der Kulturkampfgesetze erkauft. Am 12. Juli 1879 passierte das Zolltarifgesetz mit deutlicher Mehrheit den Reichstag.

Wenige Tage zuvor hatte Bismarck in einer Reichstagsdebatte noch einmal seine Lösung von der bisherigen Form der Zusammenarbeit mit den Liberalen offiziell begründet. Er führte aus, dass eine Kooperation zwischen der Reichsleitung und einer Fraktion des Parlaments sehr wohl möglich sei, niemals aber dürfe es dahin kommen, dass eine Fraktion „die Regierung regiere". Die Äußerungen des Reichskanzlers sind zugleich aufschlussreich für dessen grundsätzliches Verständnis der Funktion des Reichstages.

Q

Reichstagsrede Otto von Bismarcks zum Zolltarifgesetzentwurf, 9. Juli 1879 (nach: Bruch/Hofmeister, Deutsche Geschichte in Quellen und Darstellung, Bd. 8, S. 47 f.)

Ich habe im Anfang auch geglaubt, wir würden leichter zum Ziele [einer Verbesserung der Reichsfinanzen] kommen, als dies der Fall gewesen ist, es würde früher eine Verständigung stattfinden. Zu dieser ist aber von liberaler Seite nicht in dem Maße, wie ich erwartete, die Hand geboten, und es fehlt uns heut in unserer entscheidenden Verhandlung an jeder Vorlage von liberaler Seite, wie die Herren sich etwa denken, dass diese Finanzfrage gelöst werden könnte. […] Eine Fraktion kann sehr wohl die Regierung unterstützen und dafür einen Einfluss auf sie gewinnen, aber wenn sie die Regierung regieren will, dann zwingt sie die Regierung ihrerseits dagegen zu reagieren. […]
Die vielen Andeutungen in der Presse, als hätte ich mit irgendeiner Fraktion gebrochen, oder wäre zuerst aggressiv verfahren, die treffen nach meinem inneren Bewusstsein nicht zu. […]
Wenn ich nach 1871 durch diese von mir nicht abhängigen Erscheinungen und Kämpfe enger an die liberale Fraktion gedrängt wurde, […] so habe ich dadurch die Beziehungen zu den übrigen Kreisen des Reichs doch unmöglich für immer aufgeben können. […]
Ich kann – die Regierung kann doch den einzelnen Fraktionen nicht nachlaufen, sondern sie muss ihre eigenen Wege gehen, die sie für richtig erkennt; in diesen Wegen wird sie berichtigt werden durch die Beschlüsse des Reichstags, sie wird der Unterstützung der Fraktionen bedürfen, aber der Herrschaft einer Fraktion wird sie sich niemals unterwerfen können! […]

Infolge der Verabschiedung des Zolltarifgesetzes wurden Schutzzölle auf die meisten nach Deutschland importierten Waren erhoben. Ihre Höhe bewegte sich im internationalen Vergleich etwa auf mittlerem Niveau. Das Reich machte mit seiner Abkehr von der liberalen Freihandelspolitik unter den europäischen Mächten (außer Großbritannien) im Übrigen keine Ausnahme. Die natürliche Folge des jetzt eingeschlagenen wirtschaftspolitischen Kurses war allerdings eine Erhöhung zahlreicher Verbraucherpreise im Reich, da sich Importe verteuerten.

Konservative Wende

Mit den zollpolitischen Beschlüssen des Sommers 1879 war die von Bismarck intendierte Lösung von der Kooperation mit den Liberalen im Reichstag vollzogen. Zugleich waren erstmals Konservative und Zentrum zu informellen „Regierungsparteien“ geworden. Die innenpolitische Tragweite der konservativen Wende und der Ablösung der Nationalliberalen als wichtigster politischer Kraft ist in der Forschung noch immer umstritten. In der Bismarck-kritischen Interpretation der 1960er und 70er-Jahre wurde sie zeitweilig gar als „zweite Reichsgründung“ mit konservativen Vorzeichen verstanden. Die Vorherrschaft des Liberalismus sei durch den Reichskanzler gezielt gebrochen und dadurch eine Modernisierung des Reiches dauerhaft verhindert worden. In jüngerer Zeit ist diese Sichtweise jedoch insbesondere durch Thomas Nipperdey relativiert worden, der deutlich gemacht hat, dass Bismarck wenigstens zum Teil durchaus sachorientiert agierte, um die Lösung der bestehenden wirtschaftlichen Probleme in nach seiner Auffassung richtiger Art und Weise angehen zu können. Er habe die Problematik nicht lediglich instrumentalisiert, um den Liberalismus zu schwächen. Dessen Bedeutungsverlust habe vielmehr auch innere Ursachen gehabt. Hans-Peter Ullmann hat den neueren Stand der Diskussion folgendermaßen zusammengefasst: „Trägt man alle Einwände zusammen, erscheint ‚1878/79‘ in anderem Licht: weiterhin als Zäsur und Rückschlag für die Nationalliberale Partei, den Liberalismus, ja alle Reformkräfte im Kaiserreich, als Machtverlust auch für Reichstag und Parteien sowie als Gewinn für Regierung, Verwaltung, den Obrigkeitsstaat insgesamt; aber nicht als endgültige Weichenstellung für den Weg des Kaiserreichs.“

b) Die Sozialgesetzgebung

Hatte sich Bismarck mit dem Sozialistengesetz ein zahlreiche Handlungsoptionen bietendes Instrument zur Unterdrückung vor allem der sozialistischen Arbeiterbewegung geschaffen, so war er doch einsichtig genug, um zu erkennen, dass Repression im Umgang mit der industriellen Arbeiterschaft nicht das einzige Mittel sein konnte. Handelte es sich doch um die im Zuge des rasch fortschreitenden Industrialisierungsprozesses am stärksten wachsende Bevölkerungsgruppe des Reiches überhaupt. Die Industriearbeiterschaft geriet immer mehr in eine Schlüsselposition hinsichtlich der weiteren wirtschaftlichen und politischen Entwicklung – es war daher unabdingbar, sie sozial und politisch in das Kaiserreich zu integrieren.

Soziale Frage

Bismarck hatte bereits in der Reichstagsdebatte über das Sozialistengesetz im Oktober 1878 eingeräumt, dass es erforderlich sei, Maßnahmen gegen unbestreitbar vorhandene Missstände hinsichtlich der materiellen Lage der Arbeiterschaft zu ergreifen. Über die einzelnen Aspekte der damit angeschnittenen „Sozialen Frage" (u.a. mangelnde Lohngerechtigkeit, Verelendungserscheinungen durch Armut, Wohnraumknappheit und weitgehend fehlende Sicherungsmechanismen gegen grundlegende Daseinsrisiken wie Krankheit, Invalidität und Tod) gab es bereits eine breite zeitgenössische Diskussion. Noch dringlicher wurden flankierende sozialpolitische Maßnahmen zum Sozialistengesetz aus der Sicht des Reichskanzlers, als die 1879 vollzogene Wende zur Schutzzollpolitik keineswegs rasch eine Besserung der allgemeinen wirtschaftlichen Situation mit sich brachte, sondern im Gegenteil die Gründerkrise anhielt. Das vorläufige Ausbleiben einer konjunkturellen Besserung verschärfte materielle Defizite bei der Arbeiterschaft in besonderer Weise.

Zu Beginn der 1880er-Jahre wurde zudem deutlich, dass die erste Phase der harschen Anwendung des Sozialistengesetzes nicht dazu führte, dass die Sozialdemokratie als politische Kraft geschwächt wurde. Besonders offenkundig wurde dies bei der Wahl zum fünften Reichstag Ende Oktober 1881. Hatte schon die heftige antisozialdemokratische Agitation bei der vorangegangenen Wahl von 1878 nur begrenzt Wirkung gezeigt, so war das Abstimmungsergebnis nach knapp drei Jahren repressiver Praxis mit dem Sozialistengesetz für den Reichskanzler wiederum enttäuschend. Die Sozialdemokraten verloren zwar 1,5% des Anteils an den abgegebenen Stimmen und erzielten lediglich 6,1%. Infolge anderer Verschiebungen im Stärkeverhältnis der Parteien beziehungsweise durch das für den Gewinn der einzelnen Wahlkreise entscheidende Mehrheitswahlrecht erreichten die Sozialdemokraten dennoch eine Steigerung ihrer Mandatszahl von neun auf wiederum 12. Mithin war ihre Reichstagsfraktion wieder genau so stark wie vor dem Sozialistengesetz. Bismarck war sich im klaren darüber, dass der Zuschnitt der Wahlkreise, der ländliche Regionen gegenüber den städtischen bevorteilte, dafür sorgte, dass das Wahlergebnis nur bedingt ein Bild vom tatsächlichen Rückhalt der Sozialdemokratie in der Bevölkerung vermittelte. In der stark industrialisierten Reichshauptstadt Berlin, einer der sozialdemokratischen Hochburgen, lag der Stimmenanteil der „Umsturzpartei" bereits bei rund 40%.

Eine bessere Einbindung der Arbeiterschaft in das gesellschaftliche und politische System des Kaiserreichs erhoffte sich Bismarck dadurch, dass der von der Sozialdemokratie fortwährend als Ergebnis und Garant ungerechter „Klassenverhältnisse" angegriffene Staat seine Bereitschaft und Fähigkeit, für das materielle Wohlergehen auch der Arbeiter Sorge zu tragen, unter Beweis stellte. Dazu wurden in der Öffentlichkeit längst verschiedene Handlungsoptionen diskutiert. So wurde über einen Ausbau der so genannten Arbeiterschutzgesetzgebung debattiert, das heißt über eine Erweiterung der gesetzlichen Regelungen, welche in innerbetriebliche Verhältnisse eingriffen (z.B. mit allgemein verbindlichen Sicherheits- und Hygienebestimmungen, Arbeitszeitregelungen u.a.). Diese Möglichkeit aber verwarf Bismarck, und zwar nicht zuletzt in Anbetracht der sich daraus notwendig ergebenden finanziellen Belastungen für die Unternehmerschaft, die ohnehin schon mit der anhaltenden Wirtschaftskrise zu kämpfen hatte. Es dürfte klar sein, dass zu erwartende neue finanzielle Lasten die in der Regel ablehnende, zumindest aber bremsende Haltung der meisten Unternehmer hinsichtlich gesetzlicher Neuregelungen zugunsten der Arbeiter bestimmten.

Erster Anlauf zur Sozialversicherung

Gerade mit Blick darauf war es kein Zufall, dass das erste Sozialversicherungsprojekt, das nach dem Willen Bismarcks bereits vor der Reichstagswahl vom Oktober 1881 angekündigt und in Angriff genommen wurde, eine Unfallversicherung für Arbeiter war. Denn in diesem Falle bestand immerhin ein Teilinteresse auf Arbeitgeberseite, zu einer gesetzlichen Neufassung zu kommen. Das seit 1871 reichsweit geltende Haftplichtgesetz machte es erforderlich, dass ein Arbeiter, der an seinem Arbeitsplatz verunglückt war, selbst den Nachweis erbrachte, dass der Arbeitgeber die Verantwortung für den Unfall trug und daher schadenersatzpflichtig sei. Dies war aber in der Praxis oft schwierig, was eine Vielzahl von Prozessen zur Folge hatte, in denen Arbeiter versuchten, ihre Wiedergutmachungsansprüche gerichtlich durchzusetzen. Auch auf Unternehmerseite war man daran interessiert, dergleichen Verfahren, die Geld kosteten und deren Ausgang unsicher war, möglichst zu vermeiden. Dies mit Hilfe einer entsprechenden Versicherung zu bewerkstelligen, erschien vielen als durchaus plausibel.

Ein auf Bismarcks Veranlassung hin entstandener Entwurf zur gesetzlichen Unfallversicherung wurde, nach der Genehmigung durch den Bundesrat, Anfang März 1881 dem Reichstag vorgelegt. In der schriftlichen Begründung dazu hieß es bezeichnenderweise, mit dem neuen Gesetz würden nicht etwa sozialistische Forderungen erfüllt, vielmehr handele es sich um eine Folgerung der „aus der christlichen Gesittung erwachsenen Staatsidee". Diese schließe eben auch die Fürsorge für das Wohlergehen aller, und zumal der Schwachen und Hilfsbedürftigen, mit ein. Ähnlich lautete der Grundtenor der Rede, die der Reichskanzler bei der Debatte über den Gesetzentwurf vor dem Parlament hielt, wobei Bismarck auch mit scharfen Angriffen auf die Liberalen nicht sparte, die nach seiner Lesart gerade diese Fürsorgepflicht des Staates sträflich vernachlässigten.

Der dem Reichstag vorgelegte Entwurf schloss verschiedene Berufsgruppen, darunter insbesondere die Land- und Forstarbeiter, von der künftigen Versicherungspflicht aus. Wesentlich war, dass die bisherige Unterscheidung zwischen verschuldeten und unverschuldeten Unfällen fallen gelassen wurde. Die Höhe der Rente im Falle unfallbedingter voller Erwerbsunfähigkeit sollte bei zwei Dritteln des letzten Verdienstes liegen. Der entscheidende Punkt der Vorlage aber war, dass künftig eine Reichsversicherungsanstalt gegründet werden sollte, welche die Unfallversicherung einheitlich organisieren sollte. Ferner sollte zu ihrer Finanzierung auch das Reich einen Beitrag leisten. Dieser Punkt war Bismarck besonders wichtig, denn dadurch wollte er unabweisbar zum Ausdruck bringen, dass der Staat auch praktisch für die Arbeiterschaft sorgte.

Als der Entwurf nach der ersten, kontrovers verlaufenen Lesung im Reichstag in einer eigens gebildeten Kommission weiter beraten wurde, setzten liberale und auch einige Zentrumsabgeordnete wesentliche Änderungen durch. So wurde die vorgesehene Reichsversicherungsanstalt zugunsten der Bildung von Landesversicherungsanstalten aufgegeben. Auch der geplante Staatszuschuss wurde gestrichen; die Liberalen warnten vor der Schaffung eines „Staatssozialismus" durch eine solche Konstruktion. Gegen die Stimmen der Sozialdemokraten, die den geänderten Entwurf gegenüber der ursprünglichen Fassung als wesentlich verschlechtert betrachteten, wurde das Gesetz Mitte Juni 1881 vom Reichstag angenommen. Da jedoch im Oktober die schon erwähnte Reichstagswahl bevorstand, sorgte Bismarck dafür, dass der Bundesrat die Zustimmung zu diesem Gesetz verweigerte, es also keine Gültigkeit erlangte.

Kaiserliche Botschaft

Bismarck wollte sich damit vor allem Manövrierfreiheit sichern, keineswegs jedoch den eingeschlagenen Weg zur aktiven Sozialpolitik wieder verlassen, zumal die zugrunde liegende Intention – politische Integration der Arbeiterschaft durch Zugeständnisse auf sozialem Gebiet – unverändert fortbestand. Daher wurde bei der Eröffnung des neuen Reichstages am 17. November 1881 eine von Bismarck veranlasste „Kaiserliche Botschaft" verlesen, welche die beabsichtigte Fortsetzung der Sozialpolitik betonte.

Q

Die „Kaiserliche Botschaft" vom 17. November 1881
(nach: Loth, Das Kaiserreich, Nr. 6, S. 182 f.)

Wir, Wilhelm, von Gottes Gnaden Deutscher Kaiser, König von Preußen etc., thun kund und fügen hiermit zu wissen:
[…] Schon im Februar dieses Jahres haben Wir Unsere Überzeugung aussprechen lassen, dass die Heilung der sozialen Schäden nicht ausschließlich im Wege der Repression sozialdemokratischer Ausschreitungen, sondern gleichmäßig auf dem der Förderung des Wohles der Arbeiter zu suchen sein werde. Wir halten es für Unsere Kaiserliche Pflicht, dem Reichstage diese Aufgabe von neuem ans Herz zu legen, und würden mit um so größerer Befriedigung auf alle Erfolge, mit denen Gott Unsere Regierung sichtlich gesegnet hat, zurückblicken, wenn es Uns gelänge, dereinst das Bewusstsein mitzunehmen, dem Vaterlande neue und dauernde Bürgschaften des inneren Friedens und den Hilfsbedürftigen größere Sicherheit und Ergiebigkeit des Beistandes, auf den sie Anspruch haben, zu hinterlassen. […]
In diesem Sinne wird zunächst der […] Entwurf eines Gesetzes über die Versicherung der Arbeiter gegen Betriebsunfälle mit Rücksicht auf die im Reichstag stattgehabten Verhandlungen über denselben einer Umarbeitung unterzogen, um die erneute Beratung desselben vorzubereiten. Ergänzend wird ihm eine Vorlage zur Seite treten, welche sich eine gleichmäßige Organisation des gewerblichen Krankencassenwesens zur Aufgabe stellt. Aber auch diejenigen, welche durch Alter oder Invalidität erwerbsunfähig werden, haben der Gesamtheit gegenüber einen begründeten Anspruch auf ein höheres Maß staatlicher Fürsorge, als ihnen bisher hat zuteil werden können.
Für diese Fürsorge die rechten Mittel und Wege zu finden, ist eine schwierige, aber auch eine der höchsten Aufgaben jedes Gemeinwesens, welches auf den sittlichen Fundamenten des christlichen Volkslebens steht. […]

Infolge der Kaiserlichen Botschaft erhielt die sozialpolitische Aktivität der Reichstagsfraktionen einen neuerlichen Impuls. Insbesondere das Zentrum, welches wichtige Wählerhochburgen in Städten hatte, in denen noch zahlreiche Arbeiter konfessionell gebunden waren, schloss sich dem Verlangen nach einem Ausbau der gesetzlichen Sicherungsmechanismen für Arbeiter an. Dementsprechend wurde dem Reichstag jetzt der Entwurf über die Unfallversicherung neuerlich vorgelegt, zugleich aber auch ein weiterer Gesetzentwurf über eine ähnlich organisierte Krankenversicherung.

Krankenversicherung

Die Verknüpfung der beiden Versicherungen lag auch aus sachlichen Gründen nahe. Denn die Unfallversicherung sah lediglich eine Entschädigung in solchen Fällen vor, in denen eine am Arbeitsplatz erlittene Verletzung so schwer wiegend war, dass ihre Folgen den Betroffenen mehr als vierzehn Wochen vom Arbeitsplatz fern hielten. Bei allen anderen, in kürzerer Zeit zu behebenden Schädigungen sollte die Krankenversicherung Leistungen erbringen, und das waren 95% aller Arbeitsunfälle. In die gesetzlichen Neuregelungen für die Krankenversicherung sollten die bereits bestehenden Krankenkassen, die es schon vielfach auf genossenschaftlicher, betrieblicher oder kommunaler Basis sowie als freie, meist von Arbeitern selbst gegründete Hilfskassen gab, integriert werden. Das Ziel war hier also nicht eine Einheitsversicherung für alle Versicherungspflichtigen, sondern ein rechtlicher Rahmen, dem sich bestehende oder neu zu gründende Krankenkassen anzupassen hatten.

Nach langwierigen parlamentarischen Beratungen wurde das Krankenversicherungsgesetz am 15. Juni 1883 vom Reichstag verabschiedet. Einer Vereinheitlichung unterlagen jetzt die Krankenkassen-Leistungen: Im Krankheitsfall erhielten die Versicherten künftig für höchstens dreizehn Wochen neben dem Kostenersatz für die ärztliche Behandlung, gleich ob ambulant oder stationär, und die erforderlichen Medikamente den halben ortsüblichen Tageslohn als Ersatz für die ausfallenden Lohnzahlungen. Im Todesfall stand den Hinterbliebenen ein Sterbegeld zu. Die Finanzierung war so geregelt, dass bei den betrieblichen, genossenschaftlichen und kommunalen Kassen zwei Drittel der Beiträge von den versicherten Arbeitern aufzubringen waren und ein Drittel vom jeweiligen Arbeitgeber. Für die freien Hilfskassen, in denen nicht selten Sozialdemokraten leitende Funktionen innehatten, sollte dies nicht gelten, hier mussten die Mitglieder allein bezahlen – der Kampf gegen die Sozialdemokratie wurde auch auf dieser Ebene geführt.

Unfallversicherung

Das gemäß der Kaiserlichen Botschaft neuerlich vorgelegte Unfallversicherungsgesetz wurde am 27. Juni 1884 von einer Reichstagsmehrheit aus Konservativen, Nationalliberalen und Zentrum gegen die Stimmen der Sozialdemokraten und der Linksliberalen angenommen. Der von Bismarck angestrebte Reichszuschuss sowie eine die Unfallversicherung einheitlich tragende Reichsversicherungsanstalt konnten definitiv nicht durchgesetzt werden. Die gegebenenfalls zu zahlenden Renten waren so niedrig geblieben wie im ursprünglichen Regierungsentwurf. Das war einer der Hauptgründe für die Sozialdemokraten, dem Gesetz ihre Zustimmung zu verweigern. Die Aufbringung der für die Unfallversicherung erforderlichen Mittel erfolgte nunmehr dergestalt, dass die Arbeitgeber verpflichtet wurden, von ihnen allein finanzierte Berufgenossenschaften als Versicherungsträger zu bilden. Die bisherige Einzelhaftpflicht wurde in eine gemeinschaftliche Haftpflicht der Unternehmer umgewandelt. Die Versicherungspflicht galt zunächst nur für gewerbliche und industrielle Arbeitgeber, 1886 wurde sie auch auf Arbeitergeber in der Landwirtschaft ausgedehnt.

Invaliditäts- und Altersversicherung

Waren nun die Kranken- und die Unfallversicherung gesetzlich fixiert, so stand noch immer ein wesentliches Element der neuartigen Sozialversicherung aus. Bereits in der Kaiserlichen Botschaft hatte Wilhelm I. eine gesetzliche Regelung der Versorgungsansprüche im Falle einer durch Alter oder Invalidität bedingten Erwerbsunfähigkeit in Aussicht gestellt. Auch zuvor war bereits die Notwendigkeit einer solchen Versicherung immer wieder öffentlich betont worden, sogar Teile der Unternehmerschaft stimmten ihrer Einführung zu. Denn bis dahin gab es gar keine gesetzlich geregelte Fürsorge für Menschen, die aus Alters- oder anderen Gründen, ohne einen Arbeitsunfall zu erleiden, erwerbsunfähig wurden. Diese mussten, wenn sie mittellos waren, entweder durch Angehörige versorgt werden oder sie wurden durch das Netz privater, meist kirchlicher Hilfsorganisationen aufgefangen, im schlimmsten Falle fielen sie der dürftig ausgestatteten kommunalen Armenfürsorge anheim.

Obwohl also ein unbestreitbares Bedürfnis bestand, eine entsprechende Versicherung zu schaffen, zogen sich die Auseinandersetzungen um ihre konkrete Gestaltung bis 1889 hin. Im Mittelpunkt der Streitigkeiten standen die Fragen der Finanzierung und der Leistungshöhen. Der Reichstag beschloss schließlich mit einer ähnlich zusammengesetzten Mehrheit wie im Falle der Unfallversicherung am 22. Juni 1889 das „Gesetz, betreffend die Invaliditäts- und Altersversicherung". Versicherungspflichtig wurden alle Arbeiterinnen und Arbeiter ab dem 16. Lebensjahr sowie Angestellte mit einem Jahreseinkommen bis zu 2000 Mark. Die Finanzierung erfolgte zu gleichen Teilen durch Beiträge von Arbeitgebern und Arbeitnehmern. Die Arbeitnehmerbeiträge wurden durch die Arbeitgeber vom Lohn einbehalten, dafür erhielten die Arbeitnehmer Quittungsmarken, die sie in spezielle Versicherungsnachweise einkleben mussten. Diese gehörten zu den wichtigsten persönlichen Dokumenten. Die Arbeitgeber leiteten ihre und die einbehaltenen Beiträge der Arbeitnehmer an insgesamt 31 regional organisierte öffentlich-rechtliche Versicherungsanstalten weiter. Bemerkenswert ist, dass deren Vorstände bereits paritätisch aus gewählten Arbeitnehmer- und Arbeitgebervertretern zusammengesetzt waren. Zu den auf der Grundlage des Gesetzes gezahlten Renten gab es auch einen staatlichen Zuschuss, allerdings nur in bescheidener Höhe von 50 Mark im Jahr.

Im Falle einer Erwerbsunfähigkeit infolge von Invalidität wurde ein Drittel des letzten Durchschnittslohnes als Rente gezahlt. Eine Altersrente in unserem heutigen Sinne wurde durch das Gesetz von 1889 noch nicht begründet, denn Alter wurde prinzipiell nicht als hinreichender Grund betrachtet, aus dem Arbeitsleben auszuscheiden. Erst ab dem erreichten 70. Lebensjahr wurde ein gesetzlicher Zuschuss gezahlt, der allerdings nur als Ergänzung eines weiterhin vorhandenen Arbeitslohnes bei altersbedingt verminderter Erwerbsfähigkeit gedacht war. In der Praxis wurden dann weit mehr Invaliditäts- als Altersrenten gezahlt, da die Mehrzahl der Versicherten vor Erreichung des 70. Lebensjahres erwerbsunfähig wurde; auch erreichte nur ein vergleichsweise geringer Teil der Versicherten überhaupt dieses Lebensalter (1913 gab es knapp 102 000 Altersrenten-, aber fast 1,1 Millionen Invaliditätsrentenempfänger). Im Übrigen wurde eine großzügige Übergangsregelung getroffen, damit sofort nach In-Kraft-Treten des Gesetzes solche Bedürftigen in den Genuss von Leistungen der Invaliditäts- und Altersversicherung kamen, die aufgrund des bisherigen Fehlens einer entsprechenden gesetzlichen Regelung noch gar keine Gelegenheit gehabt hatten, langjährig Beiträge als Anspruchsberechtigung zu bezahlen. Später war eine Mindestzeit von 23 Jahren Beitragszahlung erforderlich, um einen Altersrentenanspruch zu begründen.

Mit dem Gesetz über die Invaliditäts- und Altersversicherung war das ge-

Gesetzliche Sozialversicherung im Deutschen Reich seit 1883

Versichertes Risiko	**seit**	**Versicherungspflichtige**	**Finanzierung**	**Leistungen**
Krankheit	1883	Arbeiter u. Angestellte mit einem Jahresgehalt unter 2000 M	2/3 Beiträge der Versicherten, 1/3 der Arbeitgeber	Kostenersatz für ärztliche Behandlung; Krankengeld (50% des Arbeitslohns für max. 13 Wochen) im Todesfall Sterbegeld
Arbeitsunfall	1884	Arbeitgeber in Industrie u. Großlandwirtschaft	Umlagen durch Pflichtzusammenschlüsse der Arbeitgeber	Kostenersatz für ärztliche Behandlung; Ersatz für Lohnausfall, ggf. Invaliditätsrente
Invalidität (ohne Arbeitsunfall), altersbedingte Minderung der Erwerbsfähigkeit	1889	Arbeiter u. Angestellte mit einem Jahresgehalt unter 2000 M	Beiträge der Versicherten und der Arbeitgeber (je 50%), geringfügige Staatszuschüsse	Bei Invalidität 1/3 des Durchschnittslohns als Rente; ab dem 70. Lebensjahr Zuschuss zum Lebensunterhalt

setzgeberische Werk zur Sozialversicherung unter Bismarck abgeschlossen. Eine wesentliche Ergänzung wurde erst 1911 beschlossen, als für die Angestellten ein gesondertes Versicherungssystem geschaffen wurde. Zugleich erging die Reichsversicherungsordnung, welche alle einschlägigen gesetzlichen Regelungen zusammenfasste.

Bedeutung des Sozialversicherungssystems

Aus heutiger Perspektive erscheinen die Leistungen, die nun auf gesetzlicher Grundlage von den einzelnen Versicherungen ausgeschüttet wurden, als überaus dürftig. Die wichtigsten Gründe für das niedrige Leistungsniveau lagen einerseits im Problem der Finanzierung, andererseits in der zeitgenössisch weit verbreiteten Auffassung, allzu hohe Versicherungsleistungen würden lediglich einen Anreiz darstellen, aus Faulheit eine Invaliditätsrente anzustreben oder gar gezielt am Arbeitsplatz ein Unfallrisiko einzugehen, um Versicherungsleistungen zu erhalten. Die Zahlungen sollten demnach generell so gering gehalten werden, dass die Versicherten immer noch darauf angewiesen waren, sich so weit als möglich selbst zu helfen und wenigstens einem Teilerwerb nachzugehen.

Nicht übersehen werden darf jedoch, dass das Deutsche Reich sich mit den Sozialversicherungsgesetzen das damals weltweit fortschrittlichste und beste Sozialversicherungssystem überhaupt gab. In den meisten anderen europäischen Staaten bestand einstweilen gar kein vergleichbarer Schutz von Arbeitnehmern gegen Arbeits- und Lebensrisiken. Ganz ohne Zweifel hat gerade auch die durch die gesetzliche Krankenversicherung finanziell ungleich besser gesicherte medizinische Versorgung in Deutschland eine erhebliche Verbesserung erfahren. 1876 entfielen rechnerisch auf 10000 Einwohner im Deutschen Reich nur 3,2 praktizierende Ärzte, 1909 waren es, trotz des zeitgleich massiven Bevölkerungszuwachses, 4,8 Ärzte je 10000 Einwohner. Parallel dazu haben sich die zur Verfügung stehenden Krankenhausbetten annähernd vervierfacht. Ergebnisse der besseren medizinischen Versorgung waren nicht zuletzt ein fühlbarer Rückgang der Säuglingssterblichkeit sowie ein Ansteigen der durchschnittlichen Lebenserwartung.

Das gesetzliche Versicherungssystem funktionierte im Kaiserreich auf der Grundlage der Bevölkerungsentwicklung problemlos. Das starke Bevölkerungswachstum sorgte dafür, dass stets eine große Zahl arbeitsfähiger, relativ junger Menschen, die Beiträge in das Sozialversicherungssystem einzahlten, einer vergleichsweise kleinen Zahl von Leistungsempfängern gegenüberstand, die durch Krankheit, Alter oder Invalidität ganz oder teilweise erwerbsunfähig waren. Nach einer Zählung von 1911 waren rund 60% der Gesamtbevölkerung des Reiches zwischen 15 und 65 Jahren alt, dagegen gehörten lediglich etwa fünf % der Altersgruppe über 65 Jahren an, während die verbleibenden 35% Kinder, also künftige Beitragszahler waren. Dementsprechend günstig sahen die Bilanzen der einzelnen Zweige der Sozialversicherung aus: Bei der gesetzlichen Krankenversicherung standen im Jahre 1913 Einnahmen von insgesamt 441 Millionen Mark lediglich Ausgaben in Höhe von 433 Millionen Mark gegenüber. Die Alters- und Invaliditätsversicherung nahm in gleichen Jahr 419 Millionen Mark ein und gab 242 Millionen Mark aus.

Zur Einführung einer zentralstaatlich geregelten Arbeitslosenversicherung kam es im Kaiserreich nicht, obwohl sie von sozialpolitischen Experten bereits mit Nachdruck gefordert wurde. Arbeitslose konnten, so weit sie Gewerkschaftsmitglieder waren, nur auf Geld aus den gewerkschaftlichen Unterstützungskassen hoffen. Nicht organisierte Arbeitslose fielen meist der kommunalen Armenpflege anheim. Langfristige Massenarbeitslosigkeit kannte das Kaiserreich allerdings in Anbetracht der insgesamt günstigen Wirtschaftsentwicklung nicht. Auch die Gründerkrise brachte nur vorübergehende Arbeitsmarktprobleme mit sich. Die überlieferten Daten reichen für exakte Aussagen nicht aus; Jürgen Kuczynski hat allerdings Zahlen vorgelegt, aus denen sich ergibt, dass die Arbeitslosenquote im Deutschen Reich zwischen 1887 und 1913 im Durchschnitt lediglich bei etwa 2,3% gelegen hat. Der höchste von Kuczynski angegebene Wert liegt bei 6,7% für 1901, wobei die Jahre davor und danach mit 2,0 beziehungsweise 2,9% Erwerbsloser erheblich günstiger ausfielen. Andere Berechnungen kommen für die Jahre zwischen 1903 und 1913 auch nur auf eine durchschnittliche Arbeitslosenquote von 3,6%. Im Kaiserreich wurde Arbeitslosigkeit zu einem gravierenden Problem erst nach Beginn des Ersten Weltkriegs, als infolge der Stilllegung zahlreicher nicht „kriegswichtiger" Betriebe zeitweilig eine hohe Zahl von Arbeitskräften entlassen werden musste. Daher wurde eine umfassendere Regelung der Arbeitslosenunterstützung unumgänglich. Allerdings geschah dies zunächst auf dem Verordnungs-, nicht auf dem Gesetzesweg. Nach längeren Diskussionen kam die gesetzliche Pflichtversicherung gegen Arbeitslosigkeit schließlich erst in der Weimarer Republik durch Beschluss des Reichstages im Juli 1927 zustande.

Interventions- und Sozialstaat

Die Entstehung der Sozialgesetzgebung in den 1880er-Jahren markiert eine wesentliche Etappe der Herausbildung des modernen Interventions- und Sozialstaats. Stärker und deutlicher als zuvor wurde es als staatliche Aufgabe begriffen, in gesellschaftliche und wirtschaftliche Belange steuernd einzugreifen. Kennzeichnend für das Anwachsen der Staatsaufgaben ist nicht zuletzt, dass während der Entwicklung des Kaiserreichs ein massiver institutioneller und personeller Ausbau der Bürokratie vor sich ging, und zwar sowohl auf zentral- und einzelstaatlicher wie auch auf kommunaler Ebene. Gerade dies ist ein wichtiger Aspekt der „Modernität" des Kaiserreichs. Allerdings blieb die Reichweite staatlicher Eingriffe in soziale und ökonomische Probleme im Vergleich zum heutigen Sozialstaat des frühen 21. Jahrhunderts gering. Dies gilt auch für die staatliche Wirtschaftspolitik, die gerade in den späten 1870er-Jahren das Instrument der Zölle zur indirekten Steuerung ökonomischer Vorgänge stärker in Gebrauch nahm. Eine aktive staatliche Konjunktur- oder Beschäftigungspolitik wurde indessen noch nicht entwickelt. Grundsätzlich blieb das seit dem späten 18. Jahrhundert entstandene liberale System der marktwirtschaftlichen Selbststeuerung der privatkapitalistisch organisierten Wirtschaft unangetastet. Erst im Verlauf des Ersten Weltkrieges, vor dem Hintergrund der Zwänge der Kriegswirtschaft, hat sich in Deutschland eine ausgeprägter interventionistisch orientierte staatliche Wirtschaftspolitik herausgebildet, auch dies allerdings ohne prinzipielle Aufhebung marktwirtschaftlicher Mechanismen.

c) Die Wirkung des Sozialistengesetzes

Verlängerungen des Sozialistengesetzes

Brachten die 1880er-Jahre die Verwirklichung der den Kampf gegen die Sozialdemokratie begleitenden sozialpolitischen Maßnahmen, so bestand zugleich das Sozialistengesetz weiter. Aufgrund der 1878 beschlossenen Befristung seiner Geltungsdauer war Bismarck genötigt, im Reichstag mehrfach Verlängerungen der Gültigkeit des umstrittenen Gesetzes durchzusetzen. Das Parlament beschloss solche im Mai 1880, im Mai 1884 sowie im April 1886 mit wechselnden Stimmverhältnissen. Der Reichskanzler glaubte also weiterhin an die Wirksamkeit dieses Instruments. Im Grunde hätte Bismarck jedoch hinsichtlich der Aussichten, die Sozialdemokratie mit Mitteln der Justiz und administrativer Repression tatsächlich wirksam unterdrücken zu können, gewarnt sein müssen. Schon bevor er den Reichstag Ende 1878 dazu gebracht hatte, das Sozialistengesetz zu beschließen, war nämlich mit ähnlichen Maßnahmen gegen führende Funktionäre der Sozialdemokratie vorgegangen worden.

Maßnahmen gegen die Sozialdemokratie

Dies betraf in besonderer Weise August Bebel. Bereits 1872 wurde Bebel wegen Majestätsbeleidigung gemeinsam mit Wilhelm Liebknecht zu zwei Jahren Festungshaft verurteilt. Einerseits nutzten Bebel und Liebknecht den von der Öffentlichkeit aufmerksam verfolgten Prozess geschickt, um dessen im Grunde politische Intention bloßzustellen. Andererseits wurden sowohl der Weg zum Haftantritt wie der Tag der Entlassung zu für Bebel triumphalen Massendemonstrationen. Auch gegen andere sozialdemokratische Funktionäre wurde vielfach schon vor 1878 gerichtlich vorgegangen. Die 1875 von Bebel und anderen in Gotha gegründete SAP wurde bereits im folgenden Jahr in Preußen verboten. Eine Fortsetzung der Parteiaktivitäten war vom liberaleren Hamburg aus möglich, bis mit dem Sozialistengesetz der Versuch Bismarcks begann, die SAP reichsweit als politische Kraft auszuschalten.

August Bebel schätzte in einer Reichstagsrede, die er im September 1878 kurz vor der Beschlussfassung über das Sozialistengesetz hielt, dessen voraussichtliche Wirkung völlig anders ein als Bismarck und die Befürworter der Repressionsmaßnahmen. Bebel prognostizierte mit Bestimmtheit, dass, bedingt durch den staatlichen Unterdrückungsversuch, die Unterstützung für die Sozialdemokraten größer und keineswegs geringer werden würde.

Q

August Bebels Prognose zum Sozialistengesetz vor dem Reichstag, 16. September 1878

(nach: Die deutsche Arbeiterbewegung in Augenzeugenberichten, S. 221)

Ich kann Ihnen bestimmt versichern, dass ich sehr tüchtige unserer Parteigenossen habe äußern hören: ich wünschte, das Gesetz ginge durch! Sie könnten uns gar nicht besser nützen als durch Annahme des Gesetzes, denn Tausende und Abertausende die heute noch keine Sozialdemokraten sind, werden es dann sicher werden. Wir sind in wenigen Jahren stärker als je zuvor. [...] Nehmen Sie also dieses Gesetz an, so haben wir ein Ausnahmegesetz, ein Klassengesetz, das allerdings mehr als alles, was bisher da gewesen ist, gegen Ihren Willen Propaganda machen wird. Es wird in einer Weise gegen Sie wirken, wie Sie es nicht erwarten [...]

Auf der Grundlage des Sozialistengesetzes wurde mehr als ein Jahrzehnt lang von Behörden und Gerichten gegen sozialdemokratische Vereine und Presseorgane, aber auch gegen die Funktionäre der Partei vorgegangen. Rund 1300 periodische und nicht-periodische sozialdemokratische Druckschriften wurden reichsweit verboten, ebenso wie 332 Arbeiterorganisationen, darunter auch Gewerkschaften. Gegen die Führerschaft der Partei richteten sich insbesondere die Bestimmungen des Sozialistengesetzes, die es ermöglichten, Aufenthaltsverbote für bestimmte Bezirke beziehungsweise Ortschaften zu erlassen.

Nachdem das Zentrale Wahlkomitee der SAP in Hamburg, welches die Parteispitze darstellte, sich zwei Tage vor In-Kraft-Treten des Sozialistengesetzes selbst aufgelöst hatte, um einem Verbot zuvor zu kommen, wurde zunächst versucht, dessen Wirkung durch einen strengen „Legalitätskurs" sozialdemokratisch orientierter Vereine zu unterlaufen. Gleichwohl wurden diese vielfach aufgelöst. Druckereien, die zuvor Parteiblätter gedruckt hatten, waren bestrebt, durch die Herstellung unpolitischen Schrifttums zu überleben, um die Arbeitsplätze der Mitarbeiter zu retten. In vielen Fällen war dies jedoch vergebens.

Mit Hilfe der Bestimmungen des „Kleinen Belagerungszustandes" wurden bereits Ende 1878 zahlreiche sozialdemokratische Funktionäre aus

Berlin ausgewiesen, zwei Jahre später geschah auf preußischen Druck hin in Hamburg das Gleiche. Zum Teil entschlossen sich die Betroffenen jetzt zur Auswanderung, meist in die USA. Zugleich gab es für die Familien von Ausgewiesenen große Solidarisierungsaktionen in der Arbeiterschaft, um diesen durch Geldsammlungen und auf andere Art und Weise zu helfen. Gegen die offenkundige Ungerechtigkeit des Vorgehens der Behörden wurde bald auch Unmut in linksliberalen und zentrumsnahen Kreisen laut. Insgesamt wurden während der Gültigkeit des Sozialistengesetzes gegen rund 900 Personen Aufenthaltsverbote verhängt, etwa 1 500 wurden auf seiner Grundlage zu Gefängnis- oder Zuchthausstrafen verurteilt.

Sozialdemokratische Veranstaltungen und Organisationen wurden dennoch vielfach in getarnter Weise fortgeführt, zum Beispiel als Familienausflüge ins Grüne anstelle von Parteiversammlungen oder als Arbeitergesangsvereine. In Zürich wurde mit Hilfe eines Teils des rechtzeitig fortgeschafften Parteivermögens das neue Parteiorgan „Der Sozialdemokrat" gegründet, welches bereits seit Herbst 1879 erschien. In Tausenden von Exemplaren wurde die Zeitung illegal im Reich verbreitet. Gleichfalls in der Schweiz fand 1880 ein Exil-Parteitag der SAP statt, welcher den programmatischen Kurs der Partei im Wesentlichen bestätigte und den Zusammenhalt stärkte.

Ausbleibender Erfolg

Frühzeitig zeichnete sich ab, dass es mit Hilfe des Sozialistengesetzes weder gelang, die sozialdemokratischen Organisationsstrukturen zu zerschlagen, noch die Publikationsorgane der Partei vollständig zu unterdrücken. Der Solidarisierungseffekt der kollektiv Angegriffenen bewährte sich wie kurz zuvor beim katholischen Bevölkerungsteil des Reiches jetzt auch bei der sozialdemokratisch orientierten Arbeiterschaft. Auch die Sozialgesetzgebung vermochte nicht, den Zusammenhalt des sozialdemokratischen Milieus zu schwächen. Dieses wurde in der Zeit des Sozialistengesetzes eigentlich erst formiert.

Wie schwer wiegend Bismarcks Fehlspekulation und zweite gravierende innenpolitische Niederlage nach dem Kulturkampf auch im Falle des Kampfes gegen die Sozialdemokratie ausfiel, zeigen die Wahlergebnisse der Reichstagswahlen während der Gültigkeit des Sozialistengesetzes. 1881 hatten die Sozialdemokraten mit 6,1% der abgegebenen Stimmen noch leichte Verluste erlitten, gleichwohl immerhin 12 Abgeordnete in den Reichstag entsandt. 1884 erreichten sie bereits 9,7% und verdoppelten die Zahl ihrer Mandatsträger. 1887 überschritten sie die Zehn-Prozent-Marke, verloren aber bedingt durch Bismarcks „Kartell"-Taktik (vgl. unten S. 68ff.) einige Wahlkreise. Die Verluste an Mandaten wurden allerdings bei der Reichstagswahl im Februar 1890 mehr als wettgemacht, als die Sozialdemokraten ihren Stimmenanteil fast verdoppelten und auf 19,8% kamen. Rund 1,4 Millionen Wähler hatten für sozialdemokratische Kandidaten votiert. 1877, bei der letzten Reichstagswahl vor dem Sozialistengesetz, hatte dies lediglich knapp eine halbe Million der Abstimmungsberechtigten getan. Nunmehr war die Sozialdemokratie die nach der Stimmenzahl stärkste Partei im Reich, knapp vor dem Zentrum, weit vor den Liberalen und den Konservativen. Lediglich die ungerechte Wahlkreiseinteilung beziehungsweise Bündnisse, welche die anderen Parteien bei fälligen Stichwahlen in einzelnen Wahlkreisen schlossen, um den Sieg sozialdemokratischer Kandidaten zu verhindern, hatten zur Folge, dass sich die Stimmenzahl nur begrenzt in der Anzahl der Sitze im Reichstag niederschlug. Die sozialdemokratische Reichstagsfraktion umfasste nach den Wahlen von 1890 35 Abgeordnete, während das an Stimmenzahl hinter den Sozialdemokraten rangierende Zentrum 106 Sitze erhielt. Hinsichtlich der Fraktionsstärke erreichten die Sozialdemokraten hinter dem Zentrum, den Konservativen, den Links- und schließlich den Nationalliberalen nur den fünften Rang.

In Preußen war das unverändert geltende Drei-Klassen-Wahlrecht für eine noch ungleich extremere Verzerrung des Verhältnisses von Wählervotum und gewonnenen Abgeordnetenmandaten verantwortlich. Niemand, auch Bismarck nicht, konnte indessen übersehen, dass sich die sozialdemokratische Anhängerschaft seit 1878 sprunghaft vermehrt hatte und dass das Sozialistengesetz und die Sozialgesetzgebung hinsichtlich ihrer gegen die Sozialdemokratie gerichteten Intentionen vollständige Fehlschläge waren.

d) Bismarck und der Reichstag nach der „konservativen Wende"

Mehrheitsbildung im Reichstag

Die erhofften Wirkungen von Bismarcks antisozialdemokratischer Politik blieben weitgehend aus. Die innenpolitische Situation komplizierte sich aber für den Reichskanzler zusätzlich dadurch, dass sein Kalkül von 1877/78, eine durchgreifende konservative Wende zu vollziehen und eine verlässliche „Regierungsmehrheit" im Reichstag herbeiführen zu können, nicht aufging. Hatte schon die ganz im Zeichen der von Bismarck inspirierten Sozialistenfurcht stehende Reichstagswahl vom Juni 1878 nicht die Stärkung der Konservativen im erhofften Ausmaß erbracht, so fiel das Ergebnis der folgenden Abstimmung noch weit weniger den Wünschen Bismarcks gemäß aus. Bei der Reichstagswahl von Ende Oktober 1881 verloren die konservativen Parteien eine erhebliche Anzahl von Mandaten. Die Nationalliberalen waren durch Bismarcks gegen sie gerichtete Taktik im Zusammenhang mit der Entstehung des Sozialistengesetzes so geschwächt, dass auch ihr neuerliches Zusammengehen mit den Konservativen dem Reichskanzler keine parlamentarische Basis für erforderliche Gesetzgebungsverfahren mehr verschaffen konnte. Die Linksliberalen aber waren zu einer Kooperation mit den Konservativen und den Nationalliberalen im Sinne Bismarcks nicht zu gewinnen. Das Zentrum wiederum wahrte 1881 zwar seine Stellung als stärkste Fraktion im Reichstag, allerdings stand dennoch die von Bismarck von Fall zu Fall ins Auge gefasste Allianz zwischen Konservativen und politischem Katholizismus auf schwachen Füßen. Denn die meist mit dem Zentrum stimmenden Vertreter der nationalen Minderheiten waren zu einer Unterstützung der Reichsleitung nicht bereit, sondern trieben konsequent Opposition.

Auf der Basis des Wahlergebnisses von 1881 war es mithin unmöglich, im Reichstag eine wie auch immer geartete sichere Regierungsmehrheit zustande zu bringen. Infolgedessen musste Bismarck taktieren, um für die von ihm gewünschten Gesetzgebungsverfahren wechselnde Mehrheiten zu formieren. Dies war für einen Politiker von Bismarcks antiparlamentarischem Zuschnitt ausgesprochen unerquicklich und nicht zufällig hat er neuerlich mit dem Gedanken an eine staatsstreichartige Verfassungsänderung zur Entmachtung des Reichstags gespielt. Verwirklichen konnte er ein derartiges Ansinnen jedoch nicht, nicht zuletzt weil die spätestens seit der Mitte der 1880er-Jahre schwieriger werdende außenpolitische Lage des Reiches derartige Turbulenzen im Innern nicht geraten erscheinen ließ.

Instrumentalisierung der Kolonialpolitik

Bei den Reichstagswahlen vom Oktober 1884 hoffte der Reichskanzler aus seiner Zwangslage gegenüber dem Parlament befreit zu werden. Bismarck gab kurz vor der Abstimmung seine bislang strikt ablehnende Haltung gegenüber dem Erwerb von Kolonien durch das Deutsche Reich auf. Dies allerdings nicht etwa, weil er seine Meinung in dieser Beziehung grundsätzlich geändert hatte. Er war weiterhin der Ansicht, dass eine Beteiligung des Reichs an der kolonialen Aufteilung der Welt vor allem unter die europäischen Großmächte einen vermeidbaren Störfaktor in seinem außenpolitischen Gesamtkonzept darstellte, weil der zu erwartende Gewinn nicht den materiellen und politischen Kosten kolonialer Abenteuer entsprechen würde (womit er im Übrigen, wie sich langfristig zeigen sollte, vollkommen Recht hatte). Wenn sich der Reichskanzler im Frühjahr und Sommer 1884 nun doch bereit fand, erhebliche Gebiete auf dem afrikanischen Kontinent (zunächst das heutige Namibia unter der damaligen Bezeichnung Deutsch-Südwestafrika, dann Togo und Kamerun) zu „Schutzgebieten" des Reichs zu erklären, so beruhte dies wesentlich auf taktischen Überlegungen, die sich auf die innenpolitischen Verhältnisse bezogen. Die geschickt agitierenden, sich auch rasch in der Deutschen Kolonialgesellschaft schlagkräftig organisierenden Befürworter der Erwerbung von Kolonien argumentierten einerseits damit, dass das Deutsche Reich, um seinen Großmachtstatus unter Beweis zu stellen, nachgerade verpflichtet sei, sich bedeutende Anteile an der vermeintlich noch vorhandenen kolonialen Verfügungsmasse zu sichern. Andererseits stellten sie die zukünftige Bedeutung etwaiger Kolonien als Absatzgebiete für deutsche Produkte, als vorteilhafte Rohstoffbezugsquellen und schließlich als Siedlungsraum für den angeblichen „Überschuss" der sprunghaft wachsenden deutschen Bevölkerung in den leuchtendsten Farben dar. Sie fanden damit Widerhall in weiten Teilen der deutschen Öffentlichkeit.

E

Deutsche Kolonialgesellschaft
Die Deutsche Kolonialgesellschaft ging im Dezember 1887 aus dem Zusammenschluss des Deutschen Kolonialvereins (gegr. 1882) und der Gesellschaft für deutsche Kolonisation (gegr. 1884) hervor. 1899 hatte sie nach eigenen Angaben 27 000 Mitglieder in 287 Zweigvereinen. Durch geschickte Öffentlichkeitsarbeit in Form von Publikationen, Versammlungen und Ausstellungen trug die Kolonialgesellschaft entscheidend zur Popularisierung der Forderung nach dem Erwerb von Kolonien durch das Deutsche Reich bei.

Das Pro und Contra kolonialer Erwerbungen spielte so im Wahlkampf von 1884 eine wichtige Rolle. Bismarck hoffte durch sein Umschwenken auf eine nach außen hin positive Haltung zu deutschen Kolonien den Linksliberalen, in denen er in dieser Zeit neben den Sozialdemokraten seinen innenpolitischen Hauptgegner sah, schaden zu können. Denn diese standen der Kolonialpolitik wie die Sozialdemokraten, aber anders als der größte Teil der sonstigen politischen Kräfte, ablehnend gegenüber. So war es leicht, ihnen zu unterstellen, sie behinderten „Deutschlands Größe" in der Welt, um ihnen die Gegnerschaft aller „wahrhaft national gesinnten" Wähler zu bescheren.

Bismarcks Erwartungen haben sich allerdings auch im Oktober 1884 nur bedingt erfüllt. Die Linksliberalen haben wunschgemäß erhebliche Mandatsverluste erlitten. Dem standen zwar Gewinne der Konservativen und auch eine leichte Wiedererstarkung der Nationalliberalen gegenüber, jedoch blieben das Zentrum und die Vertreter der nationalen Minderheiten fast gleich stark. Ferner verdoppelten die oppositionellen Sozialdemokraten trotz des weiterhin gültigen Sozialistengesetzes ihre Mandatszahl von 12 auf 24. Unter dem Strich ergab sich damit keine wesentliche Kräfteverschiebung im Reichstag, sodass Bismarck auch in der folgenden Legislaturperiode auf die beschwerliche Bildung wechselnder Mehrheiten angewiesen blieb. Die Fortsetzung der Sozialpolitik und die Aufrechterhaltung des Sozialistengesetzes wurden so für den Reichskanzler zu Balanceakten, die ihm wie schon seit 1881 mehr an Kompromissbereitschaft abverlangten, als er eigentlich zu geben bereit war.

Kartellwahlen

Im Frühjahr 1887 unternahm Bismarck einen weiteren Versuch, sich aus dieser für ihn schwierigen innenpolitischen Situation zu lösen. Der Hebel, den er dazu benutze, war einmal mehr die Wehrpolitik. Die Entscheidung des Reichstags über einen neuen Militärhaushalt stand bevor, da das 1880 beschlossene zweite Septennat auslief. Den außenpolitischen Hintergrund bildete die Haltung Frankreichs gegenüber dem Reich. Nach einer vorübergehenden Entspannung ging die Anfang 1886 gebildete neue französische Regierung wieder verstärkt auf Konfrontationskurs. Als Signal wurde insbesondere die Berufung von General George Boulanger (1837–1891) in das Amt des Kriegsministers gewertet, denn Boulanger galt als herausragender Repräsentant des Revanchegedankens in Frankreich. Zugleich verschärften sich die Spannungen zwischen dem deutschen Bündnispartner Österreich-Ungarn einerseits und Russland andererseits um die jeweiligen Einflussspähren auf dem Balkan. Die französische Regierung suchte eine Annäherung an Russland, während im Zarenreich deutschfeindliche Kräfte an Einfluss gewannen. Damit rückte ein künftiges französisch-russisches Bündnis deutlicher als bisher in den Bereich des Möglichen. Da dies bedeutete, dass Deutschland bei einer erneuten militärischen Auseinandersetzung mit Frankreich schnell in einen Zweifrontenkrieg auch gegen Russland geraten konnte, wurde dies vielfach als eminente Bedrohung interpretiert, zumal Russland als mit Abstand bevölkerungsreichster Staat Europas über das größte Potential militärdienstpflichtiger Männer verfügte. In Bismarcks außenpolitischem Konzept zählte die Verhinderung einer französisch-russischen Allianz zu den Zielen mit absolutem Vorrang.

Bismarck wollte in dieser Situation mit der Forderung eines weiteren Septennats einerseits erreichen, dass der Militärhaushalt wiederum mittelfristig Eingriffen des Parlaments entzogen würde. Andererseits sollte zugleich unter Hinweis auf die vermeintlich erhöhte Kriegsgefahr eine weitere erhebliche Heeresverstärkung durchgesetzt werden. Vorgesehen war eine Erhöhung der Friedenspräsenzstärke von 427000 auf 468000 Mann, was entsprechende Mehrkosten mit sich brachte.

Als deutlich wurde, dass das Zentrum und die Linksliberalen nur unter einschränkenden Bedingungen bereit waren, der neuen Wehrvorlage zuzustimmen, sorgte Bismarck für eine erneute Reichstagsauflösung. Der anschließende Wahlkampf war geprägt vom Thema der „nationalen Sicherheit" und der sich daraus angeblich ableitenden Erfordernisse. Bismarck unterstellte Zentrum und Linksliberalen öffentlich, sie würden sich unabweisbaren militärischen Sachzwängen verweigern. Der nachmalige Staatssekretär im Reichsschatzamt Adolf Wermuth (1855–1927) hat die Wahlkampfbeeinflussung seitens der Reichsleitung später lebhaft und anschaulich beschrieben und das von Bismarck inszenierte Zusammenwirken verschiedener Institutionen offen gelegt.

Q

Adolf Wermuth über den Wahlkampf zum „Kartellreichstag" im Frühjahr 1887
(nach: Ritter, Das Deutsche Kaiserreich 1871–1914, S. 248f.)

[...] Und nun begann mit Anfang des Wahlkampfes ein betäubendes Getöse, von Bismarck bis ins einzelne in Szene gesetzt und mit vollendeter Kaltblütigkeit aus dem Hintergrunde geleitet. Sorgsam war gesammelt, was immer Boulanger an Kriegsprahlerei, an Vorbereitung zum Losschlagen geleistet. Jetzt wurde es ihm gründlich heimgezahlt. In verteilten Rollen wetteiferten die Reichsämter miteinander. Das Auswärtige Amt und das Kriegsministerium ließen täglich die Alarmnachrichten von der westlichen und schließlich auch von der östlichen Grenze über Truppenansammlungen und Kriegstreiberei vor den deutschen Ohren gellen. Auf das Reichsamt des Innern entfielen die aufregenden Geschehnisse wirtschaftlichen Inhalts. [...] Die Bundesregierungen wurden durch ein sofort veröffentlichtes Rundschreiben um strengste Aufmerksamkeit ersucht, dass nichts Gefährliches über die Grenze gehe. Schließlich erließen wir von Reichs wegen ein Verbot der Ausfuhr von Pferden. Weniger, um diese von feindlichen Heeren fern zu halten, als um die deutsche Entschlossenheit vor Ausland und Inland ins Licht zu stellen. Deshalb wurde das Verbot auch unter der Hand mit denkbarer Lindigkeit ausgeführt. Berge von Ausnahmegesuchen habe ich durch schlanke Bewilligung erledigt.
Der Wucht Bismarcks konnte die deutsche Wählerschaft nicht widerstehen. [...]

Parallel zur gezielten staatlichen Informationspolitik sorgte der Reichskanzler dafür, dass die beiden konservativen Parteien und die Nationalliberalen sich darüber verständigten, nur ausdrückliche Septennats-Befürworter als gemeinsame Kandidaten aufzustellen. Bei erforderlich werdenden Stichwahlen sollte auch jeweils einem gemeinsamen Kandidaten in den betroffenen Wahlkreisen zum Erfolg verholfen werden. Das von Bismarck inspirierte konservativ-nationalliberale Bündnis wurde als „Kartell" bezeichnet.

Die Koalition von Konservativen und Nationalliberalen führte dazu, dass es im neuen Reichstag tatsächlich eine deutliche Kartell-Mehrheit von 220 Mandaten gab. Hauptverlierer waren die Linksliberalen, deren Fraktion auf lediglich 32 Sitze zusammenschrumpfte, folglich mehr als halbiert wurde. Infolge der Wahlkreisabsprachen der Konservativen und Nationalliberalen verloren auch die Sozialdemokraten 13 von bislang 24 Mandaten (bei einem gleichzeitigen erheblichen Stimmengewinn). Das Zentrum blieb weitgehend stabil, es verlor nur einen Reichstagssitz. Die Wahlkämpfe von 1884 und 1887 verdeutlichen noch einmal mit großer Klarheit, wie stark innen- und außenpolitische Fragen im Kaiserreich stets aufeinander bezogen waren und wie sehr gerade von Bismarck, später aber auch von einigen seiner Nachfolger außenpolitische Fragen bewusst instrumentalisiert wurden, um die innenpolitischen Kräfteverhältnisse zu beeinflussen.

Im Kartell-Reichstag erhielt Bismarck erwartungsgemäß die Zustimmung zum dritten Septennat; dem beugte sich jetzt aus taktischen Gründen auch das Zentrum. Wenig später wurde eine weitere Umstrukturierung des Heeres beschlossen, wodurch dessen Mobilmachungsstärke deutlich erhöht wurde – die Aufrüstungspolitik wurde fortgesetzt.

Außenpolitische Rahmenbedingungen

Für Bismarck hatte sich also die innenpolitische Situation durch die Bildung des Kartells verbessert. Zugleich gelang ihm eine gewisse außenpolitische Entspannung, denn im Juni 1887 konnte er mit Russland den **Rückversicherungsvertrag** abschließen.

E

Rückversicherungsvertrag
Geheimvertrag zwischen dem Deutschen Reich und Russland, abgeschlossen am 18. Juni 1887. In dem auf drei Jahre befristeten Abkommen verpflichteten sich beide Mächte zu gegenseitiger Neutralität, wenn eine von ihnen in einen Krieg mit einer dritten Macht geraten sollte. Dies galt jedoch für einen deutsch-französischen Krieg nur dann, wenn Deutschland unprovoziert angegriffen würde. Umgekehrt hatte die Neutralitätsklausel für Deutschland im Falle einer militärischen Konfrontation zwischen Russland und Österreich-Ungarn nur Gültigkeit, wenn Russland unprovoziert angegriffen würde. In einem „ganz geheimen" Zusatzprotokoll, von dem nur wenige Personen Kenntnis erhielten, sicherte das Reich Russland die Unterstützung von dessen Balkaninteressen zu. Dies widersprach jedoch dem Zweibund-Vertrag mit Österreich-Ungarn (1879) und dem Dreibund-Vertrag zwischen Deutschland, Österreich-Ungarn und Italien (1882). Mithin stand der Rückversicherungsvertrag nicht in Einklang mit bestehenden Bündnisverpflichtungen des Reiches. Bismarck sah jedoch keine andere Möglichkeit, Russland weiter an Deutschland zu binden, um die befürchtete französisch-russische Allianz zu verhindern.

Wurde der Rückversicherungsvertrag später vielfach als Bismarcks diplomatisches Meisterstück betrachtet, so hatte er zunächst aufgrund seiner Geheimhaltung keine Bedeutung für die innenpolitische Situation. Allerdings mochten sich die eingeweihten Spitzen des Reiches schon zu diesem Zeitpunkt fragen, wie tragfähig die gewagte Konstruktion, die den älteren deutschen Bündnispartner Österreich-Ungarn insgeheim hinterging, wirklich sein mochte. In einer späteren kritischen Bewertung ist der Rückversicherungsvertrag nicht von ungefähr als „verzweifelte, wenn auch geniale Aushilfe" (Karl Erich Born) bezeichnet worden.

3. „Der Lotse geht von Bord": Kaiser Wilhelm II. und die Entlassung Bismarcks

a) 1888 – Ein Jahr, drei Kaiser: Von Wilhelm I. zu Wilhelm II.

Wilhelm I.

Im Jahre 1862 hatte der preußische König Wilhelm I. Otto von Bismarck in das Amt des preußischen Ministerpräsidenten berufen und damit dessen großen Aufstieg zur politischen Macht ermöglicht. Wilhelm I. war selbst erst rund ein Jahr zuvor nach dem Tod seines älteren, kinderlosen Bruders Friedrich Wilhelm IV. (1795–1861) auf den preußischen Thron gelangt. Das Selbstverständnis Wilhelms war stets in der Hauptsache das eines Berufssoldaten gewesen, die politische Führungsrolle als Monarch lag ihm letztlich nicht besonders. Er berief Bismarck, der als strikt konservativ und durchsetzungsstark, aber auch als skrupellos galt, ohne Begeisterung. Entscheidend für diesen Schritt war die Hoffnung des Königs, der neue Ministerpräsident werde ihm aus der verfahrenen innenpolitischen Situation des preußischen „Heereskonfliktes“ heraus helfen. Dieser war seit 1860 im Gange, weil die liberale Mehrheit im preußischen Abgeordnetenhaus ihre Zustimmung zu einer Reorganisation des Heeres in der vom König gewünschten Form hartnäckig verweigerte. Wilhelm beharrte auf seinen Plänen und war, als eine Einigung nicht gelang und Preußen damit innenpolitisch gelähmt war, sogar zur Abdankung bereit. In dieser Situation ernannte er Bismarck. Dieser enttäuschte Wilhelm bei der Aufhebung der innenpolitischen Blockade nicht: er brach den Widerstand der Liberalen im Abgeordnetenhaus, allerdings indem er die preußische Verfassung in einer Art und Weise auslegte, die von vielen Zeitgenossen mit guten Gründen als Rechtsbruch betrachtet wurde. Zugleich hat Bismarck im Rahmen seiner viel weiter reichenden Pläne Wilhelm I. zum Teil durchaus im wörtlichen Sinn auf einen Weg gezwungen, der den König von Preußen im Grunde wider Willen zum deutschen Kaiser machte. Das Verhältnis zwischen beiden blieb stets spannungsgeladen. In Konfliktsituationen hat Bismarck mehrfach mit seinem Rücktritt gedroht, sogar wiederholt Entlassungsgesuche eingereicht. Gleichwohl hat Wilhelm I. sich nicht entschließen können, Bismarck tatsächlich von seinen Ämtern als preußischer Ministerpräsidenten und Reichskanzler zu entbinden, was er verfassungsgemäß jederzeit hätte tun können. In ihrer konservativen Gesinnung nämlich waren sie sich einig, auch wenn Wilhelm mit Bismarcks Methoden und einzelnen seiner Maßnahmen keineswegs immer einverstanden war.

Schon infolge seines hohen Alters – Wilhelm I. war zum Zeitpunkt seiner Kaisererhebung bereits fast 74 Jahre alt –, hat er auch als Reichsoberhaupt die politische Kursbestimmung im Wesentlichen Bismarck überlassen, so dass diese Phase der Geschichte des Kaiserreichs nicht von ungefähr als „Ära Bismarck“ bezeichnet wird, wenngleich dieser formell nur „Diener“ seines Kaisers und Königs war. Die neuere Forschung hat zwar davor gewarnt, das politische Eigengewicht Wilhelms I. allzu gering zu veranschlagen und es ist unzweifelhaft, dass er seine Aufgaben als Monarch zeitlebens mit großer Ernsthaftigkeit und Überzeugung wahrnahm. Gleichwohl war Bismarck letztlich der politisch Stärkere.

Friedrich III.

Wilhelm I. starb mit knapp 91 Jahren am 9. März 1888. Der amtierende Reichskanzler sah sich nun mit dem Thronfolger **Friedrich III.** konfrontiert, der in mancherlei politischen Grundüberzeugungen mit Bismarck nicht übereinstimmte. Darüber waren sich beide längst im klaren.

Friedrich III. war beim Tod seines Vaters 56 Jahre alt. Bismarck dagegen war bereits 73. Allerdings war es keineswegs allein der Generationsunterschied, welcher den Kanzler vom neuen Kaiser trennte. Vielmehr sympathisierte Friedrich mit dem Liberalismus, also gerade der politischen Richtung, welche Bismarck als Konservativer im Grunde stets bekämpft hatte – wenn er den Nationalliberalismus nicht gerade instrumentalisierte. Kronprinzessin Victoria brachte Bismarck keinerlei Sympathie entgegen, im Gegenteil, sie verabscheute ihn. Möglicherweise schwebte Friedrich vor, das politische System des Reiches im Sinne des britischen Parlamentarismus umzugestalten. Und dies war für Bismarck zweifellos inakzeptabel.

E

Friedrich III. (1831–1888), König von Preußen und Deutscher Kaiser (1888). 1858 heiratete der Sohn Wilhelms I. die britische Prinzessin Victoria (1840–1900), eine Tochter der gleichnamigen Königin. Unter dem Einfluss seiner intelligenten und energischen Frau öffnete er sich liberalen Anschauungen britischer Prägung. Bereits Bismarcks Berufung zum preußischen Ministerpräsidenten stand der Kronprinz distanziert gegenüber. Er hat an Bismarcks Innenpolitik und auch an seinem außenpolitischen Kurs wiederholt öffentlich Kritik geäußert. In den Kriegen 1866 und 1870/71 übte er erfolgreich hohe militärische Kommandos aus. Im Prozess der Reichsgründung unterstützte er Bismarck und half mit, den Widerstand seines Vaters gegen die Annahme der Kaiserwürde zu überwinden. Hinsichtlich der Ausgestaltung des Reiches war Friedrich jedoch wiederum in vieler Beziehung anderer Ansicht als Bismarck. Solange sein Vater am Leben war, konnte der Kronprinz allerdings auf die deutsche Politik nur sehr begrenzt Einfluss nehmen.

Friedrich III. war also einerseits für einen Teil des politischen Spektrums in Deutschland ein Hoffnungsträger, andererseits sahen Bismarck und die Konservativen bei aller fraglosen Treue zum Haus Hohenzollern seiner Herrschaft mit Bedenken entgegen. Indessen zeigte sich rasch, dass mit Friedrich III. als künftigem Gestalter der deutschen Politik nicht mehr ernsthaft zu rechnen war. Anfang 1887 war beim Kronprinzen eine Geschwulst am Hals festgestellt worden. Da sich die behandelnden Ärzte über deren Einschätzung zunächst nicht einig werden konnten, unterblieb eine sofortige Operation. Als die Diagnose Kehlkopfkrebs Ende 1887 unzweifelhaft feststand, war es für einen womöglich rettenden operativen Eingriff zu spät.

Kurz vor dem Tod Wilhelms I. war die Krankheit bereits so weit fortgeschritten, dass Friedrich nicht mehr sprechen konnte. Als er wenig später selbst Kaiser wurde, waren durch seinen Gesundheitszustand, aber auch durch Bismarcks Verweigerungshaltung seine politischen Wirkungsmöglichkeiten äußerst beschränkt. Friedrich III. hat sein Amt als deutscher Kaiser lediglich für 99 Tage ausgeübt. Bereits am 15. Juni 1888 ist er gestorben.

Spekulationen darüber, ob die deutsche Politik, hätte Friedrich III. länger gelebt, in eine andere Richtung gelenkt worden wäre, sind müßig. Kein Zweifel kann daran bestehen, dass ein fundamentaler politischer Kurswechsel nicht nur bei Bismarck, sondern auch bei den konservativen Eliten, die in den meisten Führungspositionen des Reiches fest etabliert waren, auf schwer zu überwindenden Widerstand gestoßen wäre. Darüber hinaus herrscht keineswegs Klarheit über die tatsächlichen Absichten Friedrichs III. hinsichtlich der politischen Zukunft des Reiches. Ob mit der „übersprungenen Generation“ wirklich eine Chance auf Liberalisierung und Modernisierung des Reiches starb, muss daher offen bleiben.

Wilhelm II.

Der frühzeitige Tod Friedrichs III. bedingte jedenfalls, dass mit **Wilhelm II.** nun ein Mensch völlig anderen Zuschnitts den Thron als dritter Kaiser in diesem einen Jahr 1888 bestieg.

E

Wilhelm II. (1859–1941), König von Preußen und Deutscher Kaiser (1888–1918). Als Wilhelm zehn Jahre alt war, begann seine militärische Ausbildung. Nach dem Abitur studierte er von 1877 bis 1879 in Bonn. Er belegte dabei Veranstaltungen ganz unterschiedlicher Fächer (u.a. Jura, Nationalökonomie, Kunstgeschichte und Geschichte), ohne eines systematisch zu vertiefen. 1881 heiratete er Prinzessin Augusta Victoria von Schleswig-Holstein (1858–1921). Wilhelm absolvierte nach seinen Bonner Studien diverse militärische Verwendungen, wurde aber nicht planmäßig in zivile Regierungsgeschäfte eingearbeitet. Nach seiner überraschend schnellen Thronfolge 1888 fiel Wilhelm immer wieder durch unbedachte, politisch schädliche Äußerungen auf. Er war entscheidend mitverantwortlich für die massive Aufrüstung der deutschen Kriegsmarine seit Ende der 1890er-Jahre. Im Sommer 1914 versuchte er in letzter Minute den Ausbruch des Ersten Weltkriegs doch noch zu verhindern. Vor dem Hintergrund der militärischen Niederlage erzwang der letzte von Wilhelm II. ernannte Reichskanzler, Prinz Max von Baden (1867–1929), am 9. November 1918 seine Abdankung als Kaiser und König. Wilhelm II. ging daraufhin in die Niederlande ins Exil.

Wilhelm II. war bei seinem Regierungsantritt erst 29 Jahre alt. Man wird der historischen Bedeutung des letzten Kaisers kaum gerecht werden, wenn man nicht auch den Charakter des Menschen Wilhelm von Hohenzollern in Rechnung stellt. Zwar spielt die Persönlichkeit eines Menschen, der an verantwortlicher Stelle steht, stets eine Rolle für die Art und Weise, in der er sein Amt ausübt, im Falle Wilhelms scheint jedoch das persönliche Schicksal besonders eng mit seiner politischen Rolle verknüpft zu sein.

Bedingt durch Komplikationen bei seiner Geburt war der linke Arm Wilhelms II. nicht voll funktionstüchtig. Von seiner frühesten Kindheit an wurden Therapie-Versuche unternommen, bei denen die behandelnden Ärzte zum Teil Methoden anwendeten, die heute abstrus erscheinen. Für den hochsensiblen Jungen waren sie zweifellos zumeist quälend. Erfolg hatten sie keinen. Wilhelm selbst lernte frühzeitig, den vermeintlichen „Makel" der Behinderung vor der Öffentlichkeit verbergen zu wollen. Seine Mutter, Kronprinzessin Victoria, betrachtete die leichte Behinderung ihres ältesten Sohnes offenbar als persönliche Schmach und schwankte in der Erziehung des Prinzen zwischen beinahe erdrückender Fürsorge und bewusst eingesetzter Härte, um den künftigen Herrscher nicht zu „verzärteln". Der von den Eltern engagierte Erzieher sah seinerseits in Strenge und Disziplinierung den Kern seines pädagogischen Konzeptes. Lob und Anerkennung spendete er dem Jungen so gut wie nie – in der Überzeugung, diesen dadurch vor Hochmut zu bewahren.

Den offenkundigen Mangel an Zuwendung und Anerkennung beantwortete der Heranwachsende mit sich steigernder Ablehnung, ja mit Hass auf seine Eltern. Der im Grunde tief unsichere junge Mann Wilhelm suchte Rückhalt, wo er sich zu bieten schien: Zunächst als Student in der bierdunstgeschwängerten Atmosphäre der schlagenden Studentenverbindung „Borussia" in Bonn, später fühlte er sich wohl in der nicht minder „schneidigen" Atmosphäre des Offizierscasinos der preußischen Garderegimenter, in denen er Dienst tat. Wer ihm hier die ersehnte Anerkennung oder gar Bewunderung entgegenbrachte, konnte gewiss sein, sich bei dem jungen Prinzen beliebt zu machen. Für sein ganzes Leben blieb Wilhelm den

Schmeicheleien und Einflüsterungen der Männer seiner persönlichen Umgebung zugänglich. Dadurch war er auch als Monarch leicht beeinflussbar und schnell schwankend gemacht in seinen Entschlüssen. Die Entourage des Kaisers, der persönliche Ehrgeiz von deren Angehörigen und ihr mehr oder weniger kompetentes Urteil in politischen Dingen haben immer wieder, außerhalb der Funktions- und Kontrollmechanismen der Verfassung, das kaiserliche Handeln mitbestimmt.

Was einerseits die persönliche Tragödie eines jungen Menschen war, hatte andererseits bei dem künftigen Thronfolger eine hochpolitische Dimension. In bewusster Opposition zu den liberalen Neigungen seiner Eltern und bestärkt von seinen Freunden, entwickelte sich Wilhelm frühzeitig zu einem ebenso entschiedenen wie unreflektierten Gegner der politischen Mitsprache parlamentarischer Körperschaften, zumal des Reichstags, welcher ihm eine „Saubude", angefüllt mit „Hundekerlen" war.

Das innerlich nie überwundene Minderwertigkeitsgefühl kompensierte bereits der junge Prinz und dann noch mehr der Kaiser mit demonstrativer Kraftmeierei in seinem Auftreten – vor allem in Form verbaler Ausfälle. Sätze wie „Wer gegen mich ist, den zerschmettere ich!" werfen ein tief bezeichnendes Licht auf die Persönlichkeit Wilhelms. Der Kaiser redete gern, viel und fatalerweise meist frei, ohne vorbereitetes Manuskript. Allein aus den ersten zwölf Regierungsjahren Wilhelms II. sind nicht weniger als 406 öffentliche Reden und Ansprachen überliefert. Wilhelms Mutter Victoria meinte mit Blick auf Stil und Inhalt seiner Auftritte: „Wenn ich den Schatten eines Einflusses hätte, würde ich Wilhelm anflehen, keine öffentlichen Reden mehr zu halten, sie sind zu schrecklich." Und 1903 spottete August Bebel vor dem Reichstag, jede Kaiserrede bringe der Sozialdemokratie 100000 Stimmen mehr.

In harmloseren Fällen machte sein Auftreten Wilhelm II. zur beliebten Zielscheibe der Satiriker weltweit. In verschiedenen weit weniger harmlosen Fällen führte Wilhelms Großsprecherei zu ernsthaften politischen Komplikationen im In- und Ausland.

Ein kurz gefasstes Psychogramm des Menschen Wilhelm II. ist zum Verständnis der Epoche, die nach dem Kaiser die „wilhelminische" genannt wurde und wird, unabdingbar. Die Entwicklung des deutschen Kaiserreichs nach innen und außen darf gewiss nicht über Gebühr personalistisch betrachtet werden. Selbstverständlich war es nicht der Monarch allein, der die Richtung vorgab, sondern weitere gesellschaftliche, ökonomische und politische Faktoren müssen in ihrem jeweiligen Stellenwert differenziert betrachtet werden. Gleichwohl war es gerade das von Bismarck geschaffene politische System des Kaiserreichs, welches dem Monarchen und seinen Entscheidungen eminente Bedeutung verlieh. Wilhelm II. trat sein Amt überdies mit dem Vorsatz an, ein „persönliches Regiment" zu errichten, er beabsichtigte, die ihm verfassungsgemäß zustehenden Herrschaftsrechte extensiv auszulegen. Inwieweit ihm dies tatsächlich gelungen ist, bleibt umstritten. Gewiss ist jedenfalls, dass Wilhelm II. entscheidende Mitverantwortung für die Entwicklung des Kaiserreichs nach 1888 trug.

b) Auf dem Weg zum „persönlichen Regiment"? Das Ende der Reichskanzlerschaft Bismarcks

Bismarck und Wilhelm II.

Der auch nach dem Tod Friedrichs III. noch amtierende Reichskanzler Otto von Bismarck stand der künftigen Leitung der Politik des Reiches durch den anmaßend forschen jungen Mann, der nun Kaiser wurde, von Beginn an mit Bedenken gegenüber. Insbesondere für eine Fortsetzung von Bismarcks diffiziler, vordergründig auf einen allseitigen Ausgleich zielender Außenpolitik schien der neue Monarch denkbar ungeeignet zu sein.

Die Öffentlichkeit in Deutschland reagierte auf den Regierungsantritt Wilhelms II. indessen zunächst überwiegend positiv, stand doch nun nach dem Tod des uralten Wilhelm I. und des schwer kranken Friedrich III. offenbar ein junger dynamischer Mann an der Spitze des Reiches. Sein Temperament würde durch die Erfahrung des alten Reichskanzlers schon in die richtigen Bahnen gelenkt werden.

Genau das aber, sich nämlich von Bismarck oder irgendjemand anderem lenken zu lassen, hatte Wilhelm II. nicht vor. Dem Reichskanzler brachte er zwar eine gewisse Bewunderung für seine bisherigen Leistungen entgegen, das bedeutete jedoch nicht, dass er bereit war, sich als Kaiser mit einer Rolle zufrieden zu geben, die der seines Großvaters vergleichbar gewesen wäre. Gegenüber seinen Freunden soll Wilhelm II. unmittelbar nach seiner Thronbesteigung geäußert haben: „Sechs Monate will ich den Alten [gemeint ist Bismarck] verschnaufen lassen, dann regiere ich selbst!"

Bismarck wurde indessen auch in der deutschen Öffentlichkeit längst nicht mehr allgemein als der unfehlbare, souveräne politische Lenker wahrgenommen. Gegen Ende der 1880er-Jahre lagen seine Fehlspekulationen in Sachen Kulturkampf und Sozialistengesetz offen zu Tage. Die wirtschaftspolitische Wende zur Schutzzollpolitik hatte erwartungsgemäß die Einnahmen des Reiches gesteigert, Bismarcks Pläne zu weiter reichenden Reformen des Finanz- und Steuersystems aber waren überwiegend am parlamentarischen Widerstand gescheitert. Das System der Sozialversicherungen mochte von vielen Zeitgenossen als positiv beurteilt werden, jedoch empfand gerade die Arbeiterschaft, die Bismarck damit an den Staat binden wollte, die Zwangsmitgliedschaft in der Kranken- und Alters-/Invalidenversicherung zunächst vielfach als Lohnkürzung. Denn Bismarck hatte seine ursprüngliche Idee, diese Versicherungen ganz oder wenigstens teilweise aus dem öffentlichen Haushalt zu finanzieren, nicht verwirklichen können. Er vermochte demnach die Arbeiter nicht zu politisch angepassten „Staatsrentnern" machen, diese mussten vielmehr die Sozialversicherungen teilweise durch Beiträge aus der eigenen Tasche finanzieren. Darüber hinaus brachten die Schutzzölle zwar mehr Geld in die Kassen von Reich und Ländern, zugleich aber zeitigten sie die erwartbare Konsequenz erhöhter Verbraucherpreise vor allem für Nahrungsmittel. Im Kontext der noch immer nicht überwundenen Gründerkrise trug auch dies zur weit verbreiteten Missstimmung gegenüber der Politik des alten Reichskanzlers bei.

Bergarbeiterstreik 1889

Bismarck wusste darum sehr wohl und zugleich konnte er nicht sicher sein, ob oder zumindest wie lange der neue Kaiser bereit war, an ihm als

Kanzler festzuhalten. Um seine Unentbehrlichkeit als „Krisenmanager" zu demonstrieren, setzte Bismarck daher einmal mehr auf die gezielte Schürung eines innenpolitischen Konfliktes. Ende April 1889 kam es, ausgehend von Lohnstreitigkeiten, zu ersten Arbeitsniederlegungen von Bergarbeitern in Bochum. Die Streikbewegung breitete sich rasch über das ganze Ruhrgebiet und dann auch auf die Kohlreviere in Schlesien und an der Saar aus. Mitte Mai befanden sich etwa 90% aller deutschen Bergleute im Ausstand. Allein im Ruhrgebiet waren dies über 90 000. Es handelte sich um den mit Abstand größten Streik, den Deutschland bis dahin erlebt hatte. Bereits Anfang Mai wurden Polizei und dann auch Militär gegen die Streikenden eingesetzt, am 6. Mai schossen die übernervös reagierenden Sicherheitskräfte zum ersten Mal. Danach kam es noch wiederholt zum Schusswaffengebrauch; insgesamt starben mindestens 15 Personen, etwa 20 wurden verletzt. Zum Teil handelte es sich um Streikteilnehmer, zum Teil aber auch um ganz Unbeteiligte.

Bei den Demonstrationen im Zuge des Streiks tauchten rote Fahnen auf, auch radikalisierten sich die Parolen der Bergleute vor dem Hintergrund des gewalttätigen Einsatzes von Polizei und Militär. Bismarck wollte die Situation nutzen, um die Revolutionsfurcht des Bürgertums gegenüber der Sozialdemokratie erneut anzufachen und sich damit Unterstützung für die Fortsetzung des autoritär-konservativen innenpolitischen Kurses zu sichern. Noch galt ja das Sozialistengesetz, dessen Zweckmäßigkeit aber in der Öffentlichkeit mehr und mehr in Zweifel gezogen wurde. Daher war Bismarck gar nicht daran gelegen, den Konflikt in den Kohlrevieren, dessen eigentliche Ursache die schlechte soziale Situation der Bergarbeiterschaft war, rasch beizulegen. Vielmehr sollte sich die Gefährlichkeit der sozialdemokratischen „Umsturzpartei", die Bismarck für die Auseinandersetzungen verantwortlich machte, gerade hier unübersehbar erweisen. In Wirklichkeit agierten die beteiligten sozialdemokratischen Funktionäre jedoch eher zurückhaltend und dämpfend.

Wilhelm II. indessen reagierte anders als der Reichskanzler. Gerade am Beginn seiner Herrschaft wird die Doppelgesichtigkeit dieses Monarchen deutlich: Der junge Kaiser wollte in seinem eigenen Selbstverständnis zwar herrschen, zugleich aber auch Verantwortungsgefühl für alle seine Untertanen unter Beweis stellen. So empfing Wilhelm am 14. Mai 1889 in einer Aufsehen erregenden Geste eine Abordnung der streikenden Bergarbeiter. Dabei zeigte sich auch der Kaiser als kompromissloser Feind der Sozialdemokratie, zugleich jedoch bekundete er Verständnis für die sozialen Missstände, welche die Arbeiter beklagten. Wenig später ermahnte Wilhelm II. die Arbeitgeberseite zu mehr Entgegenkommen hinsichtlich der berechtigten Forderungen der Arbeiter. Anders als Bismarck, der die inzwischen erfolgte Sozialgesetzgebung für ausreichend hielt, befürwortete Wilhelm darüber hinaus einen weiteren Ausbau der Arbeiterschutzgesetzgebung.

Bismarck schwenkte daraufhin auf einen Konfliktkurs mit dem Kaiser ein, indem er im Oktober 1889 in Anbetracht der in Kürze erforderlichen neuerlichen Verlängerung des Sozialistengesetzes dem Reichstag einen Gesetzentwurf vorlegte, der dieses in verschärfter Form ersetzen sollte. Der Reichskanzler tat also das Gegenteil von dem, was der Kaiser wünschte, nämlich einen Ausgleich mit der Arbeiterschaft zu suchen. Bismarck glaubte noch immer, sich in der zu erwartenden Verhärtung der innenpolitischen Fronten unentbehrlich machen zu können. Sogar ein Staatsstreich schien für Bismarck erneut im Bereich des Möglichen zu liegen, sofern der Reichstag seinen Intentionen diesmal tatsächlich nicht nachgeben würde.

Um Wilhelm II. herum war jedoch ein Beraterkreis versammelt, welcher sich gegen den amtierenden Reichskanzler wandte. Darunter war der Generalstabschef Alfred Graf von Waldersee (1832–1904). Waldersee befürwortete einen baldigen Präventivkrieg gegen Frankreich. Einen solchen hatte Bismarck jedoch stets entschieden abgelehnt, er hielt vielmehr an seinem komplizierten Bündnissystem zur Sicherung des Reiches fest. Auch außenpolitische Differenzen spielten also bei der Stimmungsmache gegen Bismarck eine Rolle. Seine persönliche Umgebung bestärkte den Kaiser zudem in der Absicht, sich nicht von Bismarck lenken zu lassen. Eine weitere Eskalation des Vorgehens gegen den Bergarbeiterstreik wollte Wilhelm II. jedenfalls verhindern. In einer Kronratssitzung am 24. Januar 1890 verlangte Wilhelm II. daraufhin von Bismarck einerseits, das Sozialistengesetz wenn nicht fallen zu lassen, so doch zu entschärfen, andererseits forderte er erneut den Ausbau der gesetzlichen Bestimmungen zum Arbeiterschutz. Bismarck lehnte beides ab. Da sich die anderen Kronratsmitglieder in diesem Moment noch hinter den Kanzler stellten, konnte der Kaiser für den Moment seine Forderungen nicht durchsetzen.

Sozialistengesetz wird nicht verlängert

Jenseits des augenblicklichen Erfolges für Bismarck war damit der Bruch zwischen dem jungen, ehrgeizigen und nach persönlicher Machtausübung strebenden Kaiser und dem alten Reichskanzler im Grunde vollzogen. Die Fäden der Macht entglitten Bismarck nun rasch. Am Tag nach der Kronratssitzung und dem Zusammenprall mit dem Kaiser scheiterte im Reichstag die von Bismarck gewünschte erneute Verlängerung des Sozialistengesetzes; er löste daraufhin den Reichstag auf. Am 4. Februar 1890 brüskierte der Kaiser Bismarck, indem er zwei Erlasse ohne die erforderliche Gegenzeichnung des Kanzlers veröffentlichen ließ, in denen unter anderem die von Bismarck abgelehnte Erweiterung der Arbeiterschutzgesetzgebung in Aussicht gestellt wurde. Als am 20. Februar 1890 ein neuer Reichstag gewählt wurde, erlitten die bisher Bismarcks Politik stützenden Kartell-Parteien eine vernichtende Niederlage. Nationalliberale und Konservative verloren von bislang zusammen 220 Mandaten 85. Die formell noch verbotene Sozialdemokratie (die Gültigkeit des nicht verlängerten Sozialistengesetzes endete am 30. September 1890) wurde nach der Stimmenzahl stärkste Partei. Bismarcks Repressionsversuch war vor aller Augen definitiv gescheitert.

Gleichwohl versuchte Bismarck noch am 25. Februar den Kaiser zu einer Fortsetzung des innenpolitischen Konfliktkurses zu bewegen, wiederum auch die Möglichkeit einer staatstreichartigen Verfassungsänderung zur Entmachtung des Reichstages ins Auge fassend. Die Umgebung des Kaisers, die Bismarck schon längst als Hindernis für die volle Ausübung ihres eigenen Einflusses betrachtete, verschärfte nun ihre Stimmungsmache gegen den Kanzler. Am Morgen des 15. März 1890 ließ Wilhelm II. daraufhin Bismarck in recht unhöflicher Form zu sich bestellen und machte ihm heftige Vorwürfe über angebliche oder tatsächliche Eigenmächtigkeiten.

Bismarck seinerseits reagierte wütend. Wilhelm II. berichtete später wohl mit einiger Übertreibung, er habe zeitweilig befürchtet, der Kanzler werde ihm ein Tintenfass an den Kopf werfen.

Entlassungsgesuch Bismarcks

Nach diesem nun auch persönlichen Eklat gab Bismarck zwei Tage später, am 17. März 1890, seinen Entschluss zum Rücktritt bekannt, am folgenden Tag reichte er beim Kaiser offiziell sein Entlassungsgesuch ein. Bismarck rückte darin einen angeblichen außenpolitischen Dissens mit dem Kaiser in den Mittelpunkt, jedoch war sein innenpolitisches Scheitern der entscheidende Grund für das Ende seiner Reichskanzlerschaft. Wilhelm II. nahm Bismarcks Rücktritt am 20. März erwartungsgemäß an.

Damit endete die Ära Bismarck, der Preußen seit 1862, das Reich seit seiner Gründung 1871 gelenkt hatte. In Deutschland herrschte überwiegend Erleichterung. Theodor Fontane (1819–1898), der wie kein zweiter die gesellschaftlichen Verhältnisse des Kaiserreichs mit kritischer Distanz literarisch schilderte, schrieb an einen Freund: „Es ist ein Glück, dass wir ihn los sind, und viele, viele Fragen werden jetzt besser, ehrlicher, klarer behandelt werden als vorher. Er war eigentlich nur noch ein Gewohnheitsregent, tat, was er wollte, ließ alles warten und forderte nur immer mehr Devotion. Seine Größe lag hinter ihm." Damit hat Fontane zweifellos eine für viele Zeitgenossen repräsentative Auffassung zum Ausdruck gebracht. In der Weltöffentlichkeit war hingegen Skepsis weit verbreitet, welchen Kurs das wirtschaftlich und politisch zu einem Koloss herangereifte Reich in der Mitte Europas nunmehr steuern würde. Zum Ausdruck kam dies in der berühmten Karikatur von John Tenniel (1820–1914) mit der Überschrift „Dropping the Pilot", übersetzt „Der Lotse geht von Bord". In der britischen Satirezeitschrift „Punch" am 29. März 1890 veröffentlicht, zeigt sie einen müde die Gangway eines Schiffes hinabschreitenden Bismarck, während Kaiser Wilhelm II. ihm mit verschränkten Armen hinterherblickt. Künftig würde der junge Kaiser tatsächlich „selbst zu regieren" haben.

III. Das Reich im Zeichen des Wilhelminismus 1890–1914

20. 3. 1890	Ernennung Leo von Caprivis zum Reichskanzler
14.–20. 10. 1891	Erfurter Parteitag der Sozialdemokraten; (Wieder-)Gründung der SPD
6. 5. 1893	Ablehnung der Heeresvorlage, Auflösung des Reichstags
15. 6. 1893	Wahlen zum neunten Reichstag
28./29. 10. 1894	Rücktritt Caprivis, Ernennung Chlodwig von Hohenlohe-Schillingsfürsts zum Reichskanzler
10./11. 5. 1895	Scheitern der „Umsturzvorlage" im Reichstag
1. 7. 1896	Verabschiedung des Bürgerlichen Gesetzbuches im Reichstag
28. 3. 1898	Reichstag stimmt dem ersten Flottengesetz zu
16. 10. 1898	Wahlen zum zehnten Reichstag
12. 6. 1900	Reichstag stimmt dem zweiten Flottengesetz zu
17./18. 10. 1900	Rücktritt Hohenlohes, Ernennung Bernhard von Bülows zum Reichskanzler
16. 6. 1903	Wahlen zum elften Reichstag
7. 1.–19. 2. 1905	Bergarbeiterstreik im Ruhrgebiet
19. 5. 1906	Reichstag stimmt erster Novelle zum Flottengesetz zu
25. 1. 1907	„Hottentotten-Wahlen" zum zwölften Reichstag, daraufhin Bildung des „Bülow-Blocks"
27. 3. 1908	Zustimmung des Reichstags zur zweiten Novelle zum Flottengesetz
28. 10. 1908	Beginn der „Daily Telegraph-Affäre"
24. 6. 1909	Reichstag lehnt die Finanzreform ab, Rücktritt Bülows
14. 7. 1909	Ernennung Theobald von Bethmann Hollwegs zum Reichskanzler
26. 5. 1911	Reichstag nimmt die Verfassung für Elsass-Lothringen an
19. 7. 1911	Verabschiedung der Reichsversicherungsordnung
12. 1. 1912	Wahlen zum dreizehnten Reichstag, SPD wird stärkste Fraktion
21. 5. 1912	Reichstag stimmt dritter Novelle zum Flottengesetz zu
4. 12. 1913	Reichstag spricht dem Reichskanzler im Zuge der „Zabern-Affäre" sein Misstrauen aus
1./3. 8. 1914	Das Deutsche Reich tritt mit Kriegserklärungen gegen Russland und Frankreich in den Ersten Weltkrieg ein

1. Zur Einschätzung des „persönlichen Regiments" Kaiser Wilhelms II.

Nachdem er den übermächtig erscheinenden „Reichsgründer" und ersten Kanzler entlassen hatte, konnte Kaiser Wilhelm II. daran gehen, seinen längst gefassten Vorsatz der Ausübung eines „persönlichen Regiments" in die Tat umzusetzen. Dazu bedurfte er keiner formalen Verfassungsänderung; Bismarcks Machtfülle als Reichskanzler beruhte darauf, dass Wilhelm I. die in der Verfassung von 1871 festgeschriebene kaiserliche Prärogative weitgehend dem Kanzler überlassen hatte. Der neue Kaiser wollte „selbst regieren", also den innen- und außenpolitischen Kurs bestimmen, während der Reichskanzler nur ausführendes Organ des kaiserlichen Willens sein sollte. In seinen Vorstellungen vom „persönlichen Regiment" spielten allerdings Überlegungen, die sich mit der verfassungsgemäßen Rolle des Kaisers interpretierend auseinandergesetzt hätten, keine Rolle. Thomas Nipperdey meint, dass Wilhelm II. die einschlägigen Verfassungsartikel nicht einmal zur Kenntnis genommen haben dürfte und dass er, falls er dies doch getan hätte, sie kaum verstanden haben würde.

Wilhelm II. als Repräsentant der „wilhelminischen Mentalität"

Wilhelms II. selbstherrliche Attitüde war bei vielen Zeitgenossen zunächst durchaus populär, verkörperte der Kaiser doch scheinbar in besonderer Weise den Ehrgeiz einer Nation, die unter seiner Herrschaft definitiv in den Rang einer wirtschaftlich führenden Weltmacht aufstieg und die dementsprechend auch als politische Weltmacht agieren und behandelt werden wollte. Michael Stürmer hat treffend bemerkt, dass Wilhelm II. nicht der „Urheber der deutschen Hybris" war, sondern „nur ihr Funktionär". Was heute im Auftreten des letzten Kaisers vielfach so lächerlich, teilweise grotesk anmutet, wurde von vielen Deutschen damals positiv wahrgenommen. Es gab auch kritische Stimmen, insbesondere aus dem Lager der Intellektuellen. So stand zum Beispiel Theodor Fontane dem Kaiser mit großer Skepsis gegenüber, wenngleich er die Entlassung Bismarcks begrüßte. Auf die beißend ironische Sicht eines Heinrich Mann (1871–1950), der den Kaiser nicht direkt zur literarischen Figur machen konnte, ihn aber in seinem Roman „Der Untertan" (konzipiert seit 1906, deutscher Erstdruck 1916) in der ganz „wilhelminisch" schwadronierenden Hauptfigur Diederich Heßling porträtierte, sei hier beispielhaft verwiesen. Indessen waren Fontane, Mann und andere Kritiker kaum repräsentativ. Die Popularität des Kaisers als vermeintlich dynamischer und energischer Herrscher reichte, jedenfalls in der ersten Phase seiner Herrschaft, teilweise sogar bis in die Reihen der sozialdemokratischen Parteiklientel. Zweifellos wirkte Wilhelm II. in anderer Weise prägend, gewiss auch polarisierender als Wilhelm I. Es kommt nicht von ungefähr, dass die Phase der deutschen Geschichte von 1890 bis 1918 mit dem Etikett des „Wilhelminismus" bezeichnet wird, eine Zeitspanne, in der es keinem Reichskanzler mehr gelungen ist, einen ähnlich überragenden politischen Stellenwert wie Bismarck zu erreichen.

Grenzen des „persönlichen Regiments"

In der Geschichtswissenschaft ist es allerdings umstritten, in wie weit es Wilhelm II. tatsächlich vermochte, sein so prononciert eingefordertes „persönliches Regiment" in die politische Praxis umzusetzen. Die Bewertungen gehen weit auseinander; klar ist jedoch, dass auch Wilhelm II. die Grenzen der Machtausübung gesetzt blieben, welche die Reichsverfassung dem Kaiser zog. Wilhelm II. hat diese Verfassung weder wesentlich verändert noch gar beseitigt, wenngleich er mit derartigen Gedanken wiederholt gespielt hat. Demzufolge war er gewiss kein autokratischer Monarch. Die Bedeutung des Reichstages ist seit 1890 gewachsen, nicht etwa geringer geworden, auch wenn dies durchaus nicht in der Absicht Wilhelms II. lag. Schon bei diesem Aspekt besteht offenkundig eine erhebliche Differenz zwischen Anspruch und Realität des „persönlichen Regiments". Es kommt noch hinzu, dass der Kaiser bei aller Kraftmeierei zur energischen Verfolgung langwieriger politischer Projekte in Anbetracht seiner persönlichen Sprunghaftigkeit außerstande war. Ein konzentrierter, zielgerichteter Arbeiter ist Wilhelm II. nie gewesen. Wie hätte er da einem ganzen Zeitalter wirklich, von Äußerlichkeiten abgesehen, eine persönliche Prägung geben können? Bezeichnend ist, dass selbst ein Angehöriger der adeligen Führungsschicht des Reiches, nämlich der langjährige bayerische Bevollmächtigte im Bundesrat, Hugo Graf von Lerchenfeld (1843–1925), der gewiss keine antimonarchischen Gesinnungen hegte, skeptisch über die herrscherlichen Befähigungen Wilhelms urteilte.

Q

Bericht des Bundesratsbevollmächtigten Graf Lerchenfeld an die bayerische Regierung (1903)
(nach: Born, Von der Reichsgründung bis zum Ersten Weltkrieg, S. 175)

[...] Er [Kaiser Wilhelm II.] zeigt heute noch dieselbe jugendliche Frische, dieselbe rasche Auffassungsgabe, denselben persönlichen Mut und denselben Glauben an die Sicherheit seines Urteils und seines Könnens. Diese an sich für einen Monarchen wertvollen Eigenschaften werden aber leider auch heute noch zum Teil paralysiert durch die Abneigung, sich zu konzentrieren und sich in die Dinge zu vertiefen, durch ein fast krankhaftes Bedürfnis, in jeder Lage, ohne die berufenen Ratgeber zu hören, sofort zu entscheiden und durch den Mangel an Augenmaß und eigentlichem politischen Gefühl. [...] Er möchte in alles eingreifen, für alles die Verantwortung tragen und betrachtet, wenigstens theoretisch, die Minister lediglich als seine Vollzugsorgane. Genau vermag er aber dem Gang der Staatsmaschine nicht zu folgen, und so sind es meist Einzelheiten, Lieblingsprojekte, bei denen man sein Eingreifen bemerkt ... Über den Reichstag hat der Hohe Herr seine eigenen Gedanken, die sich in das Wort Geringschätzung zusammenfassen lassen ... S[eine] M[ajestät] glaubt die Macht zu besitzen, wenn es einmal mit den Reichstag nicht mehr ginge, rasch Wandel zu schaffen, und täuscht sich so über manche Gefahren der inneren Lage hinweg [...]

Schließlich gilt es jenseits allen selbstherrlichen Gebarens zu bedenken, dass der Kaiser immer unter dem Einfluss seiner höfischen Umgebung stand, solcher Personen also, die Graf Lerchenfeld und andere zweifellos nicht zu den „berufenen Ratgebern" rechneten. Die Vertrauten Wilhelms II. übten eine im Einzelnen nicht leicht zu bemessende politische Macht aus. Somit fiel auch ihnen wenigstens eine Teilverantwortung für manche Richtungsentscheidung zu. Schon länger bekannt ist, dass Wilhelm II. im Verlauf des Ersten Weltkriegs vom realen Machtzentrum der (3.) Obersten Heeresleitung unter den Generälen Paul von Hindenburg (1847–1934) und Erich Ludendorff (1865–1937) stark in den Hintergrund gedrängt wurde. Die Verantwortlichkeit für politische Richtungsbestimmungen im Deutschen Reich lag aber auch schon vor dem Ersten Weltkrieg nicht allein bei Wilhelm II.

Der Begriff des **„Wilhelminismus"** bezieht sich daher nicht in erster Linie auf die reale politische Machtausübung, als vielmehr auf die herrschende Mentalität der Zeit.

E

Wilhelminismus

Der Begriff bezeichnet Zeitgeist und politisches Klima im deutschen Kaiserreich insbesondere seit 1890. Der enorme wirtschaftliche Aufstieg im Zuge der Hochindustrialisierung, die in einem siegreichen Krieg endlich erreichte nationale Einigung und der damit verbundene Aufstieg zu einer europäischen Großmacht waren Grundlage einer Stimmung, deren Kern in der Überzeugung bestand, Deutschland müsse nunmehr auch „Weltgeltung" beanspruchen. Immer wieder wird ein Ausspruch des Nationalönomen Max Weber (1864–1920) als für die herrschende Gesinnung charakteristisch zitiert: „Wir müssen begreifen, dass die Einigung Deutschlands ein Jugendstreich war, den die Nation auf ihre alten Tage beging und seiner Kostspieligkeit halber besser unterlassen hätte, wenn sie der Abschluss und nicht der Ausgangspunkt einer deutschen Weltmachtpolitik sein sollte." (1895) Bezeichnend ist auch die große Popularität, welche die Forderung nach dem Erwerb beziehungsweise der Ausdehnung kolonialen Besitzes in kurzer Zeit gewann. Bereits Bismarck hat 1884 mit dem Erwerb der ersten „Schutzgebiete" des Reiches auf dem afrikanischen Kontinent dem Stimmungswandel Rechnung getragen, obwohl dies eigentlich in Widerspruch zu seinen außenpolitischen Maximen stand. Die für den Wilhelminismus symptomatische Konzentration auf die nationale Identität und „Größe" der Deutschen fand nicht zuletzt Ausdruck in einem Kunst- und Literaturverständnis, das die „germanischen" Ursprünge des Volkes und die vermeintlichen Höhepunkte der deutschen Geschichte glorifizierend übersteigerte. Schlagworte wie Ehre, Treue, Pflicht und Vaterland prägten das politische wie persönliche Selbstverständnis der wilhelminischen Deutschen.

2. Entwicklungslinien des innenpolitischen Kräftefeldes nach 1890

a) Kontinuität und Wandel im Spektrum der politischen Parteien und der Interessenverbände

In jedem Fall müssen auch weiterhin – neben den Kräften an der Spitze des Reiches – die wichtigsten innenpolitischen Akteure im Blick behalten werden. Die politische Entwicklung des Kaiserreiches kann nicht verstanden werden, wenn nicht auch das Parteien- und Verbändesystem und seine Fortentwicklung betrachtet werden.

Entwicklung des Parteiensystems

Kontinuität herrschte im Parteienspektrum des Reiches insofern, als es bei der Fünf-Parteien-Konstellation blieb, die sich bereits seit 1871 herausgebildet hatte. Zwar versuchten auch neue politische Kräfte im Reichstag Fuß zu fassen, allerdings reichte ihr Erfolg nie dazu aus, wirklich Einfluss auf die Mehrheitsbildung im Parlament zu gewinnen. Das gilt insbesondere für die antisemitischen Parteien (s. unten S. 91 ff.). Für die Auseinandersetzung der Reichsleitung mit dem Reichstag war es ebenso sehr ein Vorteil wie ein Problem, dass die Parteienlandschaft auch nach 1890 mit Blick auf die vertretenen politischen Programme ausgesprochen heterogen blieb. Ein Vorteil war dies insofern, als es keinen parteienübergreifenden Konsens gab, der Reichsleitung geschlossen mit der Forderung nach Ausweitung der parlamentarischen Mitspracherechte gegenüber zu treten. Ein Problem war dies insofern, als die Herstellung von notwendigen fraktionsübergreifenden Mehrheiten in einzelnen Sachfragen, bedingt durch die tiefen ideologischen Gräben zwischen den Parteien, stets schwierig blieb. Es gab nach der von Bismarck geförderten Spaltung und dem folgenden Niedergang der Liberalen keine eindeutige Reichstagsmehrheit einer politischen Kraft mehr. Zur Erlangung von parlamentarischen Mehrheiten war es demnach unumgänglich, Partner zusammenzubringen, die allenfalls partielle Interessenüberschneidungen verbanden. Dies verschärfte den Zwang zu Kompromisslösungen, die nicht selten allgemeine Unzufriedenheit hervorriefen.

Der fundamentale wirtschaftliche Umbruch, der das Deutsche Reich in den 1890er-Jahren endgültig den Wandel vom agrarisch zum industriell dominierten Staat vollziehen ließ, führte mit seinen weitreichenden Konsequenzen in alle Bereiche der Gesellschaft hinein dazu, dass die Verteilungskämpfe und das Ringen um Einflussnahme auf die staatliche Wirtschafts- und Sozialpolitik noch härter wurden. Die organisierten Interessen in Form von Verbänden der landwirtschaftlichen und industriellen Produzenten, der Arbeiterschaft, der Angestellten und anderer Gruppen bauten ihren schon zuvor erkennbaren Einfluss auf die politischen Entscheidungsträger deutlich aus. Die ständig komplizierter werdenden politischen Probleme in der sich entwickelnden industriellen Massengesellschaft führten zu einer Professionalisierung des Personals der Parteien, insbesondere in den Parlamenten. Die Rolle der bürgerlichen Honoratioren, die neben ihrer beruflichen Haupttätigkeit auch ein politisches Mandat wahrnahmen, konnte immer weniger gespielt werden. Politik wurde schrittweise zum ausschließlichen Beruf. Berufsparlamentarier aber waren für die Interessenverbände eine leichter zu gewinnende Klientel, denn sie waren in aller Regel auf finanzielle Unterstützung angewiesen, zumal im Wahlkampf. Zur Finanzierung eines Abgeordneten-Mandates sollen Investitionen von bis zu 50000 Mark nötig gewesen sein (zum Vergleich: Ein preußischer Minister erhielt 1910 ein Jahresgehalt von 36000 Mark, das durchschnittliche Jahreseinkommen von Arbeitnehmern in Industrie, Handel und Verkehr betrug zum gleichen Zeitpunkt 979 Mark). Es versteht sich von selbst, dass von den geförderten Mandatsträgern eine kompromisslose Vertretung der jeweiligen Partikularinteressen erwartet wurde. Kennzeichnend für den wachsenden Verbandseinfluss auf die praktische Politik insgesamt war, dass 1901 unter Bernhard von Bülow als Regierungschef erstmals Verbandsvertreter in Preußen Ministerposten erhielten.

Politik wurde einerseits professioneller, andererseits wurde Konsensfindung eher schwieriger als einfacher, da die wirtschaftlichen Interessen der unterschiedlichen gesellschaftlichen Gruppen schwer auf einen Nenner zu bringen waren.

Liberalismus

Die Parteienlandschaft war nach 1890, jenseits des Fortbestands ihrer Grundkonstellation, hinsichtlich der inneren Kräfteverteilung erheblichen Wandlungen unterworfen. Der Erosionsprozess des Liberalismus setzte sich fort. Waren die Nationalliberalen bei der ersten Reichstagswahl im Jahre 1871 noch mit über 30% der abgegebenen Stimmen die eindeutige dominierende Kraft gewesen, erreichten sie 1890 nur noch 16,3%. Dies war zugleich ihr bestes Ergebnis vor 1912, als sie in der letzten Reichstagswahl vor dem Ersten Weltkrieg nur noch auf 13,6% kamen. Das liberale Spektrum insgesamt, also die Nationalliberalen und die Linksliberalen zusammen, hatte 1871 noch fast 46% der abgegebenen Stimmen auf sich vereinigt. Die Linksliberalen spalteten sich indessen wiederholt, schlossen sich wieder in anderer Zusammensetzung zusammen, um sich erneut zu spalten. Entscheidend ist, dass die unterschiedlichen linksliberalen Parteien genauso wie die Nationalliberalen fortlaufend an Bedeutung verloren. 1912 kamen sie zusammen noch auf etwas mehr als 12% der abgegebenen Stimmen. Hatte das liberale Spektrum zum Zeitpunkt der Reichsgründung nicht ganz die Hälfte der abgegebenen Stimmen repräsentiert, so erhielt es 1912 nur noch rund ein Viertel davon – bei fortdauernder interner Uneinigkeit der unterschiedlichen liberalen Parteien in vielen Einzelfragen. Die Zahl der liberalen Abgeordneten war von 202 im Jahre 1871 auf 87 im Jahre 1912 gefallen.

Neben der Spaltungspolitik, die Bismarck erfolgreich betrieben hatte, hat zum Bedeutungsverlust des Liberalismus wesentlich beigetragen, dass er keine so eindeutige soziale Verankerung besaß wie etwa die Sozialdemokraten oder das Zentrum. Liberal wählten in der Regel die bürgerlichen Mittelschichten. Diese waren in sich ausgesprochen heterogen, sodass die politischen und wirtschaftlichen Interessen im liberalen Gesamtspektrum durchaus unterschiedlich waren. Da das geltende Wahlrecht es erforderlich machte, in einem Wahlkreis entweder im ersten Wahlgang die absolute Mehrheit der abgegebenen Stimmen zu gewinnen, oder aber sich in einer Stichwahl durchzusetzen, um als Abgeordneter in den Reichstag einziehen zu können, wurde es für liberale Kandidaten immer schwieriger Erfolg zu haben. Denn die Parteien, die von relativ geschlossenen sozialen Milieus getragen wurden, hatten es einfacher, ihre vergleichsweise homogene Anhängerschaft zu mobilisieren. Dies galt für die Sozialdemokratie in den industriellen Ballungsräumen oder für das Zentrum in den konfessionell weitgehend geschlossenen katholischen Regionen des Reiches. 1912 konnten liberale Kandidaten nur noch vier Wahlkreise im ersten Wahlgang erringen, alle anderen liberalen Mandatsträger hatten Stichwahlen absolvieren müssen, was sie in der Regel dazu zwang, in ihrem Wahlkreis einen Kompromisskurs zu steuern, um auch Stimmen aus anderen Lagern zu erhalten. Insgesamt tat dies einer klaren Parteilinie nicht gut, was gewiss keinen Vorteil bedeutete im Rahmen einer Entwicklung, in der die politischen Lager einer allgemeinen Polarisierung unterlagen.

Konservatismus

Ähnlich wie die Liberalen waren auch die Konservativen von einem Bedeutungsverlust betroffen, der nicht dramatisch, aber kontinuierlich verlief. Auch die Konservativen blieben in der Hauptsache in zwei größere Parteien aufgespalten, deren politischer Kurs sich jedoch letztlich nur in Nuancen unterschied. 1871 hatten sie 23% der Stimmen und 94 Reichstagsmandate erreicht. 1890 waren sie bereits knapp unter 20% gefallen, erlangten aber dank der Wahlkreiseinteilung zugunsten der ländlichen Regionen 100 Mandate. 1912 schließlich kamen die beiden konservativen Parteien zusammen nur noch auf 12,2% der abgegebenen Stimmen und damit insgesamt 57 Abgeordnetensitze. Ihre Wählerhochburgen hatten die Konservativen noch immer insbesondere in den ländlichen Regionen Preußens. Enge Verbindungen gab es zu der wichtigsten agrarischen Interessenorganisation, dem 1893 gegründeten Bund der Landwirte. Ein verstärktes Werben um eine mittelständische Klientel, nicht zuletzt durch ein Eingehen auf antisemitischen Tendenzen, die seit den letzten Jahrzehnten des

19. Jahrhunderts generell eine größere Rolle in der deutschen Innenpolitik zu spielen begannen (s. unten S. 91ff.), brachte den Konservativen nicht den erhofften Erfolg.

Politischer Katholizismus

Die außergewöhnliche Stabilität des Zentrums kommt in der zeitgenössischen Bezeichnung „Zentrumsturm" zum Ausdruck. 1871 war das Zentrum erstmals mit 18,6% der abgegebenen Stimmen und infolgedessen 63 Abgeordneten in den Reichstag eingezogen. Der Kulturkampf in den frühen 1870er-Jahren stärkte das Zentrum und schwächte es nicht etwa, wie Bismarck erhofft hatte. Das beste Wahlergebnis in der Geschichte des Zentrums im Kaiserreich wurde 1874 mit fast 28% der abgegebenen Stimmen erreicht. Dieses Niveau konnte zwar nicht gehalten werden, bis 1912 sank der Anteil der auf das Zentrum entfallenden Stimmen vielmehr auf nur noch 16,4%. Der große Vorteil des Zentrums aber war, dass es in den katholisch geprägten Regionen des Reiches eine große Zahl von Wahlkreisen gab, die der Partei mit großer Regelmäßigkeit zufielen, in denen also Kandidaten anderer Parteien so gut wie immer chancenlos blieben. Dies brachte es mit sich, dass die Abgeordnetenzahl des Zentrums im Reichstag trotz des fallenden Anteils an den insgesamt erhaltenen Stimmen nur relativ leicht schwankte und stets bei etwa 100 lag. Seit 1881 bildeten die Zentrumsparlamentarier die stärkste Fraktion im Reichstag, eine Position, die sie erst 1912 an die Sozialdemokraten abgeben mussten. Seit Beginn der 1880er-Jahre war das Zentrum jedenfalls eine parlamentarische Kraft, an der zur Mehrheitsbildung im Reichstag nur schwer ein Weg vorbei führte. Die Kehrseite der großen Stabilität, welche eine fast rein katholische Wählerschaft gewährleistete, war jedoch, dass es dem Zentrum nie gelang, sich in nennenswertem Umfang andere Wählerschichten zu erobern. Obwohl insbesondere nach der Jahrhundertwende unter schweren innerparteilichen Auseinandersetzungen versucht wurde, das Zentrum als konfessionsübergreifende christliche Volkspartei zu profilieren, die auch für Protestanten wählbar sein sollte, blieb es faktisch eine katholische Partei – und damit ein zwar wichtiger, in seiner Stärke aber klar begrenzter und unschwer kalkulierbarer politischer Faktor.

Sozialdemokratie

Bei seinen ersten Auftritten im Reichstag als Reichskanzler stand Bismarck im Plenum nur zwei Sozialdemokraten gegenüber, als er 1890 aus dem Amt schied, waren es 35. Der Stimmenanteil der Sozialdemokratie war im gleichen Zeitraum von 3,2 auf 19,8% nach oben geschnellt. Der Versuch der Unterdrückung der Sozialdemokratie war gescheitert, und ihr Aufstieg setzte sich auch nach 1890 fort. 1912 konnten sie mit 34,8% mehr als ein Drittel aller abgegebenen Stimmen auf sich vereinigen, und die legal 1891 unter dem Namen Sozialdemokratische Partei Deutschlands (SPD) wiedergegründete Partei war jetzt so stark, dass die Benachteiligung durch die ungerechte Wahlkreiseinteilung relativiert wurde. Die Sozialdemokraten waren endlich die stärkste Fraktion im Reichstag, die faktisch stärkste politische Kraft in Deutschland hinsichtlich des Rückhalts in der Bevölkerung waren sie längst. Am Vorabend des Ersten Weltkrieges hatte die SPD rund 1,1 Millionen Mitglieder, eine Zahl, an die alle anderen Parteien auch nicht im entferntesten heranreichten. Unter den Mitgliedern der SPD waren 1914, auch das grenzte sie ganz eindeutig von allen anderen Parteien ab, bereits etwa 175 000 Frauen, die wohlgemerkt noch gar kein Wahlrecht hatten, sich aber gleichwohl politisch engagierten.

Q

Erfurter Programm der Sozialdemokratischen Partei Deutschlands (1891)
(nach: Bruch/Hofmeister, Deutsche Geschichte in Quellen und Darstellung, Bd. 8, S. 222 ff.)

Die ökonomische Entwicklung der bürgerlichen Gesellschaft führt mit Naturnotwendigkeit zum Untergang des Kleinbetriebes, dessen Grundlage das Privateigentum des Arbeiters an seinen Produktionsmitteln bildet. Sie trennt den Arbeiter von seinen Produktionsmitteln und verwandelt ihn in einen besitzlosen Proletarier, indes die Produktionsmittel das Monopol einer verhältnismäßig kleinen Zahl von Kapitalisten und Großgrundbesitzern werden.
Hand in Hand mit dieser Monopolisierung der Produktionsmittel geht die Verdrängung der zersplitterten Kleinbetriebe durch kolossale Großbetriebe [...]. Aber alle Vorteile dieser Entwicklung werden von den Kapitalisten und Großgrundbesitzern monopolisiert. Für das Proletariat und die versinkenden Mittelschichten – Kleinbürger, Bauern – bedeutet sie wachsende Zunahme der Unsicherheit ihrer Existenz, des Elends, des Drucks, der Knechtung, der Erniedrigung, der Ausbeutung.
Immer größer wird die Zahl der Proletarier, immer massenhafter die Armee der überschüssigen Arbeiter, immer schroffer der Gegensatz zwischen Ausbeutern und Ausgebeuteten, immer erbitterter der Klassenkampf zwischen Bourgeoisie und Proletariat, der die moderne Gesellschaft in zwei feindliche Heerlager trennt und das gemeinsame Merkmal aller Industrieländer ist [...]
Nur die Verwandlung des kapitalistischen Privateigentums an Produktionsmitteln [...] in gesellschaftliches Eigentum und die Umwandlung der Warenproduktion in sozialistische, für und durch die Gesellschaft betriebene Produktion kann es bewirken, dass der Großbetrieb und die stets wachsende Ertragsfähigkeit der gesellschaftlichen Arbeit für die bisher ausgebeuteten Klassen aus einer Quelle des Elends und der Unterdrückung zu einer Quelle der höchsten Wohlfahrt und allseitiger, harmonischer Vervollkommnung werde.
Diese gesellschaftliche Umwandlung bedeutet die Befreiung nicht bloß des Proletariats, sondern des gesamten Menschengeschlechts, das unter den heutigen Zuständen leidet. Aber sie kann nur das Werk der Arbeiterklasse sein, weil alle anderen Klassen, trotz der Interessenstreitigkeiten unter sich, auf dem Boden des Privateigentums an Produktionsmitteln stehen und die Erhaltung der Grundlagen der heutigen Gesellschaft zum Ziel haben.
Der Kampf der Arbeiterklasse gegen die kapitalistische Ausbeutung ist notwendigerweise ein politischer Kampf. [...] Zum Schutze der Arbeiterklasse fordert die Sozialdemokratische Partei Deutschlands zunächst:
1. Eine wirksame nationale und internationale Arbeiterschutzgesetzgebung [...]
2. Überwachung aller gewerblichen Betriebe, Erforschung und Regelung der Arbeitsverhältnisse in Stadt und Land durch ein Reichsarbeitsamt, Bezirksarbeitsämter und Arbeitskammern. Durchgreifende gewerbliche Hygiene. [...]
5. Übernahme der gesamten Arbeiterversicherung durch das Reich mit maßgebender Mitwirkung der Arbeiter an der Verwaltung. [...]

Der Sozialdemokratie ging es kurz vor dem Ersten Weltkrieg ähnlich wie dem Zentrum: Sie hatte zwar eine große und verlässliche Wählerschaft, stieß aber zugleich an Wachstumsgrenzen. Weiteres Stimmenpotential war kaum in Sicht; die typische Arbeiter-Klientel der SPD in den nicht-katholischen industriellen Ballungsräumen war annähernd vollständig für die Partei mobilisiert. In die ländlichen Räume, wo auch die „kleinen Leute" unter dem Einfluss der agrarischen Eliten vielfach noch konservativ wählten, und in die Zentrumshochburgen in katholischen Regionen, wo ein hoher Arbeiteranteil für den politischen Katholizismus votierte, sind ihr bis dahin nur sehr begrenzt Einbrüche gelungen.

Auch hinsichtlich der Bestimmung ihres konkreten politischen Kurses tat sich die Sozialdemokratie nach der Aufhebung des Sozialistengesetzes und damit dem formellen Ende der staatlichen Repression eher schwerer als zuvor. Als unterdrückte Partei war es vergleichsweise einfach und einleuchtend gewesen, einen Kurs fundamentaler Opposition zu steuern. Die SPD nach 1890/91, als politische Kraft stetig wachsenden parlamentarischen Einflusses, musste sich allerdings mit der Frage auseinandersetzen, ob sie ihre Stellung im Reichstag nicht zur Mitsprache in Fragen, die ihre Wählerschaft unmittelbar betrafen, nutzen solle, ja nutzen müsse. War also eine systemimmanente konstruktive Mitarbeit in gewissen Grenzen richtig – beispielsweise in Sachen Verbesserung der Arbeiterschutzgesetzgebung –, um für die Arbeiterschaft konkrete Verbesserungen hier und jetzt zu erzielen, oder sollten mit dem bestehenden System nach wie vor keinerlei Kompromisse gemacht und bedingungslos dessen möglichst rasche Beseitigung angestrebt werden (was einschloss, dass vorhandene Verbesserungsmöglichkeiten für die eigene Klientel nicht genutzt wurden, um das „Heranreifen der revolutionären Situation" nicht zu verzögern)?

Das neue Programm, das sich die nach dem Ende des Sozialistengesetzes reorganisierte Partei auf dem Erfurter Parteitag vom Oktober 1891 gab, war ein Mittelding zwischen orthodox marxistischen Lehrsätzen vom „Klassenkampf" und sozialpolitischen Reformansätzen.

Mit dem Erfurter Programm wurden die inneren Gegensätze in der Partei nicht überbrückt, sondern allenfalls verdeckt. Bis zum Ersten Weltkrieg wurde die SPD-interne Auseinandersetzung zwischen den so genannten Revisionisten, welche eine vorsichtige Mitarbeit innerhalb der bestehenden staatlichen Strukturen befürworteten, und dem linken Flügel, welcher die möglichst rasche Herbeiführung der proletarischen Revolution als einzig legitimes Ziel ansah, nicht eindeutig zugunsten der einen oder anderen Richtung abgeschlossen. Die revisionistischen Pragmatiker scharten sich insbesondere um **Eduard Bernstein**.

E

Eduard Bernstein (1850–1932) stammte aus der Familie eines jüdischen Handwerkers in Berlin. Bernstein wurde Bankkaufmann und schloss sich 1872 der sozialdemokratischen Bewegung an. Nach dem Sozialistengesetz emigrierte er in die Schweiz und wurde, von Karl Marx und Friedrich Engels gefördert, Herausgeber der illegal nach Deutschland gebrachten Parteizeitung. Wegen seiner politischen Tätigkeit wurde er 1888 aus der Schweiz ausgewiesen und lebte danach in Großbritannien. Seit Mitte der 1890er-Jahre begann er seine „revisionistischen" Überlegungen zu propagieren. Nachdem ihm nicht mehr die Verhaftung drohte, kehrte Bernstein 1901 nach Deutschland zurück und erhielt 1902 ein Reichstagsmandat. Dem Parlament gehörte er mit Unterbrechungen bis 1928 an. 1917 schloss er sich im Zuge der Spaltung der SPD der Unabhängigen Sozialdemokratischen Partei Deutschlands (USPD) an. 1919 kehrte er in die SPD zurück.

Die Revisionisten wurden von den meisten Führern der Freien Gewerkschaften, die mit der SPD weiterhin eng liiert waren, unterstützt. Da diese bis 1913 mehr als 2,5 Millionen Mitglieder organisierten, fiel das Gewicht der Gewerkschafter schwer in die Waagschale. Der harte Kern der Parteilinken formierte sich um **Rosa Luxemburg**, die ihr theoretisch führender

Kopf war, auch wenn sie als Frau ohne aktives und passives Wahlrecht nicht der für die innerparteilichen Machtverhältnisse entscheidenden Reichstagsfraktion angehören konnte.

E

Rosa Luxemburg (1870–1919) wurde in Zamosc (nahe Lublin) in einer jüdischen Kaufmannsfamilie geboren und wuchs in Warschau auf, das damals unter russischer Herrschaft stand. Wegen ihres frühzeitigen politischen Engagements in der Arbeiterbewegung drohte ihr die Verhaftung, daher emigrierte sie 1889 in die Schweiz und studierte in Zürich Nationalökonomie. Hier wurde sie näher mit der Lehre von Karl Marx vertraut und begann mit deren eigenständiger Weiterentwicklung. 1893 war sie Mitgründerin der Sozialdemokratischen Partei Polens und Litauens. 1898 erwarb sie die deutsche Staatsbürgerschaft, ging nach Berlin und nahm bald darauf eine führende Position auf dem linken Flügel der SPD ein. Seit 1907 unterrichtete Luxemburg an der sozialdemokratischen Parteischule, parallel dazu verfasste sie ihre wichtigsten theoretischen Werke. Nach dem Ausbruch des Ersten Weltkriegs war die prinzipielle Kriegsgegnerin fast ständig in Haft, wurde aber gleichwohl eine der Leitfiguren des 1917 gegründeten „Spartakusbundes", der die extrem linke Opposition repräsentierte. Seit dem Spätherbst 1918 wieder in Freiheit, war Rosa Luxemburg an der Jahreswende 1918/19 führend beteiligt an der Gründung der Kommunistischen Partei Deutschlands (KPD). Am 15. Januar 1919 wurde sie in Berlin zugleich mit Karl Liebknecht (1871–1919) von rechtsradikalen Offizieren ermordet.

Solange mit August Bebel der alte, kampferprobte Parteiführer lebte, gelang es, die Einheit der SPD zu wahren, zumal es auch eine breite Mittelgruppe gab, die nicht eindeutig eine Seite unterstützte. Bebel starb jedoch am 13. August 1913. Danach hatte die SPD keine Führungspersönlichkeit mehr, die über eine ähnliche Integrationskraft verfügt hätte. Die große Zerreißprobe hinsichtlich ihres politischen Kurses nach Beginn des Ersten Weltkrieges hat die SPD nicht ohne Spaltung überstanden, die schließlich in der Gründung der KPD an der Jahreswende 1918/19 kulminierte.

Jenseits der internen Uneinigkeit hatte die SPD zwischen 1890 und 1914 vor allem das Problem, dass sie, obwohl das Sozialistengesetz nicht mehr galt, von den Behörden unverändert benachteiligt beziehungsweise diskriminiert wurde. Darüber hinaus war die Fraktion im Reichstag noch immer damit konfrontiert, dass allenfalls Zentrum und Linksliberale zur Kooperation mit ihr in Einzelfällen bereit waren. Bismarcks Verdikt von den „vaterlandslosen Gesellen" wirkte lange nach.

b) Symptome der innenpolitischen Radikalisierung: Nationalismus und Antisemitismus

Bereits die Reichsgründung von 1871 hatte die Idee des Nationalstaates auf einen Höhepunkt ihrer Akzeptanz in der Masse der deutschen Bevölkerung gebracht. Bismarck hatte danach mit dem Argument der angeblich mangelnden „nationalen Zuverlässigkeit" von Katholiken und Sozialdemokraten die nationalistische Tonart erheblich verschärft. Der Stolz auf das deutsche Vaterland, vor allem unter Hinweis auf die Andere angeblich übertreffenden Leistungen des deutschen Volkes, gehörte zum Inhalt der Schulbildung – und diese wirkte prägend auf das nationale Selbstverständnis der meisten Zeitgenossen. Insbesondere seitdem der „markige" Wilhelm II. an der Spitze des Reiches stand, erhielt das Nationalgefühl einen Zug ins Überhebliche. Der Satz „Am deutschen Wesen soll die Welt genesen!" war für viele keine Floskel, sondern ernsthafte Überzeugung. Der ältere „Normal-Nationalismus" entwickelte sich teilweise zum „Radikalnationalismus" (Thomas Nipperdey), der die Forderungen nach Machterweiterung und Vergrößerung des Deutschen Reiches auf die Spitze trieb. Da die außen- und innenpolitischen Leitvorstellungen der Reichsleitung damit durchaus nicht in jeder Beziehung übereinstimmten, äußerten radikalnationalistische Kräfte insbesondere nach der Wende zum 20. Jahrhundert immer wieder heftige Kritik daran.

Nationalistische Agitationsverbände

Wesentlich beteiligt an der Ausprägung und Popularisierung der radikalnationalistischen Gesinnung waren verschiedene sehr erfolgreiche Verbände. Nicht allein die Durchsetzung ökonomischer Interessen sollte durch die Verbandsbildung und -tätigkeit vorangetrieben werden, sondern es ging den meisten einschlägigen Organisationen auch um allgemeine politische Ziele. Besondere Bedeutung für die Verbreitung der verschärft nationalistischen Denkweise hatten der Bund der Landwirte, der Flottenverein und der Alldeutsche Verband. Sie erreichten hohe Durchschlagskraft durch die Entwicklung und Vervollkommnung wirkungsvoller Propaganda-Methoden. Darunter waren attraktiv gestaltete Versammlungen und leicht verständlich formulierte Publikationen in großer Auflage zu günstigen Preisen. Teilweise entwickelten sie sich rasch zu Massenorganisationen. Der Flottenverein (gegründet 1898) lag hier schnell an der Spitze, 1908 überschritt seine Mitgliederzahl die Millionengrenze (vgl. auch unten S. 127ff.).

Zentrale Bedeutung für den Radikalnationalismus hatte der Alldeutsche Verband (ADV). Er wurde 1891 zunächst unter dem Namen „Allgemeiner Deutscher Verband" gegründet, 1894 erfolgte die Umbenennung. Die Mitgliederentwicklung des ADV war schwankend und blieb stets vergleichsweise bescheiden (1914: 18000 Mitglieder). Entscheidend für seine Wirksamkeit war jedoch, dass unter seinen Angehörigen ein gegenüber der Gesamtbevölkerung weit überdurchschnittlicher Anteil von Lehrern, Professoren und Journalisten war. Der Alldeutsche Verband hatte also besonders starken Rückhalt gerade bei den „Multiplikatoren" der öffentlichen Meinung. Dazu kam, dass er sich der Unterstützung wichtiger Großindustrieller erfreute, unter ihnen Emil Kirdorf (1847–1938) und Gustav Krupp von Bohlen und Halbach (1870–1950). Gründungsmitglied und führend im ADV tätig war auch Alfred Hugenberg (1865–1951), der in der Krupp-Konzernleitung tätig war und vor allem im Verlauf des Ersten Weltkriegs einen eigenen Medienkonzern aufbaute. Repräsentant der letzten Stufe der Radikalisierung des Alldeutschen Verbandes im Jahrzehnt vor dem Ersten Weltkrieg, in deren Kontext auch der Antisemitismus erheblichen Stellenwert gewann, war **Heinrich Class**, der 1908 den Verbandsvorsitz übernahm.

Im Unterschied zum älteren Konservatismus bezeichnet man die insbesondere vom Alldeutschen Verband repräsentierte, radikalere und teils scharf regierungskritische Bewegung als „nationale" oder *„neue Rechte"*.

Kennzeichnend für die dahinter stehende Gesinnung ist die Satzung des **Alldeutschen Verbandes**, in deren Zentrum Schutz und Förderung des „deutschen Volkstums" standen.

E

Heinrich Class (1868–1953) wurde in Alzey als Sohn eines Notars geboren. Er studierte Jura und wurde 1895 Rechtsanwalt in Mainz. 1897 trat er dem ADV bei, seit 1901 war er Vorstandsmitglied. Seit 1904 amtierte er als stellvertretender Vorsitzender, 1908 wurde Class zum Vorsitzenden gewählt. Seine antisemitischen und imperialistischen Überzeugungen formulierte er in zahlreichen Publikationen. 1912 erschien unter dem Pseudonym Daniel Frymann seine Programmschrift „Wenn ich der Kaiser wär", die rasch zahlreiche Auflagen erlebte. Während des Ersten Weltkrieges trat er für einen „Siegfrieden" mit großen Gebietsgewinnen für Deutschland ein. 1917 gehörte er zu den Gründern der nationalistischen Deutschen Vaterlandspartei.

Q

Satzung des Alldeutschen Verbandes (Fassung von 1903)
(nach: Bruch/Hofmeister, Deutsche Geschichte in Quellen und Darstellung, Bd. 8, S. 131)

Der Alldeutsche Verband erstrebt eine Belebung der deutsch-nationalen Gesinnung, insbesondere Weckung und Pflege des Bewusstseins der rassenmäßigen und kulturellen Zusammengehörigkeit aller deutschen Volksteile. Diese Aufgabe schließt in sich, dass der Alldeutsche Verband eintritt:
1. für die Erhaltung des deutschen Volkstums in Europa und über See und Unterstützung desselben in bedrohten Teilen;
2. für die Lösung der Bildungs-, Erziehungs-, und Schulfragen im Sinne des deutschen Volkstums;
3. für die Bekämpfung aller Kräfte, die unsere nationale Entwicklung hemmen;
4. für eine tatkräftige deutsche Interessenpolitik in der ganzen Welt, insbesondere Fortführung der deutschen Kolonialbewegung zu praktischen Ergebnissen. [...]

Militarismus

Die nationale Einstellung, ja Begeisterung nahm bei vielen Zeitgenossen unter dem Einfluss der entsprechenden Propaganda nachgerade pseudoreligiöse Züge an. Die Nation feierte, ja zelebrierte sich selbst, nicht zuletzt an verschiedenen nationalen Gedenktagen, an denen es zum guten Ton gehörte, die eigene „vaterländische" Gesinnung öffentlich zur Schau zu tragen. Lediglich im sozialdemokratischen und katholischen Milieu herrschte vielfach größere Distanz. Das im Jahreslauf wohl wichtigste Datum in diesem Zusammenhang war der 2. September, der so genannte Sedan-Tag, an dem alljährlich der für Deutschland siegreichen Entscheidungsschlacht im Krieg gegen Frankreich 1870 gedacht wurde – mit öffentlichen Umzügen, Paraden, Glockengeläut und patriotischen Reden. Nicht zufällig war es ein Schlachten-Gedenktag, dem solche Bedeutung zuwuchs, denn mit der nationalen Selbstüberhöhung ging auch eine Verherrlichung alles Militärischen einher. Bezeichnend ist, dass 1913 die größte Massenorganisation des Reiches nicht etwa die Sozialdemokratie war, sondern der „Kyffhäuser-Bund", in dem rund 32000 „Kriegervereine" mit zusammen etwa 2,8 Millionen Mitgliedern zusammengeschlossen waren. Hier sammelten sich die „gedienten" Wehrpflichtigen, die Reservisten, stolz auf ihre Militärdienstzeit und die Erinnerung daran in eigenen Formen zelebrierend.

Äußerst aufschlussreich, was den Uniform-Kult des späten Kaiserreichs angeht, ist auch jene Geschichte vom „Hauptmann von Köpenick", die sich wirklich zugetragen hat. Am 16. Oktober 1906 übernahm ein älterer

Mann in der Uniform eines Hauptmanns in Köpenick, das damals noch als selbstständige Stadt vor den Toren Berlins lag, das Kommando über eine zufällig einher kommende kleine Abteilung Soldaten. Der vermeintliche Hauptmann führte sie auf das Rathaus, ließ den Bürgermeister verhaften, beschlagnahmte die Gemeindekasse und verschwand in einer Droschke. Niemand hatte es gewagt, den unbekannten Offizier etwa nach einer Legitimation seines Handelns zu befragen, geschweige denn seinen Anordnungen nicht Folge zu leisten. Wie sich bald herausstellte, handelte es sich um eine Verzweiflungstat von Wilhelm Voigt (1849–1922), der von Beruf eigentlich Schustergeselle war. Da Voigt in jungen Jahren wegen des Diebstahls von 300 Mark zu einer 15-jährigen (!) Zuchthausstrafe verurteilt worden war, vernichteten Justiz und Bürokratie auch sein übriges Leben. Als ehemaliger Sträfling diskriminiert, gelang es Voigt nicht, wieder legale Arbeit zu erhalten, was dazu führte, dass er erneut straffällig wurde. So hatte er von seinen 56 Lebensjahren bis 1906 fast dreißig in Haftanstalten verbracht. Mit Hilfe der Uniform, die er bei einem Trödler erwarb, versuchte Voigt, sich Geld und „saubere" Papiere zu besorgen, die ihn nicht sofort weiterer Diskriminierung aussetzten. Während sich, nachdem der Köpenicker Vorfall bekannt geworden war, im Reich und nicht zuletzt auch im Ausland vielfach Gelächter über Voigts Streich erhob, fand die kaiserliche Justiz gar nichts zum Lachen daran und steckte Voigt, der rasch gefasst worden war, sofort wieder ins Gefängnis.

Von sozialdemokratischer Seite wurde der Vorgang unmittelbar im Anschluss daran als ebenso lächerlich wie entlarvend hinsichtlich des übertriebenen Respekts vor jeglicher Uniform glossiert.

Q

Die Berliner Volks-Zeitung zum „Hauptmann von Köpenick", 17. Oktober 1906
(nach: Glatzer, Das Wilhelminische Berlin, S. 280)

[…] So unsagbar komisch, so unbeschreiblich lächerlich diese Geschichte ist, eine so beschämend ernste Seite hat sie. Das Köpenicker Gaunerstückchen stellt sich dar als der glänzendste Sieg, den jemals der militärische Gedanke in seiner äußersten Zuspitzung davongetragen hat. Das gestrige Intermezzo lehrt klipp und klar: Umkleide dich in Preußen-Deutschland mit einer Uniform, und du bist allmächtig. […] Einbrechen wie ein gewöhnlicher Geldschrankknacker? Wie veraltet! Aber die überragende Macht, das überragende Ansehen des Militarismus verwerten, das ist klug! Das ist fein! Das ist modern! In der Tat: Der Held von Köpenick, er hat den Zeitgeist richtig erfasst. Er steht auf der Höhe intelligentester Würdigung moderner Machtfaktoren. Der Mann ist ein Realpolitiker ersten Ranges […] Der Sieg des militärischen Kadavergehorsams über die gesunde Vernunft, über die Staatsordnung, über die Persönlichkeit des einzelnen, das ist es, was sich gestern in der Köpenicker Komödie in grotesk-entsetzlicher Art offenbart hat.

Moderner Antisemitismus

Vielfach verbunden mit den Auswüchsen eines immer hemmungsloser werdenden Nationalismus und Militarismus war in den letzten Jahrzehnten des 19. Jahrhunderts das Aufkommen des modernen Antisemitismus.

Die Judenfeindschaft hat bis tief ins Mittelalter zurückreichende Wurzeln, sie basierte über Jahrhunderte hinweg in erster Linie auf religiösen Motiven, dem christlich-jüdischen Gegensatz. Der „moderne" Antisemitismus, der sich am Ausgang des 19. Jahrhunderts entwickelte, übernahm zwar zahlreiche Stereotypen der älteren Judenfeindschaft, er hatte gleichwohl eine andere Qualität.

Die ersten massiven Ausbrüche der neuen Form des Judenhasses waren im Kontext der Gründerkrise seit 1873 zu verzeichnen. Einer der Wortführer war der Journalist Otto Glagau (1834–1892), der 1874 in der in kleinbürgerlichen Kreisen beliebten Zeitschrift „Die Gartenlaube" eine Artikelserie über den angeblich von jüdischen Spekulanten verursachten „Börsen- und Gründungsschwindel in Berlin" veröffentlichte. Bald folgte eine Buchausgabe der Anwürfe Glagaus, die zahlreiche Auflagen erlebte. Nicht zuletzt der mit Bismarck eng verbundene Bankier Gerson Bleichröder (1822–1893) bot sich als Zielscheibe antisemitischer Angriffe geradezu an. Dass die wenigen Juden im Bankgeschäft großen Stils keineswegs repräsentativ für den Durchschnitt der jüdischen Bevölkerung waren, und dass obendrein die Anschuldigungen ohne Beweise erhoben wurden und auch unbewiesen blieben, ging in der Wahrnehmung zahlreicher Zeitgenossen unter.

Der Begriff „Antisemitismus" wurde erst gegen Ende der 1870er-Jahre geprägt, dann aber rasch allgemein gebräuchlich. Die Urheberschaft des Wortes wird **Wilhelm Marr** zugeschrieben, dessen Schrift „Der Sieg des Judentums über das Germanentum" 1879 erschien und sehr schnell weite Verbreitung fand.

E

Wilhelm Marr (1819–1904) wurde in Magdeburg als Sohn eines Schauspielers geboren. Nach dem Schulbesuch absolvierte er in Bremen und Hamburg eine kaufmännische Lehre. Frühzeitig gewann er Kontakt zu demokratisch eingestellten Kreisen. Marr lebte zeitweilig in der Schweiz, wo er Wilhelm Weitling (1808–1871) kennen lernte, einen der wichtigsten deutschen Vordenker des Kommunismus, und sich ihm anschloss. Er wurde 1845 aufgrund seiner politischen Tätigkeit aus der Schweiz ausgewiesen, daraufhin ließ sich Marr als Journalist in Hamburg nieder. 1848 gehörte er zum linksextremen Flügel der Revolution. Nach dem Scheitern der Revolution lebte Marr vorübergehend in Mittelamerika. Seit 1859 wieder als Journalist in Hamburg tätig, veröffentlicht er erste judenfeindliche Schriften. Er unterstellte den Juden, sie hätten die Revolution 1848/49 für ihre Zwecke missbraucht; den Liberalismus lehnte Marr als von Juden dominiert ab. Größere öffentliche Beachtung fand lediglich das Buch „Der Sieg des Judenthums über das Germanenthum". Marr blieb politisch weitgehend erfolglos, 1890 zog er sich im Zusammenhang mit Streitigkeiten innerhalb der antisemitischen Bewegung ins Privatleben zurück. Er starb 1904 in Hamburg.

Verschiedene Propagandisten des modernen Antisemitismus gaben ihm gegenüber der traditionellen Judenfeindschaft eine andere Legitimationsbasis, indem sie behaupteten, ihre Ablehnung der Juden beruhe auf naturwissenschaftlichen Erkenntnissen – also keineswegs nur auf der Andersartigkeit religiöser Überzeugungen. Insbesondere mit Hilfe der Biologie, die nach den Anstößen von Charles Darwin (1809–1882) die Abstammungslehre fortentwickelte, sollte die prinzipielle Andersartigkeit – und im Sinne der Antisemiten die „Minderwertigkeit" – der jüdischen „Rasse" bewiesen werden. Der Unterschied zwischen Juden und Nicht-Juden war in dieser Sichtweise also keiner mehr der religiösen Einstellung, mithin einer individuell relativ leicht zu ändernden Komponente menschlichen Daseins, sondern vielmehr ein „ewiger", nicht aufhebbarer Rassen-Gegensatz, ein Gegensatz zwischen angeblich von Natur aus einander feindlich gesinnten Rassen. Einer der Ersten, dessen politischer Erfolg wesentlich auf antisemitischen Parolen beruhte, war **Adolf Stoecker**.

E

Adolf Stoecker (1835–1909) wurde in Halberstadt geboren. Nach dem Studium der evangelischen Theologie engagierte er sich in der evangelisch-sozialen Bewegung der „Inneren Mission". Nachdem er verschiedene Pfarrstellen innegehabt hatte, wurde er 1874 zum Hof- und Domprediger in Berlin bestellt. 1878 gründete er die Christlich-soziale Arbeiterpartei, die 1881 in Christlich-soziale Partei umbenannt wurde. Von 1879 bis 1898 war Stoecker Abgeordneter des Preußischen Abgeordnetenhauses, von 1881 bis 1908 war er mit einer Unterbrechung auch Mitglied des Reichstages (1881–1896 als Angehöriger der Deutsch-Konservativen Fraktion). Nach innerkirchlichen Spannungen wegen seiner politischen Tätigkeit und aufgrund einer Intervention Bismarcks verlor Stoecker 1890 sein Hofamt.

Bei Stoecker vermischten sich Elemente der alten, religiös motivierten Judenfeindschaft mit solchen des modernen, rassistischen Antisemitismus. Stoecker war als Hofprediger in Berlin nicht irgendein Landpfarrer, sondern ein Geistlicher der a priori einige Aufmerksamkeit auf sich zu ziehen vermochte. Die 1878 von ihm gegründete Christlich-soziale Arbeiterpartei wandte sich zunächst in erster Linie gegen die Stoecker verhasste „gottlose" Sozialdemokratie. Die Partei des Hofpredigers blieb allerdings im Berliner Arbeitermilieu völlig erfolglos. Mit der Umbenennung in „Christlich-soziale Partei" im Jahre 1881 erfolgte auch eine Hinwendung zu antisemitischen Inhalten, und mit diesen konnte Stoecker nicht in der Arbeiterschaft, aber im von der anhaltenden wirtschaftlichen Krise besonders verunsicherten Kleinbürgertum Widerhall und Wähler finden.

Neben Stoeckers Partei entstanden seit der Wende von den 1870er- zu den 1880er-Jahren verschiedene weitere, nicht selten noch erheblich radikaler auftretende antisemitische Vereinigungen und Parteien. Bereits 1879 gründete Wilhelm Marr die Antisemitenliga, die allerdings nur geringen Erfolg hatte. Aufsehen erregte im Jahr darauf die so genannte Antisemitenpetition an den Reichskanzler, in der die Rücknahme der rechtlichen Gleichstellung der deutschen Juden, ein numerus clausus für jüdische Studenten an den Hochschulen sowie ein Zuwanderungsverbot für Juden aus dem Ausland gefordert wurde. Dank der Unterstützung durch eine Reihe bekannter Professoren, unter ihnen der Historiker Heinrich von Treitschke (1834–1896), fanden sich nicht zuletzt viele Studenten bereit, die Petition durch ihre Unterschrift zu unterstützen und dafür zu werben. Insgesamt kam rund eine Viertelmillion Unterschriften zusammen. Treitschke spielte parallel dazu eine führende Rolle im „Berliner Antisemitismusstreit". Er hatte im Herbst 1879 mit judenfeindlichen Äußerungen selbst für dessen Entstehung gesorgt. Anders als die bisherigen Wortführer des Antisemitismus gehörte Treitschke zur akademischen Prominenz, daher wurden gerade seine Anschauungen in den Kreisen höherer Bildung besonders wahrgenommen und diskutiert. Widerspruch fand Treitschke zunächst vor allem von Seiten jüdischer Gelehrter. Ende 1880 wandte sich jedoch auch Treitschkes Historiker-Kollege Theodor Mommsen (1817–1903), der nicht minder prominent war, entschieden gegen dessen Thesen. Mit Mommsens

Stellungnahme gegen den Antisemitismus, die auch von anderen herausragenden Wissenschaftlern unterstützt wurde, war der Berliner Antisemitismusstreit im Wesentlichen beendet. Dies bedeutete jedoch keineswegs, dass antisemitische Auffassungen aus dem akademischen Milieu verbannt waren.

Außer in Teilen der akademischen Bildungsschicht fand der Antisemitismus vor allem in vom industriellen Modernisierungsprozess verunsicherten dörflich-kleinstädtischen Bevölkerungsschichten Rückhalt, mit regionalen Schwerpunkten in Sachsen, Hessen, Brandenburg und Pommern. Auf dem Höhepunkt ihrer Entwicklung, nämlich bei der Reichstagswahl von 1893, erhielten die verschiedenen antisemitischen Gruppierungen zusammen 3,5% der abgegebenen Stimmen (das waren etwa 263 000) und konnten 16 Abgeordnete in den Reichstag entsenden. Seither blieben sie mit schwankenden Ergebnissen im Reichstag mit rund einem Dutzend Mandatsträgern präsent. In der Reichstagswahl von 1912 allerdings erlitten sie einen schweren Einbruch und erhielten nur noch 0,8% der abgegebenen Stimmen und sechs Mandate. Fünf der antisemitischen Abgeordneten schlossen sich daraufhin den Konservativen an. Aufgrund ihrer starken Zerstrittenheit untereinander und in Anbetracht der sonstigen Kräfteverhältnisse im Reichstag waren die Vertreter der antisemitischen Parteien jedoch schon zuvor praktisch ohne politischen Einfluss im Parlament. Enge Verbindungen bestanden zwischen antisemitischen Kräften und der „völkischen Bewegung“, die in ihrer Ideologie neben der Judenfeindschaft die angebliche Überlegenheit der „arischen“ Deutschen betonte.

In Anbetracht des geringen parlamentarischen Gewichts der antisemitischen Parteien stand eine Rücknahme der rechtlichen Emanzipation der deutschen Juden, wie sie in der Reichsverfassung festgeschrieben war, in der politischen Praxis des Kaiserreichs zu keinem Zeitpunkt ernsthaft zur Debatte, obwohl sie in der einen oder anderen Form zur Programmatik der Antisemiten-Parteien gehörte. Schon die erwähnte Antisemitenpetition blieb ohne konkrete Folgen. Gleichwohl waren antijüdische Ressentiments verbreiteter als die vergleichsweise marginalen Wahlerfolge der ausdrücklich antisemitischen Parteien vermuten lassen. Es handelte sich um eine Form von „informellem“, unterschwelligem Antisemitismus, der dazu führte, dass verschiedene gesellschaftliche und berufliche Bereiche für Juden jenseits ihrer formalen rechtlichen Gleichstellung faktisch verschlossen blieben. Zum Beispiel nahmen häufig Studentenverbindungen keine jüdischen Kommilitonen auf, auch bei der Berufung jüdischer Wissenschaftler in die Professoren-Kollegien der Universitäten erhoben sich nicht selten Widerstände, die mit deren fachlicher Qualifikation nichts zu tun hatten. Da junge jüdische Männer sich im Verhältnis zum jüdischen Bevölkerungsanteil erheblich überproportional oft für ein Universitätsstudium entschieden (Frauen generell hatten im Deutschen Reich erst seit der Jahrhundertwende beschränkt Hochschulzugang, Studentinnen blieben bis 1914 eine verschwindende Minderheit), waren hier zweifellos Konkurrenzängste im Spiel. Auch in diversen anderen Organisationen, nicht zuletzt den wirtschaftlichen Interessenverbänden, spielten antisemitische Gesinnungen eine erhebliche Rolle. Dies galt zum Beispiel für den Bund der Landwirte und den Alldeutschen Verband.

Die Ausbreitung antisemitischer Ansichten gerade im akademischen Milieu führte dazu, dass ihre Anhänger später vielfach in gesellschaftliche und staatliche Führungspositionen gelangten. Das wiederum hatte zur Folge, dass jüdische Bewerber bei der Postenbesetzung oft benachteiligt wurden. Der Justizdienst insbesondere war faktisch für jüdische Juristen so gut wie verschlossen, Ähnliches galt für das Korps der Berufsoffiziere im kaiserlichen Heer. In Preußen hatten sie in der Regel keine Chance, wenigstens den gesellschaftlich hoch geschätzten Rang eines Reserveoffiziers zu erreichen, in manchen anderen Ländern des Reiches waren die informellen Schranken hier etwas durchlässiger, zum Beispiel in Bayern.

Die Tatsache, dass es schon wenige Jahre nach der Reichsgründung zu heftigen Attacken auf das deutsche Judentum kam, war für die Betroffenen, die weniger als ein Prozent der deutschen Gesamtbevölkerung ausmachten, besonders ernüchternd und enttäuschend. Denn erst die Reichsverfassung vom April 1871 hatte die letzten noch immer geltenden rechtlichen Benachteiligungen der jüdischen Deutschen beseitigt, da aus ihr eindeutig hervorging, dass das individuelle religiöse Bekenntnis für den rechtlichen Status einer Person keine Relevanz habe (Art. 3). Die Bismarcksche Reichsverfassung stellte mithin den Endpunkt einer viele Jahrzehnte andauernden emanzipatorischen Entwicklung dar, in deren Verlauf die jahrhundertealte rechtliche Diskriminierung der Juden schrittweise abgebaut worden war.

Reaktionen auf jüdischer Seite

Ein großer Teil der jüdischen Deutschen identifizierte sich inzwischen längst mit dem Nationalstaat. In politischer Gesinnung und Lebensweise war die Mehrheit der Juden den Weg der Assimilation, der Angleichung an ihre nicht-jüdische Umgebung gegangen. Die größte und einflussreichste jüdische Organisation im Kaiserreich gab sich einen bezeichnenden Namen: **Centralverein deutscher Staatsbürger jüdischen Glaubens**.

E

Centralverein deutscher Staatsbürger jüdischen Glaubens
Die wichtigste Aufgabe des 1893 in Berlin gegründeten Centralvereins bestand darin, an der Abwehr antisemitischer Angriffe mitzuwirken. Durch eigene Publikationen sollte über das Judentum und die patriotische Haltung der deutschen Juden aufgeklärt werden, während zugleich antisemitische Unterstellungen zurückgewiesen wurden. Außerdem klagte der Centralverein wiederholt gegen die Urheber antisemitischer Vorfälle vor Gericht und gewährte seinen Mitgliedern in solchen Fällen Rechtsbeistand. Der Verein verstand sich grundsätzlich als überparteilich, unterstützte aber bei Wahlen meist liberale Kandidaten. 1916 hatte der Centralverein 70000 direkte und weitere 200000 indirekte Mitglieder durch angegliederte Organisationen. Damit repräsentierte er annähernd die Hälfte aller deutschen Juden.

Ernst Toller (1893–1939), geboren in Samotschin (damals preußische Provinz Posen), der selbst einer gut situierten jüdischen Familie entstammte, 1914 als begeisterter Freiwilliger in den Ersten Weltkrieg zog und der, inzwischen zum linken Oppositionellen gewandelt, 1918/19 eine wichtige Rolle bei der Errichtung der Münchener Räterepublik spielte, hat die Haltung seiner jüdischen Umgebung eindringlich beschrieben, ebenso wie die konsternierte Verständnislosigkeit, mit der viele Juden auf die antisemitischen Angriffe reagierten.

Q

Ernst Toller über jüdisches Selbstverständnis im Kaiserreich (1933)
(nach: Toller, Eine Jugend in Deutschland, S. 11 f. u. S. 161 f.)

Die Juden fühlten sich als Pioniere deutscher Kultur. In den kleinen Städten bildeten jüdische bürgerliche Häuser die geistigen Zentren, deutsche Literatur, Philosophie und Kunst wurden hier mit einem Stolz, der ans Lächerliche grenzt, ‚gehütet und gepflegt'. [...] Die Juden saßen an Kaisers Geburtstag mit den Reserveoffizieren, dem Kriegerverein und der Schützengilde an einer Tafel, tranken Bier und Schnaps und ließen Kaiser Wilhelm hochleben. [...]
Ich denke an meine frühe Jugend, an den Schmerz des Knaben, den die anderen Buben ‚Jude' schimpften, [...] an die schreckliche Freude, die ich empfand, wenn ich nicht als Jude erkannt wurde, an die Tage des Kriegsbeginns, an meinen leidenschaftlichen Wunsch, durch den Einsatz meines Lebens zu beweisen, dass ich Deutscher sei, nichts als Deutscher. [...] War alles umsonst? Oder habe ich mich geirrt? [...] Hat allein die Fiktion des Blutes zeugende Kraft? Nicht das Land in dem ich aufwuchs, die Luft, die ich atmete, die Sprache, die ich liebe, der Geist, der mich formte? [...]

Die meisten deutschen Juden verhielten sich ähnlich wie der junge Toller, indem sie nämlich den Versuch unternahmen, ihren Patriotismus als Deutsche immer wieder unter Beweis zu stellen. Nur ein relativ geringer Teil hingegen schloss sich der zionistischen Bewegung an, welche die eigene jüdische Identität betonte und der als Fernziel die Wiedererrichtung eines jüdischen Staates in Palästina vorschwebte.

3. Die Kanzlerschaft Caprivi (1890–1894)

a) Ein „anständiger Kerl"

Der erste der Nachfolger Bismarcks im Reichskanzleramt war **Leo von Caprivi**.

E

Leo Graf von Caprivi (1831–1899) begann mit 18 Jahren die Laufbahn eines Berufsoffiziers im preußischen Heer. Dabei ließ er frühzeitig herausragende Befähigung erkennen und durchlief eine glänzende Karriere, die ihn schon mit 35 Jahren in den preußischen Generalstab führte. Im Krieg gegen Frankreich war Caprivi Chef des Stabes bei einem Armeekorps. Nach 1871 war er zeitweilig im preußischen Kriegsministerium und in verschiedenen hochrangigen Kommandopositionen tätig. 1883 wurde er als Vizeadmiral und Chef der Kaiserlichen Admiralität zur Marine versetzt und nahm wesentlich Anteil an deren Aufbau. Allerdings war Caprivi ein Gegner des späteren Baus von hochseetüchtigen Schlachtschiffen und sah die Aufgabe der deutschen Seestreitkräfte hauptsächlich im defensiven Küsten- und Handelsschutz. 1888 kehrte er als Kommandierender General eines Armeekorps zum Heer zurück. Aus dieser Position wurde er zum Reichskanzler berufen.

Umstände der Berufung Caprivis

Caprivi war ganz ohne Zweifel ein außergewöhnlich befähigter Karriere-Offizier, dessen Begabung auch Bismarck anerkannte. Er hatte den General sogar selbst als möglichen Nachfolger im Amt des Reichskanzlers ins Auge gefasst und stand ihm zunächst wohlwollend gegenüber. Wilhelm II.

glaubte in dem Befehl und Gehorsam gewohnten Berufssoldaten einen geeigneten Ausführungsgehilfen für sein nun endlich zu verwirklichendes „persönliches Regiment" gefunden zu haben. Caprivi selbst war von seiner Berufung ins Reichskanzleramt alles andere als erbaut. Rückblickend hat er den letzten Abend in seiner Hannoveraner Kommandostelle, nachdem er von seiner Ernennung erfahren hatte, so beschrieben: „Ich habe diesen Offizieren mitgeteilt, was mir bevorstand, mit wie schwerem Herzen ich mein neues Amt antrat und habe ihnen [...] gesagt, ich wüsste, dass ich mit Dreck beschmissen werden würde, dass ich unrühmlich fallen würde, aber ich wolle dem Verlangen des Kaisers zu genügen versuchen und mich dessen getrösten, dass – was mir auch passierte – diese meine Kameraden den Glauben nie fallen lassen: ich sei doch ein anständiger Kerl."

Allerdings hatte Caprivi zum Zeitpunkt seiner Amtsübernahme als Reichskanzler und zugleich als preußischer Ministerpräsident, anders als Bismarck, kaum Erfahrung in der praktischen Politik. Auch hinsichtlich Charakter und Mentalität unterschied sich der neue Reichskanzler wesentlich von seinem Vorgänger. Caprivi war bei aller unstrittigen Tatkraft ein Mann des Ausgleichs, nicht der taktisch motivierten Polarisierung von Konflikten. Caprivi verfolgte eine „Politik des inneren Burgfriedens" (Karl Erich Born).

Die Durchführbarkeit seines politischen Konzepts hing jedoch einerseits vom Kaiser ab. Der Reichskanzler war allein vom Vertrauen des Kaisers abhängig. Die Frage war also, wie Caprivi mit Wilhelms II. Vorsatz des „persönlichen Regiments" zurecht kommen würde – und wie der Kaiser beziehungsweise dessen Umgebung mit Caprivi zurecht kommen würden. Andererseits war der General so wie jeder Reichskanzler darauf angewiesen, mit den Parteien im Reichstag im Rahmen von dessen verfassungsmäßigen Mitwirkungsrechten mehrheitsfähige Konsense zu finden. Dies galt vor allem für alle Fragen, die mit dem Budgetrecht des Reichstages in Zusammenhang standen. Der Kaiser mochte seine Geringschätzung des Parlamentes immer wieder zum Ausdruck bringen, den Reichstag ein „Reichsaffenhaus" nennen, dies entband den im kaiserlichen Auftrag agierenden Reichskanzler keineswegs davon, mit einer wie auch immer gearteten Parlamentsmehrheit Wege der Kooperation suchen zu müssen.

b) Der „Neue Kurs"

Inhalte des „Neuen Kurses"

Der neue Reichskanzler sollte nach dem Willen Wilhelms II. die von ihm gewünschte politische Umorientierung in die Wege leiten. Diese wurde mit dem Schlagwort „Neuer Kurs" bezeichnet. Dahinter stand freilich kein zusammenhängendes Programm. Es lassen sich lediglich einzelne Elemente des politischen Willens Wilhelms II. offen legen, ohne dass diese Beständigkeit aufwiesen. So lehnte der Kaiser 1889/90 Bismarcks Konfrontationsstrategie gegenüber der Arbeiterschaft ab, zugleich verdammte auch er die Aktivitäten der Sozialdemokraten ohne Umschweife. Der persönlich moderate Caprivi schien der geeignete Mann zu sein, um für einen innenpolitischen Ausgleich zu sorgen. Er suchte ausdrücklich eine sachorientierte

Zusammenarbeit mit allen im Reichstag vertretenen Parteien, ausgenommen die Sozialdemokratie, die für den gemäßigt konservativen und strikt kaisertreuen Offizier als Gesprächspartner nicht in Frage kam.

Bezeichnend ist, dass Caprivi von vornherein einen erneuten Anlauf zur Verlängerung des Sozialistengesetzes, das auch beim Zentrum und Teilen der Liberalen auf Ablehnung gestoßen war, entschieden verwarf. Stattdessen setzte er, ganz den Intentionen des Kaisers folgend, darauf, der systemfeindlichen Sozialdemokratie durch eine Verbesserung der sozialen Lage der Arbeiterschaft das Wasser abzugraben und diese an den Staat zu binden.

Unter Caprivis Leitung wurde daher eine Reihe von sozialpolitischen Innovationen in Angriff genommen. Eine der wichtigsten war die Anfang Mai 1891 beschlossene Novellierung der seit über zwanzig Jahren unverändert gültigen Gewerbeordnung und hier insbesondere die Einführung gesetzlicher Höchstarbeitszeiten. Dies entsprach einer Forderung, die nicht nur von der Sozialdemokratie, sondern auch anderen sozialpolitisch engagierten Kräften längst erhoben worden war. Generell wurde jetzt Sonntagsarbeit verboten. Kinder unter dreizehn Jahren durften nach der neuen Gewerbeordnung definitiv nicht mehr in Fabriken beschäftigt werden; damit erreichte der Kampf gegen die Kinderarbeit, der schon seit dem 18. Jahrhundert andauerte, einen vorläufigen Abschluss. Lediglich in der Landwirtschaft und der Heimindustrie war Kinderarbeit auch in der Folgezeit noch ein häufig anzutreffendes Phänomen, welches jedoch mehrheitlich unter den Bedingungen bäuerlicher Familienbetriebe anders gelagert war als die Arbeit in Fabriken. Für Jugendliche unter 16 Jahren durfte die tägliche Arbeitszeit zehn Stunden, für Frauen 11 Stunden nicht mehr überschreiten. Die bereits bestehende staatliche Fabrikinspektion, deren Aufgabe darin bestand, die Einhaltung der Arbeiterschutzmaßnahmen zu überprüfen, wurde ausgeweitet.

Die damals gesetzlich fixierte Maximalarbeitszeit für Frauen von insgesamt 66 Stunden in einer Sechs-Tage-Woche mag uns heute noch immer erdrückend vorkommen. Zu bedenken ist aber, dass jetzt gegenüber der Frühindustrialisierung, in der die Festlegung der Arbeitszeit praktisch völlig in das Belieben der Arbeitgeber gestellt war, eine staatliche Normierung stattfand, die seitens der Arbeiterschaft auch einklagbar war. In diesem Zusammenhang war zudem von Bedeutung, dass eine weitere gesetzliche Neuregelung, die unter Caprivi rasch beschlossen wurde, die reichsweite Einführung von Gewerbegerichten war, in denen paritätisch Vertreter der Arbeitgeber und der Arbeitnehmer saßen. Letztere hatten damit bei arbeitsrechtlichen Konflikten vor diesen Gerichten ungleich größere Aussichten als zuvor, ihre Ansprüche durchzusetzen. Für erwachsene männliche Arbeiter wurde noch keine generell gültige Höchstarbeitszeit festgelegt, allerdings konnte der Bundesrat für einzelne Betriebe mit besonders schweren Arbeitsbedingungen einen Maximalarbeitstag bestimmen. Dies ist in vielen Fällen geschehen. Die erneuerte Gewerbeordnung und das Gewerbegerichtsgesetz traten bereits am 1. Juni 1891 in Kraft.

Es zeigte sich jedoch schon bald, dass der sozialpolitische Aussöhnungskurs gegenüber der Arbeiterschaft gerade das nicht erbrachte, was er wesentlich bezweckte, nämlich der Sozialdemokratie ihre Klientel abspenstig zu machen. In der ersten Reichstagswahl nach dem Neuansatz der Sozialpolitik unter Caprivi im Juni 1893 gelangten die Sozialdemokraten über ihren sensationellen Erfolg von 1890 noch um fast vier Prozent hinaus und erhielten 23,3% der abgegebenen Stimmen. Die Zahl ihrer Mandate im Reichstag erhöhte sich damit von 35 auf 44.

Wilhelm II. war über die aus seiner Sicht gegebene „Uneinsichtigkeit" der Arbeiterschaft tief enttäuscht, subjektiv war sein guter Wille zur Verbesserung ihrer Lage brüsk zurückgewiesen worden. Daher erlahmte der sozialpolitische Elan, den der Kaiser bei seiner Thronbesteigung an den Tag gelegt hatte, rasch. Seine Umgebung redete ihm zunehmend ein, dass der Weg der Repression, wie ihn Bismarck beschritten hatte, wohl doch der bessere sei.

Widerstände gegen Caprivi

Verantwortlich gemacht für den ausbleibenden Erfolg der erneuerten Sozialpolitik wurde Caprivi. Seine Stellung wurde zudem durch verschiedene andere, jeweils heftig umstrittene innere Reformprojekte – beispielsweise eine Neuordnung des Steuersystems in Preußen –, die gegen den Widerstand unterschiedlicher Interessengruppen und deren parlamentarischer Vertreter allenfalls halb gelangen, weiter geschwächt. Dadurch dass Caprivi versuchte, sich an keine Partei oder Parteienkonstellation im Reichstag eindeutig zu binden, sondern vielmehr im Einzelfall um die Zusammenarbeit mit verschiedenen politischen Richtungen bemüht war, machte er sich letztlich Gegner auf allen Seiten. Charakteristisch ist, dass er mit Hilfe eines Entwurfs für ein neues preußisches Volksschulgesetz, das den Kirchen wieder einen Teil des Einflusses auf die Schulen zurückgeben sollte, den sie im Kulturkampf verloren hatten, Rückhalt beim Zentrum suchte. Damit aber brachte Caprivi die Liberalen in hohem Maße gegen sich auf, hatten diese doch in der weitgehenden Verdrängung kirchlicher Mitsprache aus der Schule einen ihrer Haupterfolge in der langwierigen Auseinandersetzung mit den Kirchen gesehen. Da sich in diesem Falle auch der Kaiser gegen eine Stärkung der Stellung der Kirchen wandte, sah sich Caprivi gezwungen, den Entwurf zurückzuziehen. Dies hatte zur Folge, dass er das Zentrum gegen sich einnahm.

Nach dem Scheitern des Schulgesetzentwurfs trat Caprivi am 23. März 1892 als preußischer Ministerpräsident zurück, behielt aber das Amt des Reichskanzlers. Gleichwohl war dies eine wichtige Etappe seiner politischen Demontage, zumal sein Nachfolger als preußischer Regierungschef, Botho Graf von Eulenburg (1831–1912) – ein Vetter des Kaiser-Intimus Philipp von Eulenburg (1847–1921) –, bald einen gegen Caprivi gerichteten Kurs steuerte. Auch die Konservativen gingen zunehmend auf Distanz zu Caprivi, der ihren Intentionen nach ihrer Einschätzung zu wenig Rechnung trug.

Infolge von Caprivis schwankender Haltung in der preußischen Schulpolitik bekam er zunächst den Widerstand zu spüren, der sich beim Zentrum und den Linksliberalen gegen ihn aufbaute. Obwohl der Reichskanzler bereits erhebliche Zugeständnisse gemacht hatte, scheiterte Anfang Mai 1893 eine von ihm im Reichstag eingebrachte Gesetzesvorlage zur neuerlichen Erhöhung der Friedenspräsenzstärke des deutschen Heeres. Caprivi löste den Reichstag daraufhin auf. Die Neuwahlen im Juni 1893 erbrachten die erwähnte deutliche Stärkung der Sozialdemokraten, schwere Verluste für die Linksliberalen, einen begrenzten Rückgang der Zentrumsmandate und schließlich Gewinne für die Konservativen und Nationalliberalen. Die „Kartell"-Parteien waren mithin Gewinner der Wahlen. Abstimmungen, vor denen der Akzent im Wahlkampf auf der Wehrpolitik lag, waren dem rechten Parteienspektrum vor 1914 regelmäßig zuträglich. Im neuen, dem neunten Reichstag fand Caprivi im August 1893 eine Mehrheit für eine Erhöhung der Friedenspräsenzstärke um 66 000 auf insgesamt jetzt 552 000 Mann. Allerdings hatte er für die Zustimmung der Reichstagsmehrheit zu den anfallenden erhöhten Kosten konzedieren müssen, dass zugleich die Wehrdienstzeit bei den Fußtruppen von drei auf zwei Jahre verkürzt wurde. Darüber war der Kaiser, insbesondere unter dem Einfluss der Militärs in seiner Hofkamarilla (s. unten S. 104 ff.), in hohem Maße erbost.

Die Verkürzung der Dienstzeit wurde zur Stimmungsmache gegen Caprivi benutzt, obwohl es sich dabei keineswegs nur um ein Zugeständnis an die Parlamentsmehrheit handelte. Vielmehr kam die kürzere Dienstzeit nicht zuletzt der Verbesserung der Wehrgerechtigkeit zugute, denn um 1890 konnten von jährlich rund 350 000 Wehrpflichtigen aus Kapazitätsgründen nur jeweils 50 bis 60% tatsächlich einberufen werden. Jetzt konnte die Zahl der Einberufenen erhöht werden, die Reserven an ausgebildeten Soldaten also vergrößert werden. Dies war aus militärischer Sicht zweifellos ein Vorteil der kürzeren Wehrdienstzeit. Dergleichen Sachargumente kamen jedoch nicht zum Tragen, längst wurde heftig gegen den äußerst korrekten, sachlich nüchternen Kanzler intrigiert, der einerseits dem Kaiser gegenüber absolut loyal war, dem andererseits aber die bei Wilhelm II. so erfolgreichen Schmeicheleien völlig fern lagen.

Außenhandels- und Zollpolitik

Weiteren Unmut sammelte Caprivi bei Teilen der Konservativen auch durch seine Außenhandels- und Zollpolitik gegen sich. Diese hatte eine eminente innenpolitische Bedeutung. Caprivi sah deutlicher als Bismarck die Bedeutung von Außenhandelsbeziehungen für die expandierende deutsche Industrie, von der diverse Branchen auf Exportgeschäfte angewiesen waren. Mithin war er der Meinung, dass die seit der konservativen Wende von 1878/79 praktizierte einseitige Bevorzugung der deutschen Landwirtschaft und der Schwerindustrie durch hohe Schutzzölle abgebaut werden müsse. Dadurch sollte anderen Industriezweigen der Zugang zu ausländischen Märkten erleichtert werden, da die in Frage kommenden Handelspartner ihrerseits Schutzzölle erhoben. Caprivi schloss folglich seit Mitte 1891 eine ganze Reihe von bilateralen Handelsverträgen ab, die der Liberalisierung der gegenseitigen Austauschbeziehungen dienten. Partner waren zunächst Österreich-Ungarn, dann die Schweiz, Belgien, Italien, Spanien, Rumänien und schließlich Serbien.

Neben den im engeren Sinne ökonomischen Absichten verband sich mit der Caprivischen Handelspolitik insgeheim die strategische Überlegung, dass der Aufbau eines möglichst geschlossenen mitteleuropäischen Wirtschaftsraumes nicht zuletzt der politischen Machtstellung des Reiches zugute kommen würde, welches gegenüber den Partnerländern der Handelsverträge die weitaus stärkere ökonomische Macht darstellte.

Erbitterte Feinde der Handelspolitik Caprivis waren vor allem die Großagrarier, deren bequeme Schutzzoll-Mauern dadurch erheblich niedriger wurden, was zur Folge hatte, dass die deutsche Landwirtschaft unter verstärkten Konkurrenzdruck durch Importe geriet. Der bezeichnenderweise im Kontext der handelspolitischen Kurskorrektur 1893 gegründete Bund der Landwirte griff Caprivi geradezu hasserfüllt an. Den Ton im BdL aber gaben insbesondere die konservativen preußischen Großlandwirte an, denen das Drei-Klassen-Wahlrecht eine weit überproportionale politische Stellung in Preußen sicherte und die großen Einfluss auf die konservativen Parteien im Reichstag ausübten. Zu ihrem Höhepunkt kam die Kampagne gegen den Reichskanzler, als er Ende 1893/Anfang 1894 daranging, auch mit Russland einen Handelsvertrag abzuschließen. Die absehbare Konsequenz war nämlich, dass der Import russischen Getreides in das Reich erheblich erleichtert und verbilligt wurde. Dies aber war in den Augen der Großagrarier geradezu Verrat an den „nationalen Interessen", die sie allerdings mit ihren eigenen gleichsetzten.

Nicht-Verlängerung des Rückversicherungsvertrages

Der von Caprivi auch in der Außenpolitik eingeschlagene „Neue Kurs" und dessen Wahrnehmung in Teilen der deutschen Öffentlichkeit stellte generell ein wesentliches Element der fortschreitenden Schwächung seiner innenpolitischen Stellung dar. Anfang 1890 stand die Verlängerung des 1887 geschlossenen Rückversicherungsvertrages mit Russland an. Unter Caprivi war die Reichsleitung jedoch nicht mehr bereit, Bismarcks schon zuvor intern in die Kritik geratenes Bündnissystem unverändert weiterzuführen. Der neue Reichskanzler war zwar kein Anhänger der strikt russlandfeindlichen Gruppierung in den Führungsetagen des Reiches, aber er hielt das Vertragsnetz mit verdeckten Bindungen nach verschiedenen Seiten hin für zu riskant und zu unübersichtlich. Es gelang ihm, unterstützt von den wichtigsten leitenden Mitarbeitern des Auswärtigen Amtes, Wilhelm II. davon zu überzeugen, dass eine Abkehr vom komplizierten „System Bismarck" in der Außenpolitik erforderlich sei.

Daher lehnte die Reichsleitung die seitens Russland erwünschte Vertragsverlängerung ab. Caprivis Hoffnung, der Anfang 1894 abgeschlossene Handelsvertrag mit dem Zarenreich werde eine Art Ersatz für den Rückversicherungsvertrag darstellen, zerschlug sich, denn eine politische Wiederannäherung zwischen dem Deutschen Reich und dem großen östlichen Nachbarn folgte daraus nicht. Caprivi bezahlte also eine weitgehend fehlgeschlagene außenpolitische Initiative mit einer Verhärtung der Fronten, die sich ihm im Inneren des Reiches entgegenstellten, da der Handelsvertrag auf heftige Ablehnung stieß.

In der Rückschau ist die Nicht-Verlängerung des Rückversicherungsvertrages vielfach als der Anfang vom Ende des Kaiserreiches im Ersten Weltkrieg interpretiert worden. Hier habe die Erosion von Bismarcks Bündnissystem begonnen, verschuldet von Nachfolgern, die gemessen am ersten Reichskanzler außenpolitische Dilettanten gewesen seien. Sie hätten durch eine Abwendung von Russland dieses geradezu zu einem Bündnis mit Frankreich getrieben, welches dann schließlich darin mündete, dass der alte Alptraum vom Zweifrontenkrieg für das Reich 1914 Realität wurde und 1918 mit dem im Grunde von vornherein erwartbaren Desaster endete.

Allerdings darf nicht übersehen werden, wie belastet das Verhältnis zwischen den beiden Mächten des Rückversicherungsvertrages bereits war, als Bismarck noch amtierte, und dass dieser durch verschiedene seiner außenpolitischen Manöver selbst erheblich zu dieser Belastung beigetragen hatte. Dass Caprivi den Rückversicherungsvertrag fallen ließ, hat also im Grunde lediglich eine Entwicklung beschleunigt, die ohnedies in der Luft lag, nämlich eine französisch-russische Annäherung. Diese kam dann tatsächlich bereits Mitte 1892 in Form einer Militärkonvention zustande, womit der deutscherseits so gefürchtete Zweifrontenkrieg eine erheblich konkretere Gefahr wurde.

Helgoland-Sansibar-Vertrag

Parallel zur Aufgabe des Rückversicherungsvertrages versuchte die Reichsleitung die Beziehungen zu Großbritannien enger zu knüpfen. Caprivi glaubte unmittelbar nach seiner Amtsübernahme die Regierung in London auf ein künftiges Bündnis mit Deutschland vorbereiten zu können, indem man zunächst kolonialen Interessen Großbritanniens entgegenkam. Bereits am 1. Juli 1890 wurde der Helgoland-Sansibar-Vertrag unterzeichnet. Das Deutsche Reich verzichtete darin auf koloniale Ansprüche in Ostafrika, insbesondere hinsichtlich der vor der Küste Deutsch-Ostafrikas (heute Tansania) gelegenen Insel Sansibar. Als Gegenleistung erhielt das Reich die seestrategisch wichtige Nordseeinsel Helgoland, die seit 1815 zu Großbritannien gehört hatte. Die Hoffnungen, die Caprivi mit dem Tauschvertrag verband, erfüllten sich jedoch nicht. In London war man nach wie vor nicht geneigt, Großbritannien eindeutig an irgendeine kontinentaleuropäische Macht zu binden.

Auch Caprivis Kalkül hinsichtlich des Helgoland-Sansibar-Vertrages war also nicht aufgegangen, und obendrein zog er auch mit dieser Vereinbarung in Deutschland heftige Kritik auf sich. Die Forderung nach einem Ausbau der deutschen Kolonialgebiete in einem Maßstab, wie er vermeintlich einer Großmacht zustand, gewann in der deutschen Öffentlichkeit, nicht zuletzt durch die Tätigkeit der Deutschen Kolonialgesellschaft, weiter an Popularität. Dazu passte Caprivis distanzierte Haltung zu weiterem kolonialen Ausgreifen ganz und gar nicht. Dem Reichskanzler wurde im Zusammenhang mit dem Helgoland-Sansibar-Vertrag prompt vorgeworfen, wesentlich größere und wichtigere Gebiete in Afrika für das kleine Eiland in der Nordsee in sträflicher Weise „verschenkt" zu haben. Caprivi vertrat, anders als die Kolonialbefürworter, eine durchaus rationale Haltung mit Blick auf die tatsächlichen Möglichkeiten, die das Deutsche Reich hatte, nennenswerte Kolonialgebiete zu erwerben, und vor allem mit Blick auf die unabsehbaren außenpolitischen Konsequenzen, die aus verstärkten kolonialen Ambitionen folgen mussten.

Caprivis Haltung war nicht populär unter den Zeitgenossen, so wenig wie Bismarcks in gewissem Sinne „bescheidene" Außenpolitik zuletzt populär gewesen war. Bezeichnenderweise war der Helgoland-Sansibar-Vertrag noch in der letzten Amtszeit Bismarcks vorbereitet worden. Das Scheitern Leo von Caprivis verdeutlicht in aller Klarheit, dass ein unspektakulärer und realitätsbezogener Politikansatz, wie ihn der zweite Reichskanzler vertrat, von der zunehmend von irrationalen Ansprüchen und intransigent vertretenen Partikularinteressen geprägten Atmosphäre im Innern des Reichs unterlaufen wurde. Die lautstark und geschickt agitierenden Interessengruppen verliehen ihren Forderungen in der deutschen Öffentlichkeit eine bis dahin nicht gekannte Durchschlagskraft. Die Verquickung von Parteien und Interessenverbänden aber sorgte dafür, dass die

Ansprüche der letzteren auch im Reichstag zum Programm praktischer Politik erhoben wurden. Die Reichsleitung, die auf zumindest partielle Kooperation mit dem Parlament angewiesen war, geriet dadurch zunehmend unter Zugzwang, insbesondere den populären „Weltmacht"-Träumen in ihrem Gebaren und ihrem Handeln Rechnung zu tragen. Und dies obwohl es sich beim Deutschen Reich nach wie vor nicht um ein parlamentarisches System handelte, Kaiser und Reichskanzler also zumindest der Theorie nach unabhängig von der öffentlichen Meinung agieren konnten. Dem sich nach „Größe" und Anerkennung sehnenden Kaiser und seinen persönlichen Wunschträumen freilich kam der „Weltmacht"-Gedanke mehr als entgegen. Wilhelm II. wurde sein wichtigster Repräsentant, insofern war er ein „volkstümlicher" Kaiser, der verkörperte, was viele Deutsche erträumten.

Entlassung Caprivis

Es ist offenkundig, dass Caprivi, der nüchterne Berufsoffizier, der seine politischen Einsichten keineswegs fraglos den Vorgaben des Kaisers anpasste, sich bald als der falsche Mann für das „persönliche Regiment" erwiesen hatte. Zum endgültigen Bruch mit dem Kaiser kam es, als sich Wilhelm II. in seiner Enttäuschung über die ausbleibenden Erfolge der Sozialpolitik hinsichtlich der von ihm erwarteten Schwächung der Sozialdemokratie entschloss, zu einer Politik verschärfter Repression gegenüber der SPD zurückzukehren. Wilhelm II. bestand im Herbst 1894 darauf, dass im Reichstag die so genannte Umsturzvorlage eingebracht werde. Damit sollte eine ganze Reihe von Paragraphen des Strafgesetzbuches, des Militärstrafgesetzbuches und des Pressegesetzes geändert werden, um gegen politische Straftaten schärfer vorgehen zu können. Die Sozialdemokraten wurden in dem Entwurf, anders als im Sozialistengesetz, nicht ausdrücklich als Zielgruppe genannt. Daran aber, dass sie gemeint waren, bestand kein Zweifel. Da eine Umsetzung des Entwurfs aufgrund seiner weitgefassten Formulierungen eine ziemlich weitgehende Einschränkung der Versammlungs- und Pressefreiheit bedeutet hätte, welche die Aktivität keineswegs nur der SPD, sondern praktisch aller Parteien betreffen konnte, rechnete Caprivi von vornherein damit, dass sich im Reichstag dafür keine Mehrheit finden würde. Er lehnte es daher ab, die Umsturzvorlage überhaupt dem Parlament vorzulegen. Stattdessen wollte er lediglich einige weit weniger tief greifende Strafrechtsänderungen durchsetzen. Wilhelm II. kam infolgedessen auf Staatsstreichpläne zur Entmachtung des Reichstags zurück, die in ähnlicher Form schon Bismarck gehabt hatte. Unterstützt wurde der Kaiser in diesem Zusammenhang vom preußischen Ministerpräsidenten von Eulenburg, der 1878 als Innenminister im Auftrag Bismarcks bereits das Sozialistengesetz ausgearbeitet hatte. Caprivi konnte Wilhelm II. zwar noch davon überzeugen, den Staatsstreichsplan fallen zu lassen, der Kaiser war gleichwohl nicht mehr bereit, Caprivi weiter als Reichskanzler amtieren zu lassen. Am 28. Oktober 1894 wurde er aus dem Amt entlassen.

4. Die Kanzlerschaft Hohenlohe-Schillingsfürst (1894–1900)

a) „Onkel Chlodwig" – Ein Kanzler wider Willen

Nach der Entlassung Caprivis stand Wilhelm II. vor der Frage, wer diesem im Amt des Reichskanzlers folgen sollte. Der richtige Mann schien dem Kaiser in der gegenwärtigen Situation **Chlodwig Fürst zu Hohenlohe-Schillingsfürst** zu sein. Berufen wurde der neue Reichskanzler am 29. Oktober 1894, zugleich ernannte ihn Wilhelm II. auch zum preußischen Ministerpräsidenten, stellte also die seit 1892 gelöste Personalunion der beiden Ämter wieder her.

E

Chlodwig Fürst zu Hohenlohe-Schillingsfürst (1818–1901) stammte aus dem süddeutschen Hochadel. Er absolvierte im bayerischen Staatsdienst eine erfolgreiche Diplomatenkarriere. 1866 erreichte sie ihren vorläufigen Höhepunkt, als Hohenlohe zum bayerischen Ministerpräsidenten und Außenminister ernannt wurde. Er behielt dieses Amt bis 1870 und war maßgeblich an der Vorbereitung des Beitritts Bayerns zum Deutschen Reich beteiligt. 1871 wurde er als gemäßigt Konservativer in den Reichstag gewählt, dem er bis 1881 angehörte. Parallel dazu wurde Hohenlohe 1875 auf den Posten des deutschen Botschafters in Paris berufen. Aus dieser Funktion schied er 1885 mit der Bestellung zum Kaiserlichen Statthalter im Reichsland Elsass-Lothringen aus. Dieses Amt übte er bis zu seiner Ernennung zum Reichskanzler aus.

Umstände der Berufung Hohenlohes

Hohenlohe war bei seiner Berufung zum Reichskanzler fast 76 Jahre alt – also zum Zeitpunkt seiner Amtsübernahme bereits älter als Bismarck bei seiner Entlassung. Erstmals nahm ein Katholik den Posten des Reichskanzlers ein, allerdings ohne dass Hohenlohe dem Zentrum politisch nahe gestanden hätte. Anders als Caprivi hatte er zuvor reichlich Erfahrungen in der praktischen Politik sammeln können. Hohenlohes politische Grundeinstellung war eine liberal-konservative. In der Außenpolitik war er geneigt, eine Wiederannäherung an Russland zu suchen.

Die Berufung Hohenlohes löste allgemeine Überraschung aus. Er selbst folgte dem Ruf des Kaisers keineswegs mit Begeisterung, sondern führte gegenüber Wilhelm II. vielmehr eine ganze Reihe von Gründen an, die gegen seine Reichskanzlerschaft sprächen: „1. Alter und Gedächtnisschwäche. 2. Mangelnde Rednergabe. 3. Mangelnde Kenntnis der preußischen Gesetze und Verhältnisse. 4. Nichtmilitär. Mangel an den nötigen Mitteln. Ich kann wohl ohne das Statthaltergehalt leben, aber nicht in Berlin. Ruin." Der Kaiser berief Hohenlohe, den er wegen dessen Verwandtschaft mit dem Haus Hohenzollern „Onkel Chlodwig" nannte, trotzdem. Es ist offenkundig, dass die Hofkamarilla, an ihrer Spitze Philipp von Eulenburg, der zu dieser Zeit engste persönliche Berater und Freund Wilhelms II., Hohenlohes Kanzlerschaft nur als Übergangslösung betrachtete und dass im Hintergrund bereits ein ganz anderer Kandidat aufgebaut wurde: der damalige deutsche Botschafter in Italien, Bernhard von Bülow (1849–1929).

E

Hofkamarilla
Der Begriff Kamarilla stammt aus dem Spanischen (camarilla heißt wörtlich „Kämmerchen") und bezeichnet eine Personengruppierung um einen Machtträger, die politischen Einfluss auf der Grundlage persönlicher Beziehungen ausübt, ohne direkt in verfassungsgemäße Entscheidungsstrukturen und Verantwortlichkeiten eingebunden zu sein. Damit entzieht sich ihre Einwirkung auf den politischen Prozess weitgehend der Kontrolle und Nachvollziehbarkeit. Im Falle Wilhelms II. bildete sich eine Kamarilla insbesondere nachdem er 1886 Philipp von Eulenburg kennen gelernt hatte und sich zwischen beiden eine enge Freundschaft entwickelte. Der Kreis traf sich des öfteren auf Eulenburgs Gut Liebenberg (Mark Brandenburg) und wurde daher auch „Liebenberger Tafelrunde" genannt. Neben Eulenburg spielten auch Kuno Graf Moltke (1847–1923) und im weiteren Sinn Bernhard von Bülow eine wichtige Rolle darin.

Die scharfe antisozialdemokratische Kurskorrektur, die Wilhelm II. durchführen wollte, entsprach nicht der eher moderaten persönlichen Grundhaltung des neuen Reichskanzlers. Freilich war Hohenlohe gewillt, seine Politik an den Wünschen des Kaisers zu orientieren. Außerdem glaubte der Fürst mäßigend auf den inzwischen 35-jährigen, aber seit seiner Thronbesteigung nicht im mindesten gereift erscheinenden Wilhelm II. einwirken zu können. Dieser aber nahm seinen neuen Reichskanzler wohl nie allzu ernst. Darüber hinaus waren in den Spitzenrängen der preußischen Regierung und der Reichsleitung von Beginn an Kräfte am Werk, die Hohenlohes Führungsposition untergruben und wesentlichen Einfluss auf die Politik ausübten. Eine zentrale Rolle spielte dabei Johannes von Miquel (1828–1901). Miquel hatte 1883 die Führung der Nationalliberalen Partei übernommen und diese programmatisch weiter den Konservativen angenähert. 1890 wurde er preußischer Finanzminister und unterstützte zunächst den „Neuen Kurs", vor allem in der Hoffnung, durch einen Ausbau der Sozialpolitik zugunsten der Arbeiterschaft die Sozialdemokratie schwächen zu können. Als er sich, wie zahlreiche andere auch, in dieser Erwartung enttäuscht sah, wandte sich Miquel der Überzeugung zu, dass gegen die SPD und ihre Anhängerschaft wieder verschärfte Repressionsmaßnahmen ergriffen werden müssten. Auch andere Mitglieder der preußischen Regierung befürworteten die neuerliche Wendung zur Unterdrückung der sozialdemokratischen Bewegung.

b) Erneuter Repressionskurs: „Umsturz"- und „Zuchthausvorlage"

Umsturzvorlage

Vor dem Hintergrund der Kräfteverhältnisse in der preußischen Regierung und der Reichsleitung und als treuer Sachwalter kaiserlicher Wünsche verantwortete Hohenlohe schon kurz nach seiner Berufung im Dezember 1894 die Einbringung der Umsturzvorlage im Reichstag, unternahm mithin genau jenen Schritt, den sein Vorgänger Caprivi nicht hatte tun wollen und stattdessen den Rücktritt vorgezogen hatte.

Lediglich Anarchisten als „Vertreter und Verführte der zügellosesten Abart staatsfeindlicher Theorien" wurden in dem Entwurf direkt namhaft gemacht. Indessen stand es außer Frage, dass vorrangig die Sozialdemokraten als Zielgruppe gemeint waren. Da die SPD beständig als „Umsturz"-

Partei bezeichnet wurde, ließ der Wortlaut der Vorlage keinen Zweifel daran, gegen wen sie sich hauptsächlich richtete. Der Text des Entwurfs, vor allem aber die beigefügte Begründung sind überaus bezeichnend für den innenpolitischen Kurs, der nun nach dem Willen des Kaisers endlich durchgesetzt werden sollte.

Q

Entwurf eines Gesetzes, betreffend Änderungen und Ergänzungen des Strafgesetzbuchs, des Militärstrafgesetzbuchs und des Gesetzes über die Presse in der Fassung vom 17. Dezember 1894 („Umsturzvorlage")
(nach: Bruch/Hofmeister, Deutsche Geschichte in Quellen und Darstellung, Bd. 8, S. 234ff.)

[…] § 126. Wer durch Androhung eines Verbrechens den öffentlichen Frieden stört, wird mit Gefängniss bis zu Einem Jahre bestraft.
Hat der Thäter in der Absicht gehandelt, auf den gewaltsamen Umsturz der bestehenden Staatsordnung hinzuwirken, oder darauf gerichtete Bestrebungen zu fördern, so tritt Zuchthausstrafe bis zu fünf Jahren ein; auch kann auf Zulässigkeit von Polizeiaufsicht erkannt werden. […]
§ 130. Wer in einer den öffentlichen Frieden gefährdenden Weise verschiedene Klassen der Bevölkerung zu Gewaltthätigkeiten gegeneinander öffentlich anreizt, wird mit Geldstrafe bis zu sechshundert Mark oder mit Gefängniss bis zu zwei Jahren bestraft.
Dieselbe Strafe trifft denjenigen, welcher in einer den öffentlichen Frieden gefährdenden Weise die Religion, die Monarchie, die Ehe, die Familie oder das Eigenthum durch beschimpfende Äußerungen öffentlich angreift. […]
Begründung
(I) Schon bald nachdem das Strafgesetzbuch für das Deutsche Reich in Geltung getreten war, ließen manche Wahrnehmungen erkennen, dass die neuen strafrechtlichen Vorschriften, soweit sie den Schutz der Staatsordnung und des öffentlichen Friedens und damit die Sicherung der Grundlagen unseres staatlichen und gesellschaftlichen Lebens zum unmittelbaren Zwecke haben, an Lücken kranken, welche auf die Dauer nicht ohne bedenkliche Folgen bleiben können. […]
Die Unzulänglichkeit des neuen Rechts machte sich immer fühlbarer, seitdem der wachsende Einfluss neuer gesellschaftlicher und wirtschaftlicher Theorien mehr und mehr dahin führte, Grundlagen unserer öffentlichen und privaten Rechtsordnung, welche den Bestand und die gedeihliche Entwickelung des gesamten Kulturlebens bedingen, zum Gegenstande gehässiger Kritik und wühlerischer Angriffe machen. […]
(VII) Angesichts dieser Sachlage kann die Gesetzgebung sich der Pflicht nicht entschlagen, Anreizungen zur Missachtung von Gesetz und Obrigkeit, Verhöhnung und Schmähung der rechtlichen und sittlichen Grundlagen von Staat und Gesellschaft, Verherrlichung oder Androhung von verbrecherischen Handlungen, planmäßige Vorbereitung oder Förderung des gewaltsamen Umsturzes der bestehenden Staatsordnung nachdrücklicher als bisher zu treffen. […]

Die Härte der angedrohten Strafen wird ersichtlich, wenn man bedenkt, dass 600 Mark Geldstrafe etwa dem damaligen durchschnittlichen Jahresverdienst eines Arbeiters entsprachen. Die Androhung von Zuchthausstrafen bedeutete, dass der Vollzug einer Haftstrafe in wesentlich rigiderer Form als im Gefängnis bevorstand. Im Zuchthaus bestand anders als im Gefängnis grundsätzlich Arbeitspflicht, entlassene Strafgefangene aus dem Zuchthaus wurden sozial noch erheblich schärfer diskriminiert als ehemalige Gefängnisinsassen.

Lediglich die Deutschkonservativen hatten sich von vornherein auf eine

Bejahung der Vorlage festgelegt, die Freikonservativen einige Bedenken angemeldet. Angriffe auf die Religion wurden gemäß einer Forderung des Zentrums ausdrücklich in die Straftatbestände einbezogen, um die Zustimmung des politischen Katholizismus zu dem Gesetzentwurf zu sichern. Gerade dies aber machte die Vorlage für die Nationalliberalen unannehmbar. Sie hatten sich zunächst abwartend verhalten, während von linksliberaler Seite heftige Kritik an den sehr dehnbaren Formulierungen in der Gesetzesvorlage geübt wurde, die eine Anwendung keineswegs nur gegen die Sozialdemokratie, sondern gegen jegliche der Reichsleitung nicht genehme politische Richtung möglich erscheinen ließen. Als die Nationalliberalen sich nun zur Ablehnung der Umsturzvorlage entschlossen, war klar, dass sie parlamentarisch nicht durchsetzbar war. Am 11. Mai 1895 verweigerte ihr der Reichstag mehrheitlich die Zustimmung.

Damit war der Versuch einer kaum verhohlenen Neuauflage des Sozialistengesetzes gescheitert. Eine inhaltlich vergleichbare Gesetzesvorlage, das so genannte „Kleine Sozialistengesetz", wurde 1897 aus ähnlichen Gründen sogar im preußischen Abgeordnetenhaus mehrheitlich verworfen. Der angestrebte Rechtsruck in der Innenpolitik des Reiches hatte vorläufig nur ein konkretes Ergebnis, nämlich im Königreich Sachsen, wo Anfang 1896 das bisher gemäßigte Zensuswahlrecht durch ein die Bevölkerungsschichten mit geringem Einkommen stark benachteiligendes Drei-Klassen-Wahlrecht ersetzt wurde. 1895 hatten die Sozialdemokraten im nach dem bisher geltenden Wahlrecht gewählten Dresdner Landtag mit einem Anteil von 32,4% an den abgegebenen Stimmen noch 14 von insgesamt 82 Mandaten erhalten. Das neue Wahlrecht bedingte, dass sie in den folgenden Abstimmungen ständig Sitze verloren. Ein Tiefpunkt war erreicht, als 1903 überhaupt kein sozialdemokratischer Kandidat mehr ins sächsische Landesparlament gelangte, obwohl die SPD bei der Landtagswahl rund 45% der abgegebenen Stimmen auf sich vereinigte. Wie groß das künstlich hergestellte Missverhältnis zwischen realer Stärke der Sozialdemokratie in Sachsen und ihrer politischen Repräsentation auf Landesebene war, verdeutlicht die Tatsache, dass bei der ebenfalls 1903 stattfindenden Reichstagswahl 22 von insgesamt 23 sächsischen Reichstagswahlkreisen von sozialdemokratischen Kandidaten gewonnen wurden. Das unter den deutschen Ländern besonders frühzeitig und durchgreifend von der Industrialisierung erfasste Sachsen mit einer dementsprechend zahlreichen Arbeiterbevölkerung war längst zum sprichwörtlichen „roten Königreich" geworden, während in seinem Landtag durch die Wahlrechtsmanipulationen bis 1918 eine konservativ-nationalliberale Mehrheit herrschte.

Zuchthausvorlage

Obwohl die Ablehnung der Umsturzvorlage nicht nur für den amtierenden Reichskanzler, sondern auch für den Kaiser selbst eine empfindliche Niederlage darstellte, war Wilhelm II. entschlossen, den eingeschlagenen Kurs gegen die Sozialdemokratie fortzusetzen. Das bedeutete einerseits, dass es beim Stillstand in der Sozialgesetzgebung blieb, von deren Nutzlosigkeit in seinem Verständnis der Kaiser nunmehr überzeugt war. Andererseits wurde Ende Mai 1899 auf ausdrückliche kaiserliche Weisung hin ein erneuter Versuch zur Durchsetzung eines der Sache nach gegen die Sozialdemokratie gerichteten Ausnahmegesetzes unternommen. In diesem Falle handelte es sich um die so genannte Zuchthausvorlage; die offizielle

Bezeichnung lautete „Gesetz zum Schutz der gewerblichen Arbeitsverhältnisse“. Dieses zielte auf eine Einschränkung des in der geltenden Gewerbeordnung der industriellen Arbeiterschaft zugestandenen „Koalitionsrechtes“. Danach war es den Arbeitern grundsätzlich erlaubt (außer Eisenbahn- und Landarbeitern), sich in Gewerkschaften zur Durchsetzung gemeinsamer Interessen zusammenzuschließen und nötigenfalls auch in den Streik zu treten. Die Zuchthausvorlage sollte einen unterstellten Missbrauch des Koalitionsrechtes, nämlich dessen angebliche praktische Umformung in einen „Koalitionszwang“ unter Strafe stellen. Das heißt, künftig sollte die Behinderung Arbeitswilliger bei Streiks durch Streikende scharf geahndet werden. Außerdem sollten auch Versuche unter Strafe gestellt werden, Arbeiter durch Druck zur Mitgliedschaft in einer Gewerkschaft zu bringen. Die Vorlage sah Höchststrafen für „Rädelsführer“ von bis zu fünf Jahren Zuchthaus vor, daraus leitete sich ihr Name ab. Wilhelm II. hatte zwei Mal persönlich für eine Verschärfung der vorgesehenen Strafandrohungen gesorgt, nachdem die mit der Ausarbeitung der Vorlage betraute Ministerialbürokratie mit Blick auf den von vornherein erwarteten parlamentarischen Widerstand geringere Strafmaße hatte festlegen wollen.

Die Zuchthausvorlage richtete sich in erster Linie gegen die immer stärker werdenden, mit der SPD liierten Freien Gewerkschaften. Diese hatten zu diesem Zeitpunkt bereits etwa 580000 Mitglieder, während die Streiks generell ablehnenden Hirsch-Dunckerschen Gewerkvereine lediglich rund 86000, die erst seit wenigen Jahren bestehenden Christlichen Gewerkschaften circa 56000 Arbeiter organisierten. Seit Beginn der 1890er-Jahre hatten die Freien Gewerkschaften eine sprunghaft steigende Zahl von Arbeitskämpfen durchfochten. 1898 erreichte die Entwicklung einen Höhepunkt, als es reichsweit zu fast 1000 Streiks oder Aussperrungen kam, an denen mehr als 60000 in den Freien Gewerkschaften organisierte Arbeiter beteiligt waren. Die Zunahme der Arbeitskämpfe war nicht zuletzt ein Reflex darauf, dass sich seit etwa der Mitte der 1890er-Jahre die konjunkturelle Lage der deutschen Wirtschaft deutlich verbesserte, so dass die Gründerkrise als überwunden angesehen werden konnte. Während jedoch einerseits vor allem industrielle Großunternehmen einen erneuten Gewinn- und Wachstumsschub verzeichneten, schlug sich dies nicht entsprechend in Reallohnsteigerungen für die Arbeiterschaft nieder. Dies schuf ein hohes Maß an Unzufriedenheit und Konfliktpotential.

Die Zuchthausvorlage ging in ihrem Grundkonzept auf den neuen Staatssekretär im Reichsamt des Innern, Arthur Graf von Posadowsky-Wehner zurück, der zunächst einen neuerlich verschärften Repressionskurs befürwortete und für einige Zeit eine der wichtigsten Schlüsselfiguren in der Innenpolitik des Reiches wurde.

E

Arthur Graf von Posadowsky-Wehner (1845–1932) wurde als Sohn eines Richters im schlesischen Groß-Glogau geboren. Nach dem Jurastudium begann seine politische Karriere 1873 als Landrat in der preußischen Provinz Posen. Zeitweilig hatte Posadowsky-Wehner im preußischen Abgeordnetenhaus ein Mandat für die Freikonservative Partei inne. Seit 1883 trat er als sozialpolitischer Experte hervor. 1893 wurde er Staatssekretär im Reichsschatzamt, 1897 Staatssekretär im Reichsamt des Inneren. 1908 trat er von diesem Amt zurück. Von 1912 bis 1918 gehörte Posadowsky-Wehner als Fraktionsloser dem Reichstag an.

Lediglich die beiden konservativen Fraktionen im Reichstag waren indessen bereit, der Zuchthausvorlage ihre Zustimmung zu erteilen. Dementsprechend scheiterte Hohenlohe auch mit dieser von ihm vor dem Parlament verantworteten Gesetzesinitiative. Ein erstes Mal fiel die Vorlage im Juni 1899 bei der Abstimmung im Reichstag durch. Am 20. November 1899 wurde sie neuerlich ins Parlament eingebracht, durch einen Änderungsantrag von nationalliberaler Seite leicht abgeschwächt. Jedoch stimmte wiederum die Mehrheit der nationalliberalen Fraktion dagegen, Zentrum, Linksliberale und Sozialdemokraten verweigerten unverändert geschlossen ihre Zustimmung.

Die erfolglose Zuchthausvorlage war der letzte Versuch einer Unterdrückung der Sozialdemokratie im Kaiserreich durch eine Ausnahmegesetzgebung auf Reichsebene – allerdings änderte sich nichts an der vielfachen Diskriminierung von Anhängern und Funktionären der SPD. So galt beispielsweise seit 1898 in Preußen mit der so genannten Lex Arons ein Gesetz, dass Sozialdemokraten unabhängig von ihrer wissenschaftlichen Qualifikation den Zugang zum Lehramt an Hochschulen verwehrte.

Die offenkundige Nicht-Durchsetzbarkeit eines repressiven Vorgehens gegen die Sozialdemokratie in der gewünschten Form im Reichstag ließ bei Wilhelm II. und in seiner Umgebung auch in den späten 1890er-Jahren wieder den Gedanken eines Staatsstreiches erhöhte Aktualität gewinnen. Letztendlich schreckte aber der Kaiser neuerlich vor einem Vorgehen mit militärischen Mitteln wie auch vor einer autoritären Änderung der verfassungsgemäßen Stellung des Reichstages zurück – nicht zuletzt weil er sogar von Seiten konservativer Parlamentarier davor gewarnt wurde und weil die Haltung der Bundesfürsten keineswegs sicher war.

Aufstieg Bülows

Durch die erneute Niederlage vor dem Reichstag wurde die Autorität des ohnehin schwachen Reichskanzlers Hohenlohe weiter beschädigt. Gleichwohl blieb Hohenlohe erstaunlich lange im Amt, wenngleich er selbst seinen Rücktritt mehrfach ankündigte. Wilhelm II. hielt an ihm nicht zuletzt wohl deswegen fest, weil die Umgebung des Kaisers darauf abzielte, die Nachfolge ihres Wunschkandidaten sorgfältig vorzubereiten. Bernhard von Bülow rückte schon in die Nähe der Kanzlerschaft, als er im Oktober 1897 zum Staatssekretär im Auswärtigen Amt ernannt wurde, also faktisch die Funktion eines Reichsaußenministers erhielt. Zugleich übernahm Bülow den Posten des preußischen Außenministers.

Im Oktober 1900 bat Reichskanzler von Hohenlohe den Kaiser schließlich mit Nachdruck um seine Entlassung. Der unmittelbare Anlass bestand darin, dass Wilhelm II. den Chef der Reichsleitung über seinen Entschluss, ein Truppenkontingent zur Bekämpfung des so genannten **Boxeraufstandes** nach China zu entsenden, vor der öffentlichen Bekanntgabe nicht einmal informiert hatte.

Entlassung Hohenlohes

„Onkel Chlodwig" war inzwischen ein gebrechlicher, kranker Greis, der völlig ohne politischen Einfluss war. Die eigene Einschätzung seiner Stellung sah für Hohenlohe am Ende seiner Amtszeit deprimierend aus: „Alles, was auf die auswärtige Politik Bezug hat, wird von Bülow und seiner Majestät beraten und beschlossen. Die Fragen der inneren Politik bearbeiten die Ressortchefs ohne meine Mitwirkung, weil sie wissen, dass Seine Majestät meinen Rat nicht hört. Ich werde in der Presse zur Verantwortung gezogen, und werde im Reichstag Rede und Antwort stehen müssen, ohne eingeweiht zu sein. Alle Personalfragen werden ohne meinen Rat und sogar ohne meine Kenntnis entschieden." Er sei nur noch eine „Strohpuppe".

E

Boxeraufstand
Seit Ende des 19. Jahrhunderts entstand in China die „Boxer"-Bewegung, die sich gegen den zunehmenden Einfluss europäischer Mächte, der USA und Japans wandte. Insbesondere die fortschreitende christliche Missionierung des Landes wurde scharf abgelehnt. Von der chinesischen Regierung zeitweilig unterstützt, kam es im Frühjahr 1900 zum offenen Ausbruch von Gewalttätigkeiten durch die „Boxer", bei denen mehrere Hundert Ausländer, darunter zahlreiche Missionare, und einige Tausend zum Christentum übergetretene Chinesen ermordet wurden. Seit Ende Juni 1900 wurde das Gesandtschaftsviertel in Peking von „Boxern" und regulären chinesischen Truppen belagert. Dort verschanzten sich die Vertreter der ausländischen Mächte mit einigen Hundert Soldaten, nachdem der deutsche Gesandte Clemens Freiherr von Ketteler (1853–1900) einem Mordanschlag zum Opfer gefallen war. Zur Niederschlagung des Aufstandes vereinbarten die betroffenen Mächte eine gemeinsame Militärintervention. Bei der Verabschiedung eines Teils des deutschen Truppenkontingents hielt Wilhelm II. am 27. Juli 1900 in Bremerhaven seine berüchtigte „Hunnenrede", in der er den Chinesen rigorose Vergeltung androhte. Das Pekinger Gesandtschaftsviertel wurde am 14. August 1900 von alliierten Truppen befreit. Im Rahmen weiterer militärischer Operationen brach der Boxeraufstand in den folgenden Monaten rasch zusammen. Im Januar 1901 musste die chinesische Regierung einen harten Friedensvertrag akzeptieren, der die Eingriffsrechte der ausländischen Mächte in China festschrieb. Insgesamt setzte das Deutsche Reich während der Kampfhandlungen rund 24 000 Soldaten ein, die Kosten dafür beliefen sich auf etwa 152 Millionen Mark.

Gerade das Beispiel Hohenlohes zeigt in aller Deutlichkeit, in welch hohem Maße die verfassungsrechtlich starke Position des Reichskanzlers in der politischen Realität von der Durchsetzungsfähigkeit des Amtsinhabers und seiner persönlichen Stellung zum Kaiser abhängig war. Wilhelm II. entsprach im Oktober 1900 der Entlassungsbitte des 81-Jährigen.

5. Die Kanzlerschaft Bülow (1900–1909)

a) „Mein Bernhard" – der Wunschkanzler

Mit der Entlassung Hohenlohes war der Weg endlich frei für **Bernhard von Bülow**. Am 17. Oktober 1900 ernannte ihn Kaiser Wilhelm II. zum Reichskanzler und preußischen Ministerpräsidenten, gleichzeitig blieb Bülow Außenstaatssekretär und preußischer Außenminister. Damit vereinigte er die wichtigsten politischen Ämter auf der Ebene des Reiches und Preußens in seiner Hand. Bülow war mit zu diesem Zeitpunkt 51 Jahren der bislang jüngste Inhaber des Reichskanzleramtes.

E

Bernhard von Bülow (1849–1929) stammte aus der Nähe von Hamburg. Nach seinem Jurastudium und der Teilnahme am deutsch-französischen Krieg trat Bülow als 25-Jähriger 1874 in den diplomatischen Dienst des Reiches ein. Geschickt im Auftreten und redegewandt, machte er hier rasch eine glänzende Karriere, dies allerdings auch, weil er sich höchster Protektion erfreute. Sein Vater amtierte unter Bismarck zeitweilig als Außenstaatssekretär. Bülows beruflicher Aufstieg führte ihn in die diplomatischen Vertretungen des Reiches in beinahe allen europäischen Hauptstädten. 1894 war ein vorläufiger Höhepunkt erreicht, als er zum deutschen Botschafter in Italien ernannt wurde. Aus Rom wurde er drei Jahre später abberufen, um die Leitung des Auswärtigen Amtes zu übernehmen. Das Amt des kaiserlichen Reichskanzlers bekleidete er vom Oktober 1900 bis zum Juni 1909. Bereits 1899 wurde er vom Kaiser in den Grafen-, 1905 als einziger Reichskanzler nach Bismarck in den Fürstenstand erhoben. Nach seiner Entlassung ist Bülow kaum noch politisch in Erscheinung getreten.

Umstände der Berufung Bülows

Bereits mit Bülows Ernennung zum Staatssekretär im Auswärtigen Amt war eine Phase eingeleitet, in welcher der Berufsdiplomat für letztlich mehr als ein Jahrzehnt die Schlüsselfigur in der Außenpolitik des Reiches blieb. Ein grundlegendes personalpolitisches Revirement an der Spitze der Reichsleitung, zum Teil auch in den Führungsfunktionen der preußischen Regierung, hatte schon mit der Ernennung des Fürsten Hohenlohe zum Reichskanzler begonnen. Die vom Kaiser und seiner einflussreichen Umgebung angestrebte Richtungsänderung in der Außen- und Innenpolitik brachte die Ablösung der meisten Vertreter des moderaten „Neuen Kurses", für den Leo von Caprivi gestanden hatte, mit sich. Angestrebt wurde ein verschärft autoritärer Kurs nach innen und eine Erweiterung der Machtstellung des Reiches nach außen. Von besonders weittragender Bedeutung war, dass gleichzeitig mit der Berufung Bülows zum Außenstaatssekretär diejenige von **Alfred von Tirpitz** in das Amt des Staatssekretärs im Reichsmarineamt erfolgte.

E

Alfred (von) Tirpitz (1849–1930) wurde 1849 in Küstrin geboren. Bereits 1865 trat er in die damals noch sehr kleine preußische Marine ein. Diese Entscheidung fiel nicht zuletzt mit Blick darauf, dass hier bürgerliche Offiziere ungleich bessere Aufstiegschancen hatten als in der traditionellen Adelsdomäne des Heeres. 1878 erhielt Tirpitz den wichtigen Auftrag, die Entwicklung der damals hochmodernen Torpedowaffe zu leiten. Er blieb daraufhin immer ein Verfechter der raschen Nutzbarmachung technischer Fortschritte für die Marine. Nach verschiedenen anderen Verwendungen lernte er 1891 Wilhelm II. persönlich kennen, der ihn schon bald darauf zum Stabschef des Oberkommandos der Marine ernannte. Seither hatte Tirpitz regelmäßig unmittelbaren Zugang zum Kaiser. Er wurde zum Vorreiter einer raschen Modernisierung und eines schnellen Ausbaus der deutschen Kriegsflotte und übte in dieser Hinsicht entscheidenden Einfluss auf Wilhelm II. aus. Endgültig übernahm Tirpitz die marinepolitische Federführung nach seiner Berufung zum Chef des Reichsmarineamtes. Hier war er verantwortlich für die rapide vorangetriebene, den Reichshaushalt schwer belastende und außenpolitisch riskante Erweiterung der Marine (insbesondere seit 1899). Im Jahre 1900 erhob Wilhelm II. Tirpitz in den Adelsstand. 1916 trat Tirpitz, inzwischen im Range eines Großadmirals, von seinem Staatssekretärsposten zurück, da er sich mit seinen seestrategischen Ansichten nicht mehr durchsetzen konnte. 1917 war er Mitgründer der nationalistischen Deutschen Vaterlandspartei.

Expansive Außenpolitik

Bülow und Tirpitz zeichneten in der Folgezeit in besonderer Weise verantwortlich für die Neubestimmung des außenpolitischen Kurses, insbesondere hinsichtlich der jetzt mit enorm vergrößertem Gewicht betriebenen Flottenrüstung und der Fortsetzung der Kolonialpolitik mit expansivem Akzent. Bereits Bülows erste Rede als Außenstaatssekretär vor dem Reichstag am 6. Dezember 1897, in der er Bezug nahm auf deutsche Kolonialansprüche in China, war überaus kennzeichnend für seine Grundeinstellung. Hier fiel das berühmte Wort vom „Platz an der Sonne", den das Deutsche Reich nunmehr auch beanspruchen müsse.

Q

Reichstagsrede von Außenstaatssekretär Bernhard von Bülow am 6. Dezember 1897
(nach: Bruch/Hofmeister, Deutsche Geschichte in Quellen und Darstellung, Bd. 8, S. 268 ff.)

[...] In Ostasien schien der Abgeordnete Dr. Schoenlank [SPD] zu fürchten, dass wir uns in ein Abenteuer stürzen wollten. Fürchten Sie gar nichts, meine Herren! Der Reichskanzler [Hohenlohe] ist nicht der Mann, und seine Mitarbeiter sind nicht die Leute, irgend unnütze Händel zu suchen. [...] Aber allerdings sind wir der Ansicht, dass es sich nicht empfiehlt, Deutschland in zukunftsreichen Ländern von vornherein auszuschließen vom Mitbewerb anderer Völker. (Bravo!) Die Zeiten, wo der Deutsche dem einen seiner Nachbarn die Erde überließ, dem anderen das Meer und sich selbst den Himmel reservirte, wo die reine Doktrin thront (Heiterkeit – Bravo!) – diese Zeiten sind vorüber. Wir betrachten es als eine unserer vornehmsten Aufgaben, gerade in Ostasien die Interessen unserer Schiffahrt, unseres Handels und unserer Industrie zu fördern und zu pflegen. [...] Wir sind endlich gern bereit, in Ostasien den Interessen anderer Großmächte Rechnung zu tragen, in der sicheren Voraussicht, dass unsere eigenen Interessen gleichfalls die ihnen gebührende Würdigung finden. (Bravo!) Mit einem Worte: wir wollen niemand in den Schatten stellen, aber wir verlangen auch unseren Platz an der Sonne. [...]

Bülow schien mit derartigen Ansichten genau der richtige Mann zu sein, den Kaiser Wilhelm II. zur Verwirklichung seiner eigenen über Deutschland hinausreichenden Ambitionen brauchte. Glichen sich also die außenpolitischen Vorstellungen des Kaisers und Bernhard von Bülows, so hatte dieser es zudem verstanden, sich Wilhelm II. auf die Art und Weise zu empfehlen, die bei diesem am sichersten Wirkung zeigte: Er schmeichelte dem Geltungsbedürfnis Wilhelms bedenkenlos. Über Philipp von Eulenburg kamen dem Monarchen gezielt Bülows Lobsprüche zu Ohren. So ließ er verlauten: „Er [Wilhelm II.] ist mit dem großen König [gemeint ist Friedrich II. von Preußen, „der Große"] und dem großen Kurfürsten weitaus der bedeutendste Hohenzoller, der je gelebt hat. Er verbindet in einer Weise, wie ich es nie gesehen habe, Genialität, echteste und ursprünglichste Genialität, mit klarstem bon sens [...]." Bülow hat es lange Zeit verstanden, den nach wie vor ungestillten Hunger Wilhelms II. nach Bestätigung durch seine Umwelt zu befriedigen und damit seine eigene Machtposition abzusichern.

Der neue Reichskanzler war darüber hinaus sicher und selbstbewusst, zugleich aber gewinnend im Auftreten, ein blendender und gebildeter Redner, er stammte aus einem vornehmen adeligen Haus und er war schließlich brennend ehrgeizig – kurzum, in vielem war er eine schlechterdings ideale Verkörperung der Mentalität des wilhelminischen Reiches. In den ersten Jahren seiner Kanzlerschaft war Bülow denn auch der bisherige Wunsch- und Ideal-Kanzler des Kaisers, der ihn seinerseits geradezu schwärmerisch lobte und 1901 feststellte: „Seit ich ihn habe, kann ich ruhig schlafen. Ich lasse ihn gewähren und weiß, dass alles gut geht!"

Bedingt durch seinen vorerst uneingeschränkten Rückhalt beim Kaiser konnte Bülow, anders als sein Vorgänger Hohenlohe, sein Amt als „starker" Reichskanzler wahrnehmen. Er beseitigte die unter Hohenlohe eingetretene Teilselbständigkeit verschiedener Ressorts. Lediglich Innenstaatssekretär von Posadowsky-Wehner und insbesondere Marinestaatssekretär von Tirpitz wahrten eigene Entscheidungsspielräume. Im Gegensatz zu den anderen Chefs der Reichsämter, die eindeutig dem Reichskanzler nachgeordnet waren, erhielt Tirpitz das Recht des Immediatvortrags beim Kaiser, wodurch er mit Wilhelm II. unmittelbar Gespräche führen konnte, ohne den Reichskanzler beteiligen zu müssen.

b) „Sammlungspolitik" unter Bülow: Mittel und Ergebnisse

„Ära Posadowsky"

Reichskanzler von Bülow war bei aller Selbstsicherheit und trotz des vorerst hervorragenden Einvernehmens mit dem Kaiser mit der gleichen Notwendigkeit konfrontiert wie alle Reichskanzler vor und nach ihm: Er musste im Reichstag die schwierige Aufgabe bewältigen, für wesentliche Teile der Politik der Reichsleitung tragfähige Mehrheiten zusammenzubekommen. Die Ziele Bülows waren sowohl in der Innen- wie insbesondere der Außenpolitik ehrgeizig und dementsprechend kostenträchtig. Infolgedessen war er in hohem Maße von der Kooperationsbereitschaft der Reichstagsmehrheit abhängig. Darüber hinaus war der neue Reichskanzler in Anbetracht seines beruflichen Werdegangs zwar ein beschlagener Außenpolitiker, hatte bis zu seiner Berufung ins Reichskanzleramt aber kaum innenpolitische Erfahrungen sammeln können. Dies und die ihn stark in Anspruch nehmende Außenpolitik waren die wohl entscheidenden Gründe, weshalb Bülow die Führung der Innenpolitik in den ersten Jahren seiner Kanzlerschaft weitgehend dem Innenstaatssekretär von Posadowsky-Wehner überließ. Daher wird mit Blick auf dessen Amtszeit auch von der „Ära Posadowsky" in der Innenpolitik des Reiches gesprochen, auch wenn Bülow formal als Kanzler die Gesamtverantwortung trug.

Bülow wurde etwa zur Hälfte der laufenden Legislaturperiode des Parlaments berufen, so dass er zunächst mit dem Reichstag in der Konstellation konfrontiert war, wie sie aus der Wahl von 1898 hervorgegangen war. Bei der Wahl zum zehnten Reichstag hatten die Sozialdemokraten mit 27,2% der abgegebenen Stimmen ihr bislang bestes Ergebnis erzielt. Allerdings sorgte die Wahlkreisgeometrie nach wie vor dafür, dass sich dies nur bedingt in der Fraktionsstärke niederschlug. Die SPD entsandte 56 Abgeordnete in die Reichshauptstadt Berlin, die gleiche Anzahl wie die Konservativen, die lediglich 11,1% der abgegebenen Stimmen erhalten hatten. Die mit Abstand stärkste Fraktion wurde durch die Wahl von 1898 wiederum die des Zentrums mit 102 Abgeordneten. Mit der Zentrums- und der sozialdemokratischen Fraktion sah sich Bülow mithin zwei wichtigen parlamentarischen Kräften gegenüber, bei denen er mit Widerstand gegen seine politischen Ambitionen rechnen musste.

Konzept der „Sammlung"

Das Konzept, das Bülow und Posadowsky-Wehner zur Herstellung der notwendigen parlamentarischen Mehrheiten anwandten, war nicht neu, sondern vielmehr angelehnt an ältere Überlegungen, die in ähnlicher Form bereits Bismarck beschäftigt hatten. Konkreten Ausdruck hatte die Idee der „Sammlung" aller bürgerlichen und konservativen Kräfte bereits auch durch die unter Federführung von Finanzminister Miquel in der zweiten Hälfte der 1890er-Jahre in Preußen betriebene Politik gefunden. Es ging um die Formierung aller „staatserhaltenden Elemente" gegen die „staatsfeindliche" Sozialdemokratie. Das Eintracht stiftende gemeinsame Ziel sollte das der Unterstützung einer ehrgeizigen deutschen „Weltpolitik", also ein imperialistischer Konsens in der Außenpolitik sein. Parallel dazu sollte eine besonders mittelstandsfreundliche Wirtschafts- und Sozialpolitik im Innern die „Staatstreue" der mittelbäuerlichen und handwerklichen Bevölkerungsschichten stärken. Schon 1895, also eine Reihe von Jahren vor Beginn seiner Kanzlerschaft, hatte Bülow dieses Konzept so zusammengefaßt: „Die Basis der kaiserlichen inneren Politik muß eine möglichst breite sein, damit Konservative, Nationalliberale, gemäßigte Klerikale [= Zentrumsanhänger] und maßvollere Linksliberale auf ihr Platz finden: Einerseits wegen der Aufrechterhaltung der Reichseinheit, andererseits weil wir im Kampf gegen die soziale Revolution eine lange und tiefe Phalanx brauchen."

Diese Intentionen zielten klar auf eine Begrenzung beziehungsweise Zurückdrängung des Einflusses der Sozialdemokratie. Indessen war gerade Posadowsky-Wehner nach dem parlamentarischen Scheitern der Umsturz- und der Zuchthausvorlage klug genug zu der Einsicht, dass dies nicht auf dem Weg neuer repressiver Ausnahmegesetze bewerkstelligt werden konnte. Der Innenstaatssekretär strebte vielmehr schon vor der Berufung Bülows zum Reichskanzler im Gesamtrahmen der „Sammlungspolitik" zunächst nicht zuletzt einen Neuansatz der auf Integration der Arbeiterschaft zielenden Sozialpolitik an. Auf diesem Politikfeld hatte es seit 1896 keine Fortschritte mehr gegeben. Nunmehr zeichnete Posadowsky-Wehner bereits von 1899 an für verschiedene entsprechende Gesetzgebungsvorhaben verantwortlich. Da sich die sozialpolitischen Bestrebungen des Innenstaatssekretärs mit denen des Zentrums weitgehend deckten, kam zeitweilig eine fruchtbare Zusammenarbeit mit der größten Reichstagsfraktion zustande. Seit 1899/1900 spielte das von Bismarck so heftig befehdete Zentrum daher die Rolle einer faktischen „Regierungspartei". Begünstigt wurde die Kooperationsbereitschaft des Zentrums zusätzlich dadurch, dass einige noch bestehende Kulturkampfbestimmungen nun ganz fallen gelassen wurden.

Auf Betreiben Posadowsky-Wehners wurden erweiternde Bestimmungen zur Unfall- und Krankenversicherung gesetzlich fixiert. Die bislang fakultativen Gewerbegerichte als Schiedsinstanzen für arbeitsrechtliche Konflikte zwischen Arbeitnehmern und Arbeitgebern wurden 1901 verbindlich in allen Kommunen mit mehr als 20 000 Einwohnern eingeführt. Im Jahre 1903 wurde die Kinderarbeit auch in der Heimindustrie verboten, damit also der Schutz Minderjähriger ausgebaut. Schließlich beteiligte sich das Reich finanziell an Projekten zum Bau von Arbeiterwohnungen. Dafür wurden jährlich im Schnitt immerhin 4 bis 5 Millionen Mark aufgewendet.

Posadowsky-Wehner bemühte sich um eine konstruktive Zusammenarbeit mit dem Reichstag und verständigte sich über die einschlägigen Gesetzgebungsvorhaben teilweise mit der Parlamentsmehrheit, ehe der Bundesrat darüber beschloss. Er kehrte damit die bisher übliche Reihenfolge in einigen Fällen um. Auf Seiten der Bundesstaaten führte diese faktische Stärkung des Reichstags zu erheblichem Unmut. Zweifellos wurde in der Ära Posadowsky eine neue Etappe der Parlamentarisierung des Reiches erreicht. Bezeichnend für den bislang in dieser Form nicht praktizierten Umgang des Innenstaatssekretärs mit dem Parlament und die sich daraus ergebende Verbesserung des Klimas zwischen diesem und der Reichsleitung ist, dass sogar die Sozialdemokraten den sozialpolitischen Novellen zustimmten, also in der Sache – jenseits der nicht abgeschlossenen innerparteilichen Strategiediskussion über die Frage Teilkooperation oder Fundamentalopposition – revisionistische Schritte wagten.

Die Hoffnungen auf eine Art „Dankbarkeitseffekt" bei der Arbeiterschaft, welcher wenigstens eine gewisse Abwendung von der Sozialdemokratie zur Folge haben sollte, gingen jedoch einmal mehr nicht in Erfüllung. Bei der Reichstagswahl vom 16. Juni 1903 legten vielmehr die Sozialdemokratie noch einmal um gut vier Prozent bei den abgegebenen Stimmen zu und erreichten 31,7%; sie gewannen 81 statt bislang 56 Mandate. Damit saßen im Reichstag jetzt mehr Abgeordnete der SPD als von den beiden konservativen Parteien zusammen. Vor dem Hintergrund einer Kette neuerlicher Streiks aufgrund von Lohnstreitigkeiten, bei denen die Freien Gewerkschaften eine führende Rolle spielten, führte dies zu einer erneuten Aufgabe sozialpolitischer Reformprojekte nach 1903.

Zollpolitik

Die konservativen Agrarier, die seit langem in besonders enger Beziehung zur Reichsleitung standen, waren auch für Bülow keine einfachen Partner. Da 1903/04 die unter Caprivi abgeschlossenen Handelsverträge des Reiches mit verschiedenen europäischen Ländern ausliefen, drängten die Agrarier auf eine drastische Erhöhung der damit verbundenen relativ moderaten Schutzzölle – was beim exportorientierten Teil der deutschen Industrie auf entschiedene Ablehnung stieß. Bülow und der als Innenstaatssekretär auch für Wirtschaftsfragen zuständige Posadowsky-Wehner steuerten einen Kompromisskurs, schon weil die von den agrarischen Interessenvertretern geforderte Erhöhung der Schutzzölle auf mehr als das Doppelte der bisherigen Beträge gegenüber den Vertragspartnern kaum durchsetzbar war. Zwar war eine Mehrheit des Reichstages für einen verbesserten Zollschutz zugunsten der deutschen Landwirtschaft, gleichwohl beharrte die Reichsleitung auf einer vergleichsweise mäßigen Erhöhung der Zölle. Bisher waren auf einen Doppelzentner Importgetreide 3,50 Mark Zoll erhoben wurden, mit der Zollgesetzgesetznovelle von 1903 galten nun 5,00 Mark für einen Doppelzentner Roggen und 5,50 Mark für einen Doppelzentner Weizen. Diese moderate Lösung wurde im Reichstag mit Hilfe des Zentrums, der Nationalliberalen und einigen gemäßigten Konservativen durchgesetzt. Das „Sammlungskonzept" konnte also bis zu einem gewissen Grade verwirklicht werden. Dies geschah nicht zuletzt auch auf der Grundlage einer sehr geschickten Öffentlichkeitsarbeit, welche eine Unterstützung der Reichsleitung zur Nagelprobe echten „nationalen Verantwortungsgefühls" erklärte. Außerdem war Bülow persönlich gewandt im Umgang mit den Führern der Reichstagsfraktionen, was zweifellos hilfreich für ihn war. In der Folgezeit gelang auf der Basis der neuen Zolltarife auch eine Erneuerung der Handelsverträge mit den ausländischen Partnern, sodass die Reichsleitung auch einen außenwirtschaftspolitischen Erfolg für sich verbuchen konnte.

Gleichwohl hatte die Lösung der Zollfrage auch zur Konsequenz, dass die Reichsleitung von mehreren Seiten attackiert wurde: Von den Großagrariern wegen angeblich mangelnder Rücksicht auf die Interessen der Landwirtschaft im Reich, von der Sozialdemokratie, weil die zwar nicht in dem vom Bund der Landwirte geforderten Ausmaß, aber immerhin deutlich erhöhten Zölle eine Verteuerung des Brotes mit sich brachten, und schließlich waren auch die Exportbranchen der Industrie unzufrieden, weil sie niedrigere Zölle für angebracht hielten. Die Auswirkungen bekam die Reichsleitung bei der soeben erwähnten Reichstagswahl vom Juni 1903 zu spüren. Die Sozialdemokraten waren nach dem Zentrum zur zweitstärksten Fraktion aufgerückt. Parallel dazu verstärkte sich die Aktivität der Freien Gewerkschaften erneut; sie konnten ihre Mitgliederzahl zwischen 1900 und 1906 mehr als verdoppeln (auf 1,6 Millionen). Die Zahl der durchfochtenen Arbeitskämpfe ging gleichzeitig steil nach oben. Die Kehrseite der Bülowschen Zollpolitik bestand also unzweideutig in einer Verstärkung der Unzufriedenheit der industriellen Arbeiterschaft und anderer einkommensschwacher Schichten. Diese konnte durch die unter Posadowsky-Wehners Federführung wieder mit mehr Nachdruck betriebene sozialpolitische Aktivität allenfalls unvollkommen aufgefangen werden. Hinzu kam, dass die einflussreichen Großagrarier ihre Belange bei Bülow nicht hinreichend berücksichtigt sahen, ebenso wie Teile der Industrie. Ihre jeweiligen Interessenvertreter im Reichstag wurden über die einschlägigen Verbände verstärkt zu Widerstand gegen Bülows Politik angehalten.

c) „Hottentotten-Wahlen" und Bildung des „Bülow-Blocks"

Wendung gegen das Zentrum

Von der konzilianten, auf Mehrheitsbeschaffung zielenden Politik gegenüber dem Zentrum, die auch von Innenstaatssekretär Posadowsky-Wehner mitgetragen wurde, wandte sich Reichskanzler von Bülow Ende 1906 brüsk ab. Seine Beweggründe dafür sind nicht zweifelsfrei geklärt. Es dürfte aber wichtig gewesen sein, dass seine Vertrauensstellung gegenüber dem Kaiser mittlerweile beschädigt war. Dies hatte einerseits mit seinem mangelnden außenpolitischen Erfolg in der vorangegangenen Zeit zu tun, andererseits intrigierte inzwischen die kaiserliche Umgebung gegen Bülow. Wilhelm II. wurde eingeredet, dieser sei zu nachgiebig gegenüber den Führern des politischen Katholizismus. Die Beeinflussbarkeit des Kaisers durch die Kamarilla, die wesentlich zum Aufstieg Bülows beigetragen hatte, begann sich nun gegen diesen zu kehren.

Möglicherweise glaubte der machtbewusste Reichskanzler durch einen Konfrontationskurs gegen das Zentrum beim Kaiser wieder mehr Rückhalt zu finden. Der äußere Anlass zu Bülows Wende kam Ende 1906. Zuvor bereits hatte der Zentrumsabgeordnete **Matthias Erzberger** im Reichstag scharfe Kritik an der Kolonialpolitik der Reichsleitung geübt.

E

Matthias Erzberger (1875–1921) stammte aus einfachen Verhältnissen in Württemberg. Zunächst als Volksschullehrer tätig, wurde Erzberger 1896 Redakteur eines Zentrumsblattes in Stuttgart. Zugleich war er in der christlichen Gewerkschaftsbewegung tätig. Bei der Reichstagswahl von 1903 erhielt er als damals jüngster Abgeordneter mit 28 Jahren ein Mandat und schloss sich dem linken Flügel der Zentrumsfraktion an. Erzberger war publizistisch sehr rege und entwickelte sich schnell zu einem der wichtigsten finanzpolitischen Experten des Zentrums. Während des Ersten Weltkrieges wurde er mit verschiedenen diplomatischen Missionen beauftragt. Als Mitglied des Reichstages war Erzberger einer der energischsten Vertreter eines Verständigungsfriedens zur Beendigung des Krieges. Anfang Oktober 1918 trat er als Staatssekretär ohne Geschäftsbereich in die Reichsleitung unter Reichskanzler Max von Baden ein, war also einer der ersten Parlamentarier, die noch vor dem endgültigen Zusammenbruch des Kaiserreichs Regierungsverantwortung übernahmen. Im November 1918 gehörte Erzberger der deutschen Verhandlungsdelegation beim Abschluss des Waffenstillstandes mit den Westmächten in Compiègne an. Mitte 1919 wurde er Finanzminister und schuf die überfällige Reform der Reichsfinanzen. Als angeblicher „Novemberverbrecher" längst Zielscheibe gehässiger Hetztiraden, wurde Erzberger im August 1921 von rechtsradikalen Offizieren ermordet.

Erzbergers wachsender Einfluss in der Zentrumsfraktion war kennzeichnend für die insgesamt zunehmende innerparteiliche Bedeutung des Arbeiterflügels zuungunsten der mehrheitlich konservativ eingestellten bürgerlichen Honoratioren in der Partei. Damit ließ die Bereitschaft des Zentrums zur Kooperation mit Bülow im Rahmen der „Sammlungspolitik" nach, die Widerstände gegen die ambitiöse „Welt"- und Flottenpolitik wuchsen.

Streit um die Kolonialpolitik

Der Hintergrund von Erzbergers Kritik im Reichstag, der sich auch andere Parlamentarier wie zum Beispiel der Sozialdemokrat Georg Ledebour (1850–1947) anschlossen, war der **Herero-Aufstand** in der Kolonie Deutsch-Südwestafrika (heute Namibia).

E

Herero-Aufstand

Seit 1870 hatten die Häuptlinge des Stammes der Herero, eines Hirtenvolkes im nördlichen und zentralen Namibia, mit deutschen Siedlern Verträge geschlossen, in denen sie ihnen zu bestimmten Konditionen Land zur Nutzung überließen. 1884 wurde die Region zum „Schutzgebiet" des Deutschen Reiches erklärt. Wegen fortgesetzter Vertragsverletzungen durch die weißen Siedler kam es Anfang 1904 zu einem gewaltsamen Aufstand der Herero. Dabei wurden etwa 100 Weiße getötet. Die daraufhin von der Reichsleitung entsandten Truppen, die zeitweilig eine Stärke von rund 17000 Mann erreichten, waren den Herero-Kriegern technisch weit überlegen. Sie gingen erbarmungslos gegen alle Angehörigen des Volkes vor. Durch Kampfhandlungen, vor allem aber auf der Flucht vor den deutschen Kolonialsoldaten, die sie in das Wüstengebiet der Kalahari abdrängten, kamen bis 1907 75 bis 80% der Stammesmitglieder um. Das waren schätzungsweise rund 50000 Menschen.

Infolge der heftigen Angriffe Erzbergers und anderer Parlamentarier gegen das Vorgehen in Deutsch-Südwestafrika sowie in Reaktion auf ähnliche Vorgänge in Deutsch-Ostafrika – die Niederschlagung des „Maji-Maji"-Aufstandes von 1905 kostete schätzungsweise 75000 Menschen das Leben – stimmte die Zentrumsfraktion gemeinsam mit den SPD-Abgeordneten am 13. Dezember 1906 gegen einen von der Reichsleitung geforderten Nachtragshaushalt zum Kolonialetat. Durch diesen sollten vom Parlament weitere 29 Millionen Mark zum Unterhalt der verstärkten „Schutztruppe" in der südwestafrikanischen Kolonie bewilligt werden. Wilhelm II. war über den „schändlichen" Schulterschluss zwischen Zentrum und Sozialdemokratie empört. Nach der Abstimmungsniederlage löste Bülow, der dies als Absage an den kolonialen Ehrgeiz des Reiches und damit die „Weltpolitik" interpretierte, den Reichstag sofort auf.

Formierung des Bülow-Blocks

Der Reichskanzler glaubte, durch einen ganz auf scharfe nationalistische Töne setzenden Wahlkampf, der explizit gegen das Zentrum und die Sozialdemokratie – also die angeblichen alten und jetzt neuerlich überführten „Reichsfeinde" – gerichtet war, das unter Bismarck zeitweilig bestehende Bündnis zwischen Konservativen und Nationalliberalen wieder beleben zu können. Außerdem sollten durch den Appell an die „nationale Zuverlässigkeit" auch die Linksliberalen eingebunden werden.

Der Wahlkampf brachte, von Bülow gezielt gefördert, ein bislang unbekanntes Ausmaß an nationalistischen Auswüchsen. Insbesondere die nationalistischen Verbände wurden in die Agitation zu Gunsten der Wiederauferstehung des konservativ-liberalen Bündnisses und gegen den politischen Katholizismus und die Sozialdemokratie einbezogen. Der Wahltag war der 25. Januar 1907, nach einem Wort von August Bebel wurde von den „Hottentotten-Wahlen" gesprochen. Dies war eine Anspielung auf ihre kolonialpolitische Vorgeschichte, denn „Hottentotten" war die abwertend gemeinte Bezeichnung eines Stammes, der neben den Herero an dem Aufstand in Deutsch-Südwestafrika beteiligt war. Die Wahlen brachten in Anbetracht der aufgeheizten Atmosphäre die bis dahin höchste Beteiligung bei allen Reichstagswahlen seit 1871. 84,3% der Wahlberechtigten machten von ihrem Stimmrecht Gebrauch, neun Prozent mehr als bei der vorangegangenen Abstimmung. Die zunehmende Politisierung der deutschen Bevölkerung seit der Reichsgründung wird auch daraus ersichtlich, dass bei der ersten Reichstagswahl gerade etwas mehr als die Hälfte der Berechtigten abgestimmt hatten.

Die hohe Wahlbeteiligung erbrachte jedoch nur bedingt das von Bülow angestrebte Ergebnis hinsichtlich einer neuen parlamentarischen Kräfteverteilung. Das Zentrum verlor gegenüber der letzten Wahl lediglich ganze 0,4% der abgegebenen Stimmen. Die besondere Festigkeit des katholischen Wählermilieus bewährte sich aus der Sicht der Zentrumsführung einmal mehr. Was Bülow aber besonders enttäuschen musste, war die Tatsache, dass die Zentrumsfraktion, trotz der geringfügigen Verluste beim Stimmenanteil, durch anderweitige Verschiebungen sogar fünf Mandate hinzu gewann und nun mit 105 Parlamentariern im Reichstag vertreten war.

Empfindlich getroffen wurden allerdings die Sozialdemokraten, die zwar auch nur moderate Verluste bei den abgegebenen Stimmen erlitten – ihr Stimmenanteil sank von 31,7 auf 28,9% ab – durch das Wahlsystem aber waren sie hinsichtlich der gewonnenen Mandate erheblich ins Hintertreffen geraten. Denn wie bei den von Bismarck initiierten „Kartell-Wahlen" von 1887 hatten Nationalliberale und Konservative sich systematisch auf gemeinsame Kandidaten geeinigt, um einen Sieg von im gleichen Wahlkreis antretenden Sozialdemokraten zu verhindern. Die SPD verlor infolgedessen fast die Hälfte ihrer Sitze im Reichstag und kehrte nur noch mit 43 Abgeordneten zurück.

Das von Bülow geschmiedete Bündnis von Konservativen und Liberalen, das fortan als Bülow-Block bezeichnet wurde, erreichte somit, trotz der ungebrochenen Stärke des Zentrums, eine ausreichende Mehrheit von 187 der insgesamt 397 Reichstagsmandate (60 Deutschkonservative, 24 Freikonservative, 54 Nationalliberale, 49 Linksliberale). Dies war allerdings nicht durch einen nennenswerten Zugewinn beim Stimmenanteil bedingt. Die Konservativen erlitten sogar leichte Verluste, die unterschiedlichen liberalen Parteien erzielten nur sehr mäßige Gewinne von maximal zwei Prozent. Ausschlaggebend waren vielmehr die erwähnten Absprachen auf Wahlkreisebene beziehungsweise die die Sozialdemokraten von vornherein benachteiligende Einteilung der Wahlbezirke. Nach der Anzahl der für sie abgegebenen Stimmen behauptete die SPD ihre Stellung als stärkste Partei.

Konfliktlinien im Bülow-Block

Als Erfolg konnte Bülow in erster Linie verbuchen, dass die Linksliberalen auf seine „Block-Politik" eingegangen waren. Hier schlug sich nieder, dass große Teile auch des akademisch gebildeten, überwiegend linksliberal orientierten, protestantischen Bürgertums von der von Bülow propagierten, ehrgeizigen „Weltpolitik" mit ihren Elementen Flottenbau und koloniales Erweiterungsstreben in erheblichem Maße angezogen wurden. Allerdings handelte es sich beim Bülow-Block von vornherein um ein Bündnis heterogener Kräfte. Es war kein Zufall, dass die vergleichbare Kräftekonstellation des „Kartells", die unter Bismarck zeitweilig Bedeutung hatte, wieder auseinander gefallen war. Neben den grundsätzlich auseinander gehenden Ansichten in der Wirtschaftspolitik gab es auch weiteren Konfliktstoff, vor allem mit Blick auf die von den Liberalen gewünschte Erweiterung der Mitbestimmungsrechte des Reichstages. Die Konservativen lehnten in diese Richtung zielende Forderungen strikt ab. Auch in der Frage einer Reform des preußischen Drei-Klassen-Wahlrechts, die insbesondere von linksliberaler Seite mit Nachdruck gefordert wurde, zeigten sie keinerlei Konzessionsbereitschaft, gefährdete doch jede Änderung des Zensuswahlrechts ihre Machtstellung im wichtigsten Bundesstaat des Reiches. Dem Bülow-Block mangelte es in Anbetracht der innenpolitischen Divergenzen der beteiligten Parteien mithin von vornherein an Stabilität. Lediglich in der außenpolitischen Grundrichtung einer Beteiligung an der „Weltpolitik" bestand ein weitgehender Konsens der Partner des Blocks. Infolgedessen war Bülow genötigt, in verschiedenen Fragen einen Kompromisskurs zu steuern, was für alle Beteiligten unbefriedigend war.

Eine der Folgen der Bildung des Bülow-Blocks bestand in der Ablösung des Grafen Posadowsky-Wehner als Staatssekretär im Reichsamt des Innern (22. Juni 1907). Seine Kooperationsbereitschaft gegenüber dem Zentrum hatte ihm die Feindschaft der Liberalen eingebracht, die Konservativen hatten Posadowsky-Wehners sozialpolitische Bestrebungen weitgehend abgelehnt. Damit endete die Ära Posadowsky in der Innenpolitik des Reiches. Die Nachfolge Posadowsky-Wehners als Innenstaatssekretär und preußischer Innenminister trat der als gemäßigt konservativ geltende Theobald von Bethmann Hollweg (1856–1921) an.

Trotz der schwierigen Ausgangslage des Bülow-Blocks funktionierte seine Zusammenarbeit zunächst. Dies galt insbesondere für Rüstungs- beziehungsweise außenpolitisch relevante Fragen wie etwa die Zustimmung zur zweiten Novelle zum Flottengesetz im März 1908 (vgl. unten S. 130).

Das innenpolitisch wohl wichtigste Ergebnis bestand in der Beschlussfassung über das schon seit der Reichsgründung ausstehende Reichsvereinsgesetz, das die zum Teil stark unterschiedlichen und restriktiven Vereinsgesetze der einzelnen Bundesstaaten ablöste. Das neue reichsweit gültige Vereins- und Versammlungsrecht, das mit dem Gesetz vom 19. April 1908 in Kraft trat, war durch verschiedene Zugeständnisse an den linksliberalen Flügel des Blocks gekennzeichnet; etliche frühere Beschränkungen für die Bildung insbesondere von Vereinen mit politischen Zielen entfielen nun. Bülow hatte jedoch daran festhalten müssen, dass politische Versammlungen grundsätzlich der polizeilichen Aufsicht unterlagen und dass es den nationalen Minderheiten im Reich weitestgehend verboten blieb, in solchen Versammlungen ihre eigene Sprache zu verwenden. Darauf hatten die Konservativen bestanden; fast hätten die Linksliberalen deswegen den Block gesprengt. Das Zustandekommen des Vereinsgesetzes war also ein schwieriger Balanceakt, den Bülow nur mit Mühe meisterte und der die Brüchigkeit des Blocks offen legte.

d) Das „persönliche Regiment“ im Kreuzfeuer der Kritik

Die für Bülow aufgrund der insgesamt labilen Konstruktion des nach ihm benannten Parteien-Blocks ohnehin schwierige innenpolitische Situation wurde zusätzlich dadurch kompliziert, dass der anfangs weithin populäre Kaiser spätestens seit Ende 1906 durch sein persönliches Verhalten wiederholt heftige öffentliche Kritik auf sich zog.

Der erste Skandal, der die deutsche Öffentlichkeit längere Zeit beschäftigte, wurde von dem Journalisten und politischen Publizisten **Maximilian Harden** ausgelöst.

E

Maximlian Harden (eigentlich Felix Ernst Witkowski, 1861–1927). Der in Berlin geborene Harden arbeitete zunächst als Schauspieler und wurde dann Journalist. Bereits durch einige zeitkritische Aufsätze bekannt geworden, gründete er 1892 seine eigene Zeitschrift „Die Zukunft“, die ein publizistischer Erfolg wurde. Als entschiedener Bismarck-Verehrer griff Harden dessen Nachfolger als Reichskanzler immer wieder heftig an. Während des Ersten Weltkriegs wandelte er sich vom aggressiven Imperialisten zum Pazifisten. Nachdem er 1922 nur knapp einem Mordanschlag von rechtsradikaler Seite entgangen war, emigrierte Harden in die Schweiz.

Eulenburg-Skandal

Seit dem November 1906 veröffentlichte Harden in der „Zukunft“ eine Reihe von Artikeln, die sich gegen die Hofkamarilla Wilhelms II. richteten, wobei er deren nach seiner Einschätzung äußerst schädlichen Einfluss auf die Politik des Reiches besonders anprangerte. Dass der Kaiser sich immer wieder durch Angehörige seiner persönlichen Umgebung beeinflussen ließ, war zumindest für die näher mit den Verhältnissen am Kaiserhof Vertrauten kein Geheimnis. Die eigentliche Brisanz von Hardens Attacken auf die Umgebung des Kaisers lag jedoch darin, dass er ihm zugespieltes Material über angebliche homosexuelle Neigungen von Angehörigen des Kreises um Wilhelm II. der Öffentlichkeit präsentierte. Betroffen war insbesondere **Philipp von Eulenburg.**

E

Philipp Fürst zu Eulenburg-Hertefeld (1847–1921). Obwohl der junge Eulenburg starke künstlerische Neigungen hatte, studierte er Jura und trat 1877 in den diplomatischen Dienst des Reiches ein. Seit 1886 eng mit Wilhelm II. befreundet, wuchs sein Einfluss weit über seine dienstliche Stellung hinaus. Insbesondere in Personalfragen hat Eulenburg Wilhelm II. wiederholt den entscheidenden Anstoß gegeben, so bei der Berufung der Reichskanzler Hohenlohe und Bülow. Von 1894 bis 1903 war Eulenburg deutscher Botschafter in Wien. Infolge der Pressekampagne Maximilian Hardens verlor Eulenburg seinen Einfluss.

Die Konsequenzen von Hardens Artikeln bestanden in einer ganzen Reihe von Aufsehen erregenden Prozessen. Homosexualität wurde nach dem damals geltenden Strafrecht als eine mit Zuchthausstrafe bedrohte Verfehlung verfolgt und war außerdem nach den herrschenden Moralvorstellungen gesellschaftlich auf das schärfste diskriminiert. Nun kamen vor Gericht Details des Lebenswandels der kaiserlichen Entourage zur Sprache, die vielfach als bezeichnend für die Dekadenz der adeligen Oberschicht betrachtet wurden. Als Eulenburg nach den Angriffen Hardens auf sein Privatleben unter Eid dessen Beschuldigungen abstritt, wurde er von diesem in einen Meineidsprozess verwickelt. Eulenburg wurde in diesem Zusammenhang sogar kurzfristig inhaftiert und war spätestens in diesem Moment gesellschaftlich vernichtet, obwohl das Verfahren gegen ihn in Anbetracht seines sich rasch verschlechternden Gesundheitszustandes nie zu Ende geführt wurde. Der bislang einflussreiche Freund musste jedenfalls aus der Umgebung des Kaisers verschwinden. Wilhelm II. ließ Eulenburg fallen und brach den Kontakt zu ihm vollkommen ab. Dass Harden Eulenburg erfolgreich angriff, war insofern tragisch, weil gerade dieser sich immer wieder bemüht hatte, mäßigend auf Wilhelm II. einzuwirken.

Die Entfernung Eulenburgs aus der Umgebung des Kaisers verhinderte indessen nicht, dass das öffentliche Ansehen von Wilhelms II. selbst erheblich beschädigt worden war. Nun waren Einzelheiten der Machtverhältnisse an der Spitze des Reiches bloßgestellt worden und das „persönliche Regiment" des Kaisers schien sich als Deckmantel für eine moralisch diskreditierte Cliquenherrschaft entpuppt zu haben.

Daily Telegraph-Affäre

Noch bevor die Eulenburg-Affäre aus den Schlagzeilen gänzlich verschwunden war, gab Wilhelm II. selbst Anlass zu noch heftigerer Kritik an seinem Verhalten. Am 28. Oktober 1908 erschien in der britischen Tageszeitung „Daily Telegraph" ein Artikel mit der Überschrift „The German Emperor and England. Personal Interview. Frank Statement of World Policy". Damit kam die später so genannte Daily Telegraph-Affäre ins Rollen.

Ihr Ursprung ging zurück auf Gespräche Wilhelms II. mit dem pensionierten britischen Obersten Edward Stuart Wortley (1857–1934) Ende 1907/Anfang 1908. Der Kaiser hatte diesen bei einem seiner England-Besuche kennen gelernt und sich mit ihm angefreundet. So kam es zu einer Einladung auf Stuart Wortleys Landsitz. Hier redete der Kaiser völlig unbekümmert. Bei der späteren Veröffentlichung handelte es sich also nicht um ein Interview im üblichen Sinn, vielmehr um eine Zusammenstellung von Äußerungen aus verschiedenen Unterhaltungen privaten Charakters. Wilhelm II. tat das, was er gern und oft tat, er schwadronierte großspurig und unüberlegt: Er persönlich sei ja ein Freund der Briten, was aber nicht für die Mehrheit der Deutschen gelten könne. Während des Krieges gegen die Buren-Republik in Südafrika – den die Briten zwischen 1899 und 1902 führten und schließlich nur nach größten Schwierigkeiten und unter Einsatz völkerrechtswidriger Mittel hatten gewinnen können – sei er es gewesen, so Wilhelm II., der verhindert habe, dass sich eine gegen Großbritannien gerichtete kontinentaleuropäische Koalition aus Russland, Frankreich und Deutschland gebildet habe. Diese hätte im Falle ihres Zustandekommens Großbritannien gewiss „bis in den Staub gedemütigt". Außerdem habe er für seine damals noch lebende Großmutter, Königin Victoria, die wegen des prekären Verlaufs des Buren-Kriegs von Sorge erfüllt gewesen sei, einen Feldzugsplan entwickelt und diesen übersandt. Merkwürdigerweise sei der schließlich zum Sieg führende Operationsplan des britischen Militärs in Südafrika praktisch derselbe gewesen. Schließlich, so der Kaiser, sollten die Briten sich nicht wegen des deutschen Flottenbaus beunruhigen, der nicht gegen sie gerichtet sei. Vielleicht wären sie eines Tages sogar noch froh, Deutschland mit seiner starken Flotte auf ihrer Seite zu haben.

In der britischen Öffentlichkeit wurden die kaiserlichen Äußerungen mit Empörung aufgenommen. Die Feststellung, es gebe in Deutschland mehr Gegner als Freunde Großbritanniens, wurde als mehr oder weniger offene Drohung aufgefasst. Der Hinweis auf Wilhelms angebliche Rolle bei der Verhinderung einer französisch-russischen Intervention gegen Großbritannien im Buren-Krieg wurde als plumper Versuch interpretiert, Zwist in der kürzlich geschlossenen Koalition mit den beiden Mächten zu säen. Im April 1904 war die britisch-französische „Entente cordiale" (wörtlich aus dem Französischen übersetzt „herzliches Einvernehmen) begründet worden. Der konkrete Gegenstand war eine einvernehmliche Abgrenzung der jeweiligen Kolonialinteressen, die zuvor immer wieder für Konfliktstoff gesorgt hatten. In weiterer Perspektive bedeutete die Entente cordiale jedoch eine französisch-britische Annäherung, die implizit einer Distanzierung Großbritanniens vom Deutschen Reich gleichkam. Im August 1907 folgte eine britisch-russische Verständigung in Kolonialfragen, der eine ähnliche Bedeutung zukam.

Die kaiserlichen Behauptungen hinsichtlich des angeblichen Feldzugsplans gegen die Buren waren vielleicht noch die harmlosesten, man konnte das unter Wilhelms notorischer Prahlerei verbuchen. Der Hinweis auf die Flotte war schon wieder weniger harmlos, denn auch der konnte als versteckte Drohung angesehen werden.

Kurzum: der Kaiser hatte im ohnehin schwierigen diplomatischen Verhältnis zu Großbritannien durch seine Schwatzhaftigkeit den sprichwörtlichen Elefanten im Porzellanladen gespielt und ein diplomatisches Debakel verursacht. Die einfachste Methode, um einen derartigen faux pas eines Spitzenpolitikers zu bereinigen, nämlich die Authentizität der Äußerungen in Abrede zu stellen, war nicht anwendbar. Denn Stuart Wortley hatte dem Kaiser rechtzeitig und korrekt eine Abschrift des geplanten Artikels übersandt und die Erlaubnis zur Veröffentlichung erbeten. Wilhelm II. hatte am Inhalt des Beitrages nichts auszusetzen. Er reichte aber darüber hinaus Wortleys Entwurf zur Begutachtung an Reichskanzler von Bülow weiter. Der war im Urlaub und leitete seinerseits ohne eigene Prüfung die

Papiere dem zuständigen Auswärtigen Amt zu. Da Bülow selbst immer noch zugleich Chef des Außenamtes war, oblag die Prüfung des Artikels jetzt der nachgeordneten Beamtenschaft. Auf deren Ebene stellten sich zwar gewisse Bedenken ein, doch da Kaiser und Kanzler den Text bereits offenbar abgesegnet hatten, sah man keine Veranlassung, der Veröffentlichung etwas in den Weg zu legen. Das ominöse „Interview" landete abermals auf Bülows Schreibtisch, dieser gab es, wiederum ohne es selbst gelesen zu haben, mit seiner Zustimmung zur Veröffentlichung an den Kaiser zurück.

Scharfe Kritik an Wilhelm II.

Die Daily Telegraph-Affäre war einerseits ein Ergebnis von Wilhelms II. Geltungssucht, andererseits das der mangelnden Aufmerksamkeit des Reichskanzlers, der es versäumte, die kaiserlichen Äußerungen noch im diplomatischen Sinne abzumildern. Die Reaktion in Großbritannien war aus deutscher Sicht eine außenpolitische Katastrophe. Vor diesem Hintergrund reagierten Teile der deutschen Öffentlichkeit mit heftiger Kritik am Verhalten des Kaisers. Die Kommentare fielen jetzt auch deshalb scharf aus, weil Wilhelm II. schon wiederholt durch eigenmächtige Äußerungen und Aktionen für außenpolitische Irritationen und innenpolitische Verärgerung gesorgt hatte (u. a. mit der so genannten Krüger-Depesche vom Januar 1896 und der „Hunnenrede" vom Juli 1900). Das „persönliche Regiment" Wilhelms, spätestens durch die Eulenburg-Affäre ohnehin schon ins Visier der kaiser-kritischen Presse geraten, wurde nunmehr erneut und deutlicher als je zuvor angegriffen. Die Befähigung des Kaisers zu der Rolle des Selbstherrschers, die er selbst in Anspruch nahm, wurde jetzt teilweise entschieden in Abrede gestellt. Maximilian Harden, wiederum einer der Wortführer der Kaiser-Kritiker, forderte sogar die Abdankung Wilhelms II. In einem Artikels in Hardens „Zukunft" vom 21. Oktober 1908 hieß es wörtlich: „Wir haben genug. [...] Wir wollen nicht mehr. Wilhelm II. hat bewiesen, dass er zur Erledigung politischer Geschäfte ganz und gar ungeeignet ist; hundertmal bewiesen, dass ihm selbst bei günstiger Marktkonjunktur kein Abschluss gelingt. Er mag viele Fähigkeiten haben, diese fehlt ihm völlig. [...] Wir wollen nicht Tag vor Tag in unserem Kulturgefühl gebildeter Europäer durch Rede und Schrift beleidigt sein. Wir wollen Staatsgeheimnisse wahren. Fremden weder schmeicheln noch drohen. Unwahrhaftigkeit, Gaukelspiel, Byzantinerprunk verachten. Wieder bündnisfähig werden. [...]."

Am 6. November 1908 veröffentlichten schließlich auch die Konservativen eine Erklärung, in welcher Wilhelm II. zu mehr Zurückhaltung in seinen öffentlichen Äußerungen aufgefordert wurde. Zu guter Letzt wurde der Reichstag am 10. und 11. November zum Schauplatz offener Vorwürfe an die Adresse des Kaisers. Beispielhaft für den Unmut und die Enttäuschung selbst politisch gemäßigter Kreise, welche die Monarchie als solche keineswegs in Frage stellten, dürften die Ausführungen des Abgeordneten Ernst Bassermann (1854–1917) sein, welcher einer der führenden Politiker der Nationalliberalen Partei war. Bassermann, der also durchaus kein „linker" Kritiker war, folgerte, dass die Außenpolitik des Reiches definitiv allein in die Hand des politisch verantwortlichen Reichskanzlers gehöre.

Q

Reichstagsrede des Abgeordneten Ernst Bassermann (Nationalliberale Partei) zur „Daily Telegraph-Affäre", 10. November 1908
(nach: Fenske, Unter Wilhelm II. 1890–1918, S. 264f.)

[...] Meine Herren, das Gesamtergebnis, soweit das Ausland in Frage kommt, ist in schwieriger Zeit eine Verschlechterung unserer auswärtigen Beziehungen, eine Verschlimmerung der an sich ungünstigen, vielfach zu Unrecht ungünstigen Kritik über die deutsche auswärtige Politik. (Sehr richtig! Bei den Nationalliberalen und links.)
Ich wende mich zu den Eindrücken im Inlande. Die Meinung des Inlandes – man kann wohl sagen, die einmütige Meinung Deutschlands – hallt wider in der Presse aller Parteien, sie hallt wider in tausenden von Zuschriften und Privatbriefen, die in den letzten Tagen hier in diesem hohen Hause bei den Abgeordneten eingetroffen sind. (Sehr wahr! Bei den Nationalliberalen und links.) Es ist ein einmütiger Protest gegen das Eingreifen Seiner Majestät des Kaisers in die offizielle Politik Deutschlands (lebhafte Zustimmung bei den Nationalliberalen und links), gegen das, was man im Lande das persönliche Regiment nennt. (Sehr richtig! links.) Ich will nicht sprechen von der Konjunktur für Witzblätter, für Majestätsbeleidigungen. Das ist ja hier nebensächlich. Sie ist so günstig, dass eine Beschlagnahmung bei der Massenhaftigkeit derselben nicht als rätlich erscheint. (Sehr wahr! links.) Das müssen wir sagen: wie nie zuvor ist in allen Kreisen Deutschlands bis weit hinein in die Frauen und das heranwachsende Geschlecht das politische Interesse wachgerufen und das Gefühl erweckt, dass so die Dinge nicht weitergehen können (lebhafte Zustimmung bei den Nationalliberalen und links), ein starkes Missvergnügen in den Bundesstaaten, die in der Schädigung der Reichspolitik eine Schädigung ihrer eigenen Interessen erkennen müssen. (Sehr wahr!) Man meint auch, dass ausländische Privatleute wenig geeignet sind, intime Kundgebungen und Äußerungen Seiner Majestät des Kaisers entgegenzunehmen. (Sehr richtig! bei den Nationalliberalen und links.)
Meine Herren, oftmals ist es ausgesprochen worden, als ein dringlichster Wunsch, ich kann wohl sagen, aller Deutschen, oftmals ist es auch von uns hier ausgesprochen worden, dass die Politik, die auswärtige Politik, von der wir hier reden, ausschließlich in der Hand des verantwortlichen Herrn Reichskanzlers liegen möge. (Sehr richtig! bei den Nationalliberalen.) Dieses Verlangen ist selbstverständlich. Nur derjenige, der Tag für Tag die Fäden dieses vielgestaltigen Gewebes in Händen hat, kann Verwirrung verhüten und kann einen guten Faden spinnen. [...]

Verhalten Bülows

Wilhelm II. machte Reichskanzler von Bülow für die ganze Angelegenheit verantwortlich. Denn aus seiner Sicht hatte der Kaiser sich korrekt verhalten, als er Bülow den Artikel Stuart Wortleys vorab zur Prüfung zuleitete. Bülow sah die Hauptschuldigen im Auswärtigen Amt. Im Reichstag indessen taktierte er so, dass seine eigene Mitverantwortung geringer erschien, als sie war, während er den Kaiser belastete.

Das Vertrauensverhältnis zwischen Kaiser und Reichskanzler war irreparabel beschädigt. Wilhelm II. entließ Bülow gleichwohl in diesem Moment nicht, weil seine eigene Position geschwächt war, und vermutlich auch, weil er dem Eindruck entgegentreten wollte, er gebe Bülow unter dem Druck des Reichstages preis. Auch von Seiten der Bundesfürsten wurde dem Kaiser nahe gelegt, dass der Zeitpunkt für eine Trennung von Bülow nicht günstig sei. In Anbetracht der Tatsache, dass die Kanzlerschaft auf der Grundlage der Reichsverfassung unverändert allein am persönlichen Vertrauen des Kaisers zum Kanzler hing, war Bülows Abberufung allerdings nur noch eine Frage der Zeit.

Unmittelbar greifbare Konsequenzen hatte die Daily Telegraph-Affäre auch insofern nicht, als zwar in der politischen Öffentlichkeit und im Reichstag im Anschluss daran verstärkt über eine Verfassungsreform diskutiert wurde, welche die Stellung des Kaisers im politischen System relativieren sollte. Grundsätzlich gegen eine entsprechende Verfassungsrevision, die letztlich nur auf eine Stärkung des Reichstages hinauslaufen konnte, waren die Konservativen. Alle andere Parteien im Reichstag befürworteten mit mehr oder weniger Nachdruck eine Änderung der Verfassung, ihre konkreten Zielvorstellungen gingen jedoch so weit auseinander, dass die Verfassungsdiskussion bis zum Ersten Weltkrieg ohne konkrete Folgen blieb. Auch flaute die Empörung in Teilen der deutschen Öffentlichkeit im Zuge der Daily Telegraph-Affäre rasch wieder ab. Keinesfalls nahm sie zu irgendeinem Zeitpunkt den Charakter einer „vorrevolutionären" Stimmung an. Ein grundsätzliches Festhalten an der Monarchie blieb vorerst, sogar im größten Teil der sozialdemokratischen Klientel, unbestritten.

e) Die Krise der Reichsfinanzen und Bülows Sturz

Notwendigkeit einer Reichsfinanzreform

Das definitive innenpolitische Scheitern Bülows und seines Block-Konzeptes erfolgte im Zusammenhang mit den Bemühungen um eine Reform der Reichsfinanzen. Das Reich hatte auf der Grundlage der Verfassung von 1871 nur eine sehr schwache finanzpolitische Stellung. Die große Masse der Steuereinnahmen floss den Ländern zu. Seit der Reichsgründung war das Steuersystem des Reiches zwar verschiedentlich modifiziert, nicht aber grundsätzlich geändert worden. Eine nur vorübergehende Besserung der finanziellen Lage hatte die starke Erhöhung der Zolleinnahmen des Reiches infolge der Wende zur Schutzzollpolitik von 1878/79 erbracht.

Seit den 1890er-Jahren geriet der Reichshaushalt jedoch immer tiefer in die roten Zahlen. Dies war in erster Linie eine Folge der sich drastisch erhöhenden Rüstungsausgaben. Zwischen 1891 und 1905 wurde durch die Verabschiedung mehrerer Heeresvorlagen mit Zustimmung des Reichstages die Friedenspräsenzstärke des kaiserlichen Heeres von rund 511 000 auf fast 610 000 Mann erhöht. Dies brachte ein hohes Maß an Folgekosten für Ausrüstung, Ausbildung, Dislokation und andere Bedürfnisse mit sich.

Kosten der Flottenrüstung

Finanziell noch gravierender als die Verstärkung der Landstreitkräfte fiel jedoch die Aufrüstung der deutschen Marine ins Gewicht. Admiral Tirpitz hatte kein Jahr nach seiner Berufung an die Spitze des Reichsmarineamtes im Frühjahr 1898 die Vorlage zum ersten Flottengesetz in den Reichstag eingebracht. Neu daran war, dass das Parlament nunmehr seine Zustimmung gleich zum Bau ganzer Geschwader, nicht mehr wie bisher zum Bau einzelner Kriegsschiffe geben sollte. Tirpitz wollte auf diese Art und Weise sicherstellen, dass nicht jedes einzelne Schiff des geplanten Bauprogramms zum „Exercitium von Debatten" und zum Gegenstand mühsamer Mehrheitsbildung werden konnte. In der Sache handelte es sich demnach um eine ähnliche Einschränkung des Budgetrechts des Reichstages wie sie im Falle der Septennate schon wiederholt durchgesetzt worden war. Allerdings gab es in der ersten Flottenvorlage detaillierte Regelungen, die einen Teil des finanziellen Aufwands für Ausbau und Unterhalt der Marine noch immer jährlicher Bewilligung unterwarf, ferner wurde eine Kostenobergrenze festgelegt. Dies förderte die Zustimmungswilligkeit zahlreicher Abgeordneter, da die Beschneidung des Budgetsrechts abgemildert wurde.

Die in der deutschen Öffentlichkeit publizistisch außerordentlich geschickt und wirksam propagierte Flottenvorlage passierte im April 1898 den Reichstag. Die Zustimmung der meisten konservativen Abgeordneten hatte frühzeitig festgestanden, allerdings waren gerade die hartnäckigsten Vertreter der großagrarischen Interessen meist gegen die Flottenrüstung, da sie befürchteten, der Kostenaufwand würde zu Einschränkungen der Agrarsubventionen führen. Der Direktor des Bundes der Landwirte, Diederich Hahn (1859–1918), sprach bezeichnenderweise von der „grässlichen Flotte". Diejenigen konservativen Abgeordneten hingegen, die schwerindustrielle Interessen repräsentierten, waren nicht zuletzt in Anbetracht der zu erwartenden Aufträge für Stahlwerke und Werften uneingeschränkt für die Flottenerweiterung. Die Nationalliberalen waren gleichermaßen zumeist von Beginn an zur Zustimmung bereit, Bedenken in ihren Reihen wurden durch die positive Reaktion auf die Flottenagitation in weiten Teilen der deutschen Öffentlichkeit beseitigt. Linksliberale und Sozialdemokraten dagegen ließen keinen Zweifel daran, dass sie die Gesetzesvorlage ablehnen würden. So fiel die Schlüsselrolle dem Zentrum zu.

Dessen Führung hatte inzwischen nach dem Tod Ludwig Windthorsts (1891) Ernst Lieber (1838–1902) übernommen. Die Zentrumsfraktion nahm mit Lieber an der Spitze zunächst eine unentschiedene Haltung zur Flottenvorlage ein, während sich die Presse des politischen Katholizismus überwiegend negativ äußerte. Dennoch hat Lieber schließlich die Zustimmung des größten Teils seiner Fraktion herbeigeführt, nicht zuletzt geleitet von taktischen Überlegungen. Einerseits sollte demonstriert werden, dass die seit Bismarcks Unterstellung der „Reichsfeindschaft" noch immer mehr oder weniger offen zutage tretende Einschätzung des politischen Katholizismus als „national minder zuverlässig" falsch war, da die Flottenrüstung als überragend wichtiges „nationales Anliegen" propagiert wurde. Andererseits rückte das Zentrum damit endgültig in die Nähe der Reichsleitung. Schließlich wollte Lieber nicht das Risiko eingehen, dass der Kaiser nach einer Ablehnung der Flottenvorlage vielleicht doch eine staatsstreichartige Verfassungsänderung in Angriff nehmen würde. Eine solche wurde in der Umgebung Wilhelms II. tatsächlich einmal mehr erwogen. Die vollständige Ausschaltung des Reichstages aber konnte nach Liebers Überzeugung der parlamentarisch starken Zentrumspartei am wenigsten nutzen. So erwirkte er die Zustimmung der Fraktion, deren Mehrheit – wie die Masse der Zentrumsanhänger auch – zu diesem Zeitpunkt von der Flottenpolitik alles andere als begeistert war. Lediglich die bayerischen Parlamentarier des politischen Katholizismus blieben bei ihrer ablehnenden Haltung, was aber insgesamt die Annahme des Ersten Flottengesetzes mit großer Mehrheit am 10. April 1898 nicht in Frage stellen konnte. Das Zentrum übte fortan die „Rolle des Juniorpartners der Machtelite, die die Nationalliberalen einst innegehabt hatten", aus (Wilfried Loth).

Werbung für den Flottenbau

Die Gesamtzahl der beschlossenen Schiffsneubauten war vergleichsweise bescheiden. Unter Anrechnung vorhandener Schiffe sollten insgesamt 26 Neubauten unterschiedlicher Größenordnung hinzukommen; sie sollten bis 1903 einsatzbereit sein. Tirpitz hatte jedoch viel weiter reichende Pläne. Diese konkretisierte er in der Vorlage zu einem zweiten Flottengesetz, welches schon 1899 vorbereitet und im Frühjahr 1900 in den Reichstag eingebracht wurde. Die mehrheitliche Zustimmung des Parlaments war nun fast noch leichter zu erreichen, denn inzwischen war die massive Werbung für den Ausbau der Flotte noch erheblich verstärkt worden. Sie traf insbesondere in bürgerlichen Kreisen, doch nicht nur in diesen, auf wachsende Begeisterung. Wesentlichen Anteil daran hatte der Deutsche Flottenverein, der keine drei Wochen nach der Beschlussfassung über das Erste Flottengesetz gegründet worden war – mit gezielter Förderung des Reichsmarineamtes wurde der Flottenverein am 30. April 1898 aus der Taufe gehoben. Bezeichnenderweise waren die in der Gründungsversammlung entscheidenden Persönlichkeiten Vertreter der rheinischen Schwerindustrie, allen voran **Friedrich Alfred Krupp**.

E

Friedrich Alfred Krupp (1854–1902) wurde in Essen als einziger Sohn Alfred Krupps (1812–1887) geboren, der aus bescheidenen Anfängen eines vom Vater ererbten Kleinbetriebs eines der größten schwerindustriellen Unternehmen Europas aufgebaut hat (1826 sieben Beschäftigte, 1887 beim Tod Alfred Krupps rund 21 000). Die Firma Krupp engagierte sich erfolgreich in der bedeutendsten Wachstumsbranche des frühen Industrialisierungsprozesses, dem Eisenbahnbau. Noch unter der Leitung Alfred Krupps erfolgte jedoch schon vor 1870 der massive Einstieg ins Rüstungsgeschäft, was dem Firmenchef den Beinamen „Kanonenkönig" einbrachte. Friedrich Alfred Krupp pflegte die bereits von seinem Vater aufgebauten engen Beziehungen zum preußischen Königshaus und wurde einer der Vertrauten Kaiser Wilhelms II. Es gelang ihm, das Unternehmen weiter großzügig auszubauen (schließlich über 40 000 Beschäftigte). Außerdem sorgte er durch den Kauf einer Kieler Großwerft für eine unmittelbare Beteiligung am Flottengeschäft.

Neben Krupp war an der Gründung und Organisation des Flottenvereins auch Henry Axel Bueck (1830–1916) beteiligt, der Generalsekretär des von schwerindustriellen Interessen geprägten Centralverbandes deutscher Industrieller (s. S. 28 f.). Die Vereinssatzung stellte sicher, dass im Vorstand der schwerindustrielle Einfluss dauerhaft erhalten blieb. Die Mitwirkungsmöglichkeiten der einfachen Mitglieder blieben beschränkt, obwohl der Flottenverein binnen kürzester Zeit zu einer der größten Massenorganisationen im Deutschen Reich heranwuchs.

Die Verquickung wirtschaftlicher und politischer Interessen beim Flottenbau wird deutlich aus einem Brief, den der Präsident des Flottenvereins, Otto Fürst zu Salm-Horstmar, Anfang Dezember 1901 an Tirpitz schrieb. Salm-Horstmar äußerte ganz unzweideutig die Erwartung, dass eine weitere Steigerung des Tempos der Marinerüstung einen allgemein belebenden Impuls auf die stockende industrielle Konjunktur darstellen werde.

Q

Der Präsident des Flottenvereins, Otto Fürst zu Salm-Horstmar, an Admiral Tirpitz, 3. Dezember 1901
(nach: Ritter, Das Kaiserreich 1871–1914, S. 304f.)

[...] Von Herren verschiedener Parteirichtungen bin ich gebeten worden, eine Bewegung einzuleiten, welche dahin geht, den Reichstag zu veranlassen, an die Regierung die Bitte zu richten, angesichts der schlechten Konjunktur u. ungünstigen Geschäftslage von Handel u. Industrie u. der damit zusammenhängenden Arbeitslosigkeit vieler Tausender von Arbeitern den auf einen längeren Zeitraum verteilten Bau von Kriegsschiffen in möglichst beschleunigtem Tempo herbeizuführen.
Dadurch, dass der Bau der durch die letzte Marine-Vorlage bewilligten Schiffe so beschleunigt würde, wie es die deutschen Werften überhaupt leisten könnten, würden viele Industriezweige neue Aufträge erhalten, wodurch nicht nur diese über Wasser gehalten, sondern auch in den Stand gesetzt würden, ihre Arbeiter zu beschäftigen u. bereits entlassene wieder einzustellen. Einer der wichtigsten Faktoren, die hier zur Sprache kommen, wäre aber der, dass durch den Auftrag neuer Kriegsschiffe u. die dadurch herbeigeführte Belebung von Handel u. Industrie die betreffenden Börsen-Kurse steigen, viele Werthe gerettet u. eine Konsolidierung des Marktes eintreten würde.
Eine einzelne Partei mag nun nicht mit dieser Bitte an die Regierung herantreten, weil ihr sonst leicht selbstsüchtige oder parteipolitische Motive untergeschoben werden könnten.
Man hat daher geglaubt, eine diesbez. Anregung von neutralem Boden ausgehen lassen zu sollen u. hat daher den Deutschen Flottenverein, in dem alle Parteien vertreten sind, für den geeigneten Boden gehalten, auf dem sich die Parteien in dieser Frage vereinigen können, um den Reichstag zu einer bez. Petition an die Regierung zu veranlassen. – Wenn ich auch fest überzeugt bin, dass der Regierung ein diesbez. Beschluss in höchstem Maße erwünscht sein wird, so möchte ich es doch nicht unterlassen, Ew. Exzellenz hierüber zu verständigen [...] Bejahendenfalls wollte ich gleich nach Weihnachten versuchen, diese Sache in Fluss zu bringen und durch die Organe des DFV [Deutschen Flottenvereins] agitieren zu lassen. [...]

Mitkontrolliert wurden Schaffung und Entwicklung des Flottenvereins durch die „Abteilung für Nachrichtenwesen und allgemeine Parlamentsangelegenheiten" im Reichsmarineamt. Diese Dienststelle, meist nur „Nachrichtenbüro" genannt, hatte Tirpitz kurz nach seiner Berufung zum Staatssekretär neu eingerichtet. Das Nachrichtenbüro ist insofern von großer Bedeutung, als es eine neuartige Form staatlich gesteuerter Beeinflussung der öffentlichen Meinung repräsentierte. Es beriet einerseits die Reichsleitung hinsichtlich der Taktik, die für die Durchbringung der Gesetzesvorlagen im Zusammenhang mit der Flotte im Reichstag am besten einzuschlagen war. Andererseits publizierte es, zum Teil ohne dass die Urheberschaft erkennbar war, scheinbar unparteiisches „Sachwissen" über die Erfordernisse der Marinerüstung sowie eine Vielzahl „populärer" Broschüren und Artikel mit großer Breitenwirkung. Die Verteilung erfolgte meist kostenlos. Auch die Presse wurde gezielt mit Informationen versorgt, Tirpitz konnte sogar frühzeitig durchsetzen, dass dem Nachrichtenbüro auf staatlicher Seite eine Art Alleinvertretungsrecht bei öffentlichen Verlautbarungen zu Marinefragen zufiel. Zu den vielgestaltigen Beeinflussungsmethoden gehörte etwa auch, dass Offiziere des Nachrichtenbüros direkt mit Professoren an den deutschen Hochschulen in Kontakt traten, um diese für die Verbreitung der Ziele des Reichsmarineamtes zu gewinnen. Dies ist in Hunderten von Fällen gelungen, woraus sich eine kaum zu überschätzende Weiterverbreitung der Flottenanliegen gerade im akademischen Bildungsmilieu ergab.

Gelenkt durch die Informationspolitik des Nachrichtenbüros und auf der Grundlage reicher, überwiegend durch die Schwerindustrie zur Verfügung gestellter finanzieller Mittel entfaltete der Flottenverein eine ungemein breite und wirkungsvolle publizistische Aktivität. Seine Monatszeitschrift „Die Flotte" erschien mit einer zeitweiligen Auflage von rund 300000 Exemplaren, dazu kam noch eine Vielzahl anderer Publikationen. Die Schaffung einer starken Flotte wurde unablässig als conditio sine qua non für die deutsche Beteiligung an der Weltpolitik propagiert. Die dauernde Präsenz der Flotte und ihrer „Größe" im Bewusstsein der Zeitgenossen wurde besonders sinnfällig in der weit verbreiteten Mode der „Matrosenanzüge" für Kinder, aber auch in der Gestaltung eines neuen Hundertmarkscheins, den die Reichsbank seit 1908 emittierte: Er zeigt auf einer Seite neben anderen Symbolen nationaler Machtentfaltung eine in Kiellinie dampfende Kette von Schlachtschiffen.

Die weite Kreise erfassende, auch durch den Kaiser persönlich intensiv geförderte Flottenbegeisterung in der deutschen Öffentlichkeit machte prinzipiellen Widerstand gegen das Zweite Flottengesetz im Reichstag zu einer äußerst unpopulären Angelegenheit. Das nahmen wiederum nur Linksliberale und Sozialdemokraten geschlossen in Kauf; ein großer Teil der Zentrumsabgeordneten entzog sich einer klaren Stellungnahme, indem sie der Schlussabstimmung im Reichstag fernblieben. Die Beschlussfassung über das Zweite Flottengesetz am 14. Juni 1900 erfolgte dennoch mit noch größerer Zustimmung als im Falle des Ersten Flottengesetzes, zumal bei den parlamentarischen Lesungen wiederum gewisse Detailregelungen hinsichtlich des genauen Finanzierungsverfahrens entsprechend den Wünschen des Reichstags festgelegt und auch die Anzahl der geplanten Schiffsneubauten geringfügig gekürzt worden war. Insgesamt sollten 17 weitere Schiffe gebaut, zugleich aber das mit dem Ersten Flottengesetz beschlossene Bereitstellungstempo erheblich erhöht werden. Nunmehr sollte die deutsche Kriegsmarine eine Gesamtgröße erreichen, die sich kaum verhohlen am Maßstab der britischen und damit der weltgrößten Flotte orientierte.

Außenpolitische Bedeutung des Flottenbaus

Spätestens seit dem Zweiten Flottengesetz stellte die deutsche Aufrüstung zur See eine schwere Hypothek für das deutsch-britische Verhältnis dar, welche aber von den Verantwortlichen im Rahmen weiter gesteckter außenpolitischer Absichten bewusst in Kauf genommen wurde. Reichskanzler von Bülow steuerte gegenüber Großbritannien einen außenpolitischen Kurs, der sich als illusionär erwies – nicht zuletzt auch hinsichtlich der Wirkung der Flottenrüstung. Bülow glaubte, Großbritannien würde durch die deutsche Marinekonkurrenz früher oder später dazu veranlasst, ein Bündnis mit dem Deutschen Reich zu suchen, um den erstarkenden potentiellen Gegner zur See als Verbündeten an sich zu binden. Dies war aber eine Fehlspekulation, weil Großbritannien sich mit der Entente cordiale von 1904 wider alles Erwarten der führenden deutschen Außenpolitiker an Frankreich annäherte, wenig später auch an Russland. Man hatte in der Reichsleitung den durch die Flottenrüstung auf die Briten ausgeübten Druck ebenso überschätzt wie die Bedeutung der kolonialpolitischen Interessengegensätze zwischen Briten, Franzosen und Russen. Die Flottenrüstung war mithin ein wesentlicher Grund der fortschreitenden bündnispolitischen Isolation des Reiches (vgl. unten S. 133 ff.).

Im Zuge des immer deutlicheren Rüstungswettlaufs zur See wurden noch unter der Verantwortung Bülows als Reichskanzler und auf Drängen von Tirpitz zwei Novellen zum Zweiten Flottengesetz durch den Reichstag gebracht (19. Mai 1906 und 27. März 1908). Eine dritte Ergänzung des Flottengesetzes erfolgte im Mai 1912. Mit diesen wurde wiederum das Bautempo für weitere Kriegsschiffe gesteigert. Außerdem hatten die Briten inzwischen Schiffe des technisch überlegenen „Dreadnought"-Typs gebaut, deren erstes Ende 1906 in Dienst gestellt wurde. Daraufhin glaubte sich die Marineleitung genötigt, vergleichbare Großkampfschiffe bauen zu lassen. Dies brachte jedoch eine weitere Kostenexplosion mit sich. Hatten die zwischen 1899 und 1902 gebauten Schlachtschiffe älteren Typs noch durchschnittlich einen Preis von 22,3 Millionen Mark pro Stück, so kosteten die seit 1907 gebauten neuen Großkampfschiffe, welche die Überlegenheit der „Dreadnoughts" ausgleichen sollten, durchschnittlich 37,2 Millionen. Der letzte noch vor Beginn des Ersten Weltkriegs fertig gestellte Schlachtschifftyp erforderte je Exemplar im Schnitt schließlich 45,0 Millionen Mark.

Konzepte zur Sanierung der Reichsfinanzen

Die unzureichende Ausstattung des Reiches mit Einnahmequellen aus Steuern und Zöllen schlug im Zuge des noch vor der Jahrhundertwende eingeschlagenen verschärften Aufrüstungskurses voll durch. Eine gewisse Entlastung konnte unter Bülow noch in der Phase der Kooperation mit dem Zentrum erreicht werden, als man sich 1904 im Reichstag auf die weitgehende Beseitigung der „Franckensteinschen Klausel" einigte. Diese hatte seit 1879 die Einnahmen des Reiches aus den Zöllen begrenzt und den Bundesstaaten einen erheblichen Anteil daran gesichert. 1906 wurde ferner auf Drängen des Staatssekretärs im Reichsschatzamt, Hermann von Stengel (1837–1919), die Einführung einer eingeschränkten Erbschaftssteuer als erster direkter Reichssteuer überhaupt beschlossen. Die von Stengel gleichzeitig geforderte kräftige Erhöhung verschiedener Verbrauchs- und Verkehrssteuern fand in der verlangten Höhe keine parlamentarische Zustimmung, blieb mithin ohne durchgreifend positive Wirkung. Wie prekär das vorrangig zuständige Mitglied der Reichsleitung die finanzielle Situation des Reiches einschätzte, geht daraus hervor, dass Stengel, nachdem seine Pläne für Steuererhöhungen weitgehend gescheitert waren, von der Leitung des Reichsschatzamtes zurücktrat.

Da einstweilen eine wirksame Revision der Finanzverfassung unerreichbar blieb, griff die Reichsleitung in immer größerem Maßstab zum Mittel der Kreditaufnahme zur Finanzierung ihrer Bedürfnisse. Das Schuldenmachen war verfassungsrechtlich relativ einfach möglich, da die Reichsverfassung dies mit recht vage gehaltenen Formulierungen gestattete (Art. 73). Bis 1908 bereits hatte die Schuldenlast des Reiches mit 4,1 Milliarden Mark ein solches Ausmaß erreicht, dass Reichskanzler von Bülow eine grundlegende Finanzreform für unumgänglich erachtete. Allein zur Deckung des

Haushaltsdefizits benötigte das Reich rund 500 Millionen Mark mehr an Steuereinnahmen pro Jahr.

Die erforderliche Erschließung neuer Steuerquellen beziehungsweise die Umleitung bisheriger Geldströme war aber ein Thema, das in hohem Maße Konfliktstoff barg. Einerseits war das Verhältnis von Reich und Bundesstaaten betroffen, und Letztere waren zu steuerpolitischen Zugeständnissen ganz und gar nicht geneigt. Andererseits waren selbstverständlich sämtliche Parteien betroffen, denen jeweils daran gelegen war, ihre Klientel vor den Begehrlichkeiten der staatlichen Finanzverwaltung zu bewahren.

Die unterschiedlichen Partner im Bülow-Block vertraten ganz gegensätzliche Meinungen, in welcher Form das Steuersystem geändert werden solle. Der Ende 1908 dem Reichstag vorgelegte Entwurf der Reichsleitung sah – wie es die Konservativen gefordert hatten – vor, dass der Löwenanteil der künftigen Mehreinnahmen des Reiches durch die Erhöhung beziehungsweise Neueinführung indirekter Verbrauchssteuern erzielt werden sollte. Das bedeutete, dass gerade die ärmeren Bevölkerungsschichten zur Beschaffung der erforderlichen Mehreinnahmen herangezogen werden sollten, da dadurch die Verbraucherpreise nach oben schnellen würden. Hiergegen hatte die SPD von vornherein heftigen Protest eingelegt.

Nur rund ein Fünftel der zusätzlichen Mittel für das Reich sollte hingegen gemäß dem von Bülow verantworteten Entwurf aus einer Ausweitung der Erbschaftssteuer fließen. Dadurch sollten auch vermögendere Schichten ihren Beitrag zur Verbesserung der Reichsfinanzen leisten. Trotz der in den meisten Teilen ihren Forderungen entsprechenden Gestaltung des Gesetzentwurfs der Reichsleitung lehnten die Konservativen die Erhöhung der Erbschaftssteuer kategorisch ab. Nicht zuletzt der Bund der Landwirte polemisierte wütend dagegen, und zwar obwohl die große Mehrzahl der landwirtschaftlichen Betriebe, nämlich die kleinen und mittleren, von der Erbschaftssteuer ohnehin ausgeklammert bleiben sollte. Es ging also wiederum in erster Linie um die Interessen der Großagrarier. Die Liberalen hingegen waren auch in der Frage der Erbschaftssteuer geneigt, der Gesetzesvorlage zuzustimmen. Damit war das Auseinanderbrechen des Bülow-Blocks vorprogrammiert. Hinzu kam nämlich, dass das Zentrum auf eine Kooperation mit den Konservativen hinarbeitete, einerseits um Bülow zu stürzen, mit dem die Partei seit den Hottentotten-Wahlen im Konflikt lag, andererseits um endlich wieder die durch die Bildung des Blocks verlorene parlamentarische Schlüsselstellung zurückzugewinnen.

Dem Reichskanzler gelang es nicht, die Konservativen doch noch zu einem Kurswechsel zu bewegen. Diese waren schließlich bereit, den Sturz des spätestens seit der Daily Telegraph-Affäre angeschlagenen Reichskanzlers mit herbeizuführen. Denn gegenüber Bülow bestand nicht allein ein steuerpolitischer Dissens. Vielmehr hatte dieser im Oktober 1908 bereits angekündigt, dass er in der seit langem heftig umstrittenen Frage der Reform des preußischen Drei-Klassen-Wahlrechts beabsichtige, endlich zu konkreten Fortschritten zu gelangen. Und dies offenbar im Schulterschluss mit den Liberalen; die Konservativen aber waren in diesem Punkt zu keinerlei Kompromissen bereit.

Scheitern der Reichsfinanzreform und Entlassung Bülows

Am 24. Juni 1909 lehnte der Reichstag den Passus des Gesetzentwurfs zur Finanzreform, der die Erbschaftssteuer betraf, mehrheitlich ab. Konservative und Zentrum stimmten gleichermaßen dagegen. Damit war die gesetzliche Grundlage für eine Konsolidierung der Reichsfinanzen gescheitert; es kam wenig später nur zu einem hinsichtlich der ursprünglichen Ziele unzureichenden Kompromiss, der zwischen Konservativen und Zentrum ausgehandelt wurde. Reichskanzler von Bülow, dessen innenpolitische Strategie dadurch in eine Sackgasse geraten war, hatte Wilhelm II. bereits am 26. Juni um seine Entlassung gebeten. Diese wurde ihm am 14. Juli 1909 gewährt. Klarer als seine Vorgänger war Bülow am Widerstand des Parlaments gescheitert, auch wenn es letzten Endes auf der Basis der Verfassung der Kaiser war, der ihn entließ. Für Wilhelm II. ergab sich mit der Ablehnung der Finanzreform in der von Bülow geplanten Form die Gelegenheit, sich von diesem zu trennen, also den Bruch des persönlichen Vertrauens, der mit der Daily Telegraph-Affäre endgültig verbunden gewesen war, in eine Personalentscheidung umzusetzen.

6. Die Kanzlerschaft Bethmann Hollweg (1909–1914/17)

a) Der Bürokrat als Reformer

Nachfolger Bernhard von Bülows als Reichskanzler und preußischer Ministerpräsident wurde **Theobald von Bethmann Hollweg.**

E

Theobald von Bethmann Hollweg (1856–1921) stammte aus einer Frankfurter Bankiersfamilie. Erst sein Großvater hatte das Adelsprädikat erworben und den Wohnsitz der Familie nach Brandenburg verlegt. Bethmann Hollweg studierte Jura und trat 1882 in den preußischen Staatsdienst ein. 1899 wurde er Oberpräsident (d.h. Verwaltungschef) der Provinz Brandenburg. 1905 erfolgte seine Ernennung zum preußischen Innenminister, zwei Jahre später wurde er Staatssekretär im Reichsamt des Innern. Damit war er zugleich Stellvertreter Bülows. In der unmittelbaren Vorgeschichte des Ersten Weltkriegs spielte Bethmann Hollweg als Reichskanzler eine zwiespältige Rolle zwischen Risikobereitschaft und dem Wunsch, den Frieden doch noch zu erhalten. Im Verlauf des Krieges wurde er zunehmend von der (3.) Obersten Heeresleitung unter Hindenburg und Ludendorff politisch beiseite geschoben. Der Einfluss der führenden Militärs führte im Juli 1917 zur Entlassung Bethmann Hollwegs aus dem Reichskanzleramt.

Umstände der Berufung Bethmann Hollwegs

Bethmann Hollwegs Karriere war bis zu seiner Berufung ins Reichskanzleramt zwar stetig, aber unspektakulär verlaufen. Er war in erster Linie ein hoch befähigter Verwaltungsjurist. Wilhelm II. war auf ihn aufmerksam geworden, als er in seiner Funktion als Innenstaatssekretär mit Kompetenz und Ausdauer die komplizierten und langwierigen Verhandlungen um die Finanzreform mit den Reichstagsfraktionen geführt hatte. Allerdings hatte der Kaiser gezögert, den von Bülow als Nachfolger empfohlenen Bethmann Hollweg zu berufen, da ihm dieser zu liberal eingestellt war. Ins Auge gefasste personelle Alternativen zerschlugen sich jedoch. Bethmann Hollweg war anders als Bülow kein „Höfling", dessen Aufstieg mit Unterstützung der persönlichen Umgebung des Kaisers stattfand. Ebenfalls im Gegensatz zu seinem Vorgänger war der neue Kanzler ein eher bedächtiger, ruhig abwägender, nicht selten zögerlicher Politiker mit gemäßigt konservativen Grundanschauungen. Bethmann Hollweg ist vorgeworfen worden, er sei auch als Reichskanzler nicht eigentlich Politiker geworden, vielmehr immer nur Beamter geblieben: bürokratisch, pflichtbewusst, nüchtern, glanzlos, ohne weiter greifendes politisches Programm. Dies passte freilich schlecht zur „Schneidigkeit", welche insbesondere die Alldeutschen und andere Vertreter der unverändert „Weltmachtträumen" nachhängenden „neuen Rechten" von einem Reichskanzler erwarteten. Bülows populistische Zugeständnisse an eine imperialistische Erwartungshaltung in Teilen der Bevölkerung waren weit öffentlichkeitswirksamer gewesen. Gerade mit dem wachsenden Einfluss der „neuen Rechten" auf die politische Stimmungslage aber sah sich Bethmann Hollweg konfrontiert. Bülow hinterließ ihm innen- und außenpolitisch ein höchst prekäres Erbe.

Außenpolitische Lage

Aufgrund ihres unterschiedlichen Werdegangs war Bethmann Hollweg im Gegensatz zu Bülow bei seiner Amtsübernahme als Reichskanzler bereits ein erfahrener Innenpolitiker, jedoch fehlten ihm bis dahin nähere Einblicke in die Praxis der Außenpolitik. Dies war insofern von wesentlicher Bedeutung als die außenpolitische Situation des Reiches 1909 bereits äußerst ungünstig war. Frankreich, Großbritannien und Russland hatten in den Jahren zuvor ältere Streitigkeiten beigelegt und sich diplomatisch einander angenähert. Eine russisch-französische Allianz war bereits 1892 geschlossen worden. Frankreich und Großbritannien hatten sich 1904 in der Entente cordiale verbunden. 1907 unterzeichneten Großbritannien und Russland den Petersburger Vertrag, der aus der Entente cordiale faktisch ein Dreierbündnis machte. In der Reichsleitung musste man es als sicher ansehen, dass Deutschland im Falle einer militärischen Auseinandersetzung zunächst mit Frankreich oder Russland in einen Zweifrontenkrieg mit beiden Mächten geraten würde. Das bedeutete, dass genau die Konstellation eintreten würde, die Bismarck mit seinem komplizierten Bündnissystem stets hatte verhindern wollen, weil ein solcher Krieg bei nüchterner Betrachtung, der wirtschaftlichen und militärischen Potenzen Deutschlands nicht erfolgreich bestanden werden konnte. Mit Blick auf die Annäherung Großbritanniens an Frankreich und Russland war zudem zu befürchten, dass die Briten sich in einem solchen Konflikt ihrerseits gegen Deutschland wenden würden, zumal die massive deutsche Flottenrüstung in Großbritannien als Bedrohung wahrgenommen wurde. Das Reich war mithin außenpolitisch isoliert; der einzige verbliebene Bündnispartner von Gewicht war Österreich-Ungarn. Die Habsburgermonarchie war allerdings durch innere Konflikte geschwächt. Zugleich stießen die österreichischen und die russischen Großmachtinteressen im Balkanraum immer heftiger aufeinander, so dass ein Krieg zwischen beiden Mächten absehbar war. Ende 1908/Anfang 1909 konnte ein solcher, nachdem Österreich-Ungarn das schon seit 1878 besetzte Bosnien-Herzegowina durch einen einseitigen Schritt seinem Territorium einverleibt hatte, nur mit Mühe verhindert werden. Wenn das Reich seinen Bündnisverpflichtungen gegenüber Österreich-Ungarn nachkam, würde durch einen Krieg gegen Russland an der Seite Österreichs jedenfalls auch der Zweifrontenkrieg zugleich gegen Frankreich unvermeidlich sein. Außenpolitisch steckte die Reichsleitung mithin in einem Dilemma, aus dem kein Ausweg ersichtlich war. Die führenden Militärs entwickelten im Zusammenhang mit diesem Szenario den **„Schlieffen-Plan“** als Operationsgrundlage des kaiserlichen Heeres in der erwarteten gleichzeitigen Auseinandersetzung gegen Frankreich und Russland.

E

Schlieffen-Plan
Benannt nach Alfred Graf von Schlieffen (1833–1913), der von 1891 bis 1905 Chef des Generalstabes der kaiserlichen Armee war. Grundgedanke des bereits 1905 konzipierten Planes war ein rascher Angriff gegen Frankreich mit der Masse des kaiserlichen Heeres, wobei die gegnerische Armee durch einen Vorstoß über Belgien von Nordwesten her umfasst, von ihren rückwärtigen Verbindungen abgeschnitten und vernichtet werden sollte. Am elsass-lothringischen Festungsgürtel entlang der deutsch-französischen Grenze sollte dagegen nur defensiv operiert werden. Nach der Vernichtung der französischen Armee sollten die verfügbar werdenden deutschen Truppen an die Ostfront gegen Russland verlegt werden, um auch dort den Sieg zu erkämpfen. Bis dahin sollten zahlenmäßig schwache Verbände die deutsche Ostgrenze lediglich hinhaltend verteidigen und einen russischen Vorstoß tief ins Reichsgebiet unterbinden, obwohl mit einer massiven zahlenmäßigen Überlegenheit auf russischer Seite gerechnet werden musste. Durchführbar war der äußerst risikoreiche Plan nur, wenn sofort nach Kriegsbeginn deutsche Truppen durch Belgien marschieren würden, um die beabsichtigte Umfassungsbewegung gegen die französische Armee zu vollziehen. Eine derartige Verletzung der belgischen Neutralität aber würde mit hoher Wahrscheinlichkeit eine militärische Intervention Großbritanniens nach sich ziehen. Also nahm der Schlieffen-Plan in Kauf, dass das Deutsche Reich aller Voraussicht nach gegen drei europäische Großmächte zugleich zu kämpfen haben würde, womit ein Kräfteverhältnis zustande kam, das von Beginn an einen deutschen Sieg äußerst unwahrscheinlich machte. Allerdings sah man im Generalstab in Anbetracht der außenpolitischen Situation keine schlüssige operative Alternative. Der Schlieffen-Plan war „ein Kind der Verzweiflung“ (Michael Stürmer).

Außenpolitisch stand Bethmann Hollweg also vor allem vor der Frage, ob es ihm gelingen würde, die bereits unter Bülow eingetretene Isolation des Reiches zu durchbrechen. Ansatzpunkt mussten dabei vor allem die Beziehungen zu Großbritannien sein, da eine Bereinigung des Verhältnisses zu Frankreich ohne einen Verzicht auf Elsass-Lothringen unmöglich war. Und dieser war in Deutschland keinesfalls durchsetzbar. Auch eine Wiederannäherung an Russland schien kaum möglich, da dies nur durch eine Aufgabe Österreich-Ungarns als Bündnispartner zu erreichen war. Es blieb also Großbritannien – für eine dauerhafte Verständigung mit diesem war jedoch wenn nicht ein Verzicht auf die Flottenrüstung, so doch deren deutliche Reduzierung zwingende Voraussetzung. Und dies wiederum kollidierte notwendig mit dem hohen Stellenwert, den der Kaiser selbst dem weiteren Ausbau der Marine beimaß und mit der Popularität, die Tirpitz' Flottenpläne im Kontext der „Weltpolitik“-Bestrebungen in weiten Teilen der deutschen Öffentlichkeit und bei den meisten Parteien im Reichstag genossen.

b) Die „Politik der Diagonale“

Problem der parlamentarischen Mehrheitsbildung

Bethmann Hollweg war im Zuge der durch die Daily Telegraph-Affäre und das weitgehende Scheitern der Reichsfinanzreform gekennzeichneten innenpolitischen Krise Kanzler geworden, die Lage blieb auch nach dem Wechsel an der Spitze der Reichsleitung schwierig. Nach der Verfassung war Bethmann Hollweg so wenig wie seine Amtsvorgänger direkt von einer Mehrheitsbildung im Reichstag abhängig. Sein Verweilen im Amt stand und fiel formell mit dem Vertrauen, das der Kaiser in ihn setzte. In der politischen Praxis konnte allerdings auch Bethmann Hollweg wie alle anderen Reichskanzler zuvor nicht regieren, ohne sich einer mehrheitlichen Unterstützung im Reichstag zu versichern.

Bethmann Hollweg hatte als Kanzler vorerst mit dem gleichen Reichstag (hervorgegangen aus den „Hottentotten-Wahlen“ im Januar 1907) umzugehen wie sein Vorgänger Bülow. Ein Versuch, die Partner des zerbrochenen Bülow-Blocks zu einer erneuten Zusammenarbeit zu bewegen, schien nach den harten Auseinandersetzungen um die Reichsfinanzreform wenig aussichtsreich. Bethmann Hollweg musste sich daher nach einer anderen Möglichkeit zur Mehrheitsbildung umsehen.

Der neue Kanzler strebte eine gemäßigt konservative Innenpolitik an und wollte dafür sowohl die Unterstützung der Konservativen wie von Teilen der Liberalen und des Zentrums gewinnen. Er wollte also eine „Diagonale“ zwischen politischen Kräften herstellen, deren Programmatik nur partielle Übereinstimmungen aufwies. Bethmann Hollweg war darüber hinaus realistisch genug zu erkennen, dass „doch früher oder später mit den Sozialdemokraten gearbeitet werden“ müsse. Er plante eine Art politischen Spagat, der ihn von vornherein dazu zwang, Zugeständnisse in unterschiedliche Richtungen zu machen. Seine Vorstellungen hatten, abgesehen von seiner nüchterneren Sicht auf die Sozialdemokratie, eine gewisse Ähnlichkeit mit dem von Bülow zeitweilig verfolgten „Sammlungs“-Konzept.

Streit um das Drei-Klassen-Wahlrecht in Preußen

Ein zentrales innenpolitisches Problem stellte nach wie vor das preußische Drei-Klassen-Wahlrecht dar. Niemand konnte übersehen, dass allein das Wahlrecht für eine beträchtliche Verzerrung der politischen Kräfteverhältnisse auf der Ebene des wichtigsten Bundesstaates und der des Reiches sorgte.

Da die Ämter des Reichskanzlers und des preußischen Ministerpräsidenten fast durchweg miteinander verknüpft waren, ergaben sich für den Amtsinhaber immer wieder große Schwierigkeiten bei der Koordinierung seiner Politik auf Reichs- und preußischer Ebene. Denn Zugeständnisse an den Reichstag, in dem der Reichskanzler aufgrund des allgemeinen und gleichen Wahlrechts mit den dort gegebenen Mehrheitsverhältnissen arbeiten musste, zogen ihm als preußischem Ministerpräsidenten mit großer Regelmäßigkeit Kritik und Opposition im auf der Grundlage des Drei-Klassen-Wahlrechts konservativ dominierten Abgeordnetenhaus zu. Umgekehrt verhielt es sich unter anderen Vorzeichen ebenso. Dies war auch der Fall bei den Bemühungen um die längst ausstehende Reform des Wahlrechts in Preußen.

E

Die Auswirkungen des preußischen Drei-Klassen-Wahlrechts
Bei der Reichstagswahl vom Januar 1907 hatten die beiden konservativen Parteien zusammen einen Stimmenanteil von 13,6% erhalten, dies ergab – begünstigt durch die Wahlkreiseinteilung – einen Anteil an den Reichstagsmandaten von 21,2% (84 Abgeordnete). Die Sozialdemokraten hatten 28,9% der abgegebenen Stimmen erhalten, aber nur 10,9% der Sitze im Reichstag (43 Abgeordnete), bedingt durch die Wahlkreiseinteilung und Stichwahlbündnisse anderer Parteien. Noch erheblich drastischer aber fiel aufgrund des Drei-Klassen-Wahlrechts in Preußen das Missverhältnis zwischen Wählerrückhalt und parlamentarischer Stärke im Abgeordnetenhaus aus. Bei der Abgeordnetenhauswahl von 1908 erhielten die beiden konservativen Parteien, rechnet man ihre Stimmanteile in den drei Wählerklassen auf die Anzahl der insgesamt abgegebenen Voten um, knapp 16,7% der Stimmen. Die unterschiedliche Gewichtung der Stimmen nach Wahlklassen bedingte jedoch einen Mandatsanteil im preußischen Parlament von 47,8%. Das waren 202 von 443 Sitzen. Die Sozialdemokraten erreichten bei der gleichen Wahl einen Gesamtstimmenanteil von mehr als 23,8%, erhielten damit aber lediglich ganze 1,58% der Sitze im Abgeordnetenhaus (7 Mandate). Sie waren nach dem Stimmenanteil die mit Abstand stärkste politische Kraft in Preußen (gefolgt vom Zentrum mit knapp 20% der abgegebenen Stimmen und 104 Mandaten), stellten jedoch nur die kleinste Fraktion im Abgeordnetenhaus. Sogar die linksliberale Freisinnige Vereinigung, die auf einen Stimmenanteil von gerade 0,88% gekommen war, hatte noch einen Sitz mehr.
(Zahlen nach Hohorst/Kocka/Ritter, Sozialgeschichtliches Arbeitsbuch, S. 175, bzw. Ritter/Niehuss, Wahlgeschichtliches Arbeitsbuch, S. 146)

Bethmann Hollweg strebte eine Teilrevision des einen sehr großen Teil der Bevölkerung von politischem Einfluss praktisch ausschließenden Abstimmungsmodus an. Eine einfache Übertragung des allgemeinen und gleichen Reichstagswahlrechts auf Preußen beabsichtigte er so wenig wie sein Vorgänger. Vielmehr legte er am 10. Februar 1910 dem Abgeordnetenhaus den Entwurf eines neuen Wahlgesetzes vor, wonach das Zensusprinzip grundsätzlich erhalten bleiben, aber modifiziert werden sollte. Bethmann Hollweg schlug vor, künftig so genannte Kulturträger in eine höhere Wählerklasse einzustufen, als sie nach ihrem Steueraufkommen bisher erreichen konnten. Kulturträger waren nach der zugrunde gelegten Definition solche (männlichen) Personen, die ein mindestens dreijähriges Hochschulstudium absolviert hatten oder die sich im öffentlichen Dienst um den Staat verdient gemacht hatten. Darunter sollten beispielsweise auch ehemalige Unteroffiziere aus Heer und Marine fallen. Ging die Intention dahin, einerseits die soziale Zusammensetzung der Wählerklassen aufzulockern, andererseits aber zugleich solche Wählerschichten aufzuwerten, von denen man eine mehrheitlich konservative Gesinnung erwartete, so konnte die Vorlage gleichwohl nicht durchgesetzt werden. Bethmann Hollweg sah sich Ende Mai 1910 genötigt, den Entwurf zurückzuziehen. Widerstand dagegen ging nicht nur von den Konservativen aus, sondern auch vom Zentrum, das seine starke Stellung im preußischen Abgeordnetenhaus nicht gefährdet sehen wollte. Die Nationalliberalen, die ebenfalls vom geltenden Wahlrecht profitierten, taktierten hinhaltend. Den Linksliberalen wiederum gingen Bethmann Hollwegs Reformbemühungen nicht weit genug. Die Sozialdemokraten strebten ohnehin eine Übertragung des allgemeinen und gleichen Wahlrechts auch auf Preußen an. Das Scheitern des Reformansatzes unter Bethmann Hollweg bedingte, dass es in Preußen bis 1918 beim Drei-Klassen-Wahlrecht blieb, dessen Ursprung in einer einseitig vom König ohne parlamentarische Mitwirkung erlassenen Verordnung vom 30. Mai 1849 lag. Es stammte mithin aus dem Kontext der reaktionären Ära nach dem Scheitern der Revolution von 1848/49 und wurde bis zum Zusammenbruch des Kaiserreichs konserviert.

Die ohnedies schwierige Situation des Reichskanzlers komplizierte sich nach dem Misserfolg der Wahlrechtsreform weiter, da keine der Fraktionen im Reichstag ihre Intentionen durch Bethmann Hollweg als angemessen berücksichtigt empfand.

Q

Theobald von Bethmann Hollweg rückblickend zu seiner Situation als Reichskanzler nach dem Scheitern der Wahlrechtsreform in Preußen 1910 (1919)
(nach Ritter (Hrsg.): Das Deutsche Kaiserreich, S. 333 f.)

[...] Mit der Reform des preußischen Wahlrechts hoffte ich ein Haupthindernis gesunder Entwicklung aus dem Wege zu räumen. Die Reform scheiterte an dem mit einer Taktik der Überraschungen verbundenen Widerstand der Konservativen und an Schwierigkeiten, die die Nationalliberalen in parteipolitischem Interesse erheben zu müssen glaubten. Die Modalitäten aber, unter denen das Gesetz fiel, machten jede baldige Erneuerung des Versuches, weil aussichtslos, unmöglich. So lebten die großen politischen Gegensätze unausgetragen fort und bohrten sich um so tiefer ein. Während die Linke über die Enttäuschung ihrer Hoffnungen grimmte und grollte, verbitterte sich die Rechte in empörtem Unwillen über eine Politik, die nicht nur ihre Parteimacht bedrohte, sondern nach ihrer Überzeugung geradezu den Bestand Preußens untergrub. Wann und wo mir das Wort zugeschrieben wurde, ich wolle dem alten Preußen schon das Genick brechen, weiß ich nicht. Ich habe es weder damals noch später gesprochen.
Die Regierung, wie jede unparlamentarische, zu einer Politik der Diagonale gezwungene Regierung, war von beiden Seiten dem Feuer ausgesetzt. Die Linke glaubte ein Interesse daran zu haben, mich im In- und Auslande als reaktionären Dunkelmann zu verketzern, die Rechte verfolgte mich als verkappten Demokraten. Hinter der Kritik verbarg sich aber doch auch ein Teil eigenen Unvermögens. Dass eine ausgesprochen konservative Politik im Reiche eine faktische Unmöglichkeit war, wusste die Rechte selbst am besten. Und auch die Sozialdemokraten konnten sich keiner Täuschung darüber hingeben, dass ein Kanzler nach ihrem Herzen noch am selben Tage im Abgrund verschwunden wäre. Aus den verbleibenden Parteien war keine feste Arbeitsgemeinschaft zu bilden. Die Nationalliberalen ergaben sich bald schwerindustriellem, bald alldeutschem Liebeswerben, bald suchten sie Halt an ihren liberalen Traditionen aus großer Zeit. Ihr Gegensatz zu den Sozialdemokraten war ausgesprochen. Der Fortschritt gravitierte teils nach dem rechten Flügel der Sozialdemokraten, teils nach dem linken der Nationalliberalen. Das Zentrum, in Berührung mit allen Parteien, hielt sich von jeder Bindung frei, unterstützte die Regierung hier, bekämpfte sie dort. Die viel geschmähte mittlere Linie wurde von Sachen und Menschen erzwungen.

Verfassung für Elsass-Lothringen

Einen Teilerfolg erzielte Bethmann Hollweg immerhin bei der Verbesserung der rechtlichen Stellung der elsass-lothringischen Bevölkerung. Die wahlberechtigte männliche Bevölkerung dort konnte zwar seit 1874 an den Reichstagswahlen teilnehmen, es existierte im Reichsland aber nach wie vor keine eigene gewählte Volksvertretung, während in allen anderen Bundesstaaten des Reiches (mit Ausnahme der mecklenburgischen Herzogtümer) gewählte Landtage Mitbestimmungsrechte wahrnahmen. Rund vierzig Jahre nach der Eingliederung Elsass-Lothringens in das Reich wurde die Integration seiner Einwohnerschaft in die Reichsbevölkerung noch immer durch die geringeren politischen Mitwirkungsrechte behindert.

Bethmann Hollweg hatte bereits als Staatssekretär im Reichsamt des Inneren darauf aufmerksam gemacht, dass hier Abhilfe dringend notwendig sei. Als Reichskanzler unterbreitete er dem Parlament im Januar 1911 einen Verfassungsentwurf für das Reichsland, dessen Kern darin bestand, eine in zwei Kammern gegliederte Volksvertretung zu schaffen. Die Mitglieder der Ersten Kammer sollten zum Teil vom Kaiser ernannt, zum Teil von Kirchen, Kommunen und berufsständischen Organisationen entsandt werden. Die Mitglieder der Zweiten Kammer sollten nach den Vorstellungen Bethmann Hollwegs auf der Grundlage eines gemäßigten Zensuswahlrechts gewählt werden. Eine Mehrheit des Reichstages aus Zentrum, Sozialdemokraten und Linksliberalen sorgte jedoch dafür, dass ein an das Reichstagswahlrecht angelehntes allgemeines und gleiches (Männer-) Wahlrecht zur Zweiten Kammer eingeführt wurde. Bethmann Hollweg akzeptierte dies und sorgte auch dafür, dass das preußische Staatsministerium diese Regelung hinnahm. Zugleich mit der Verfassung erhielt Elsass-Lothringen drei Stimmen im Bundesrat. Da aber das Land weiterhin von einem vom Kaiser ernannten Statthalter verwaltet wurde, der auch über die Abgabe der Bundesratsstimmen entschied, entstanden bei den übrigen Bundesstaaten Besorgnisse, dass die elsass-lothringischen Bundesratsstimmen faktisch eine Verstärkung der preußischen Position im Bundesrat bedeuteten. Sie sollten daher in solchen Fällen, in denen sie zur Mehrheitsbildung entscheidend wurden, nicht mitgezählt werden.

Die Verfassung für das Reichsland erhielt bei der Schlussabstimmung im Reichstag am 26. Mai 1911 auch die Zustimmung der sozialdemokratischen Fraktion, die insbesondere mit der Regelung der Wahlrechtsfrage konform ging. Bethmann Hollweg zog sich mit seinem Vorgehen hinsichtlich Elsass-Lothringens aber endgültig und dauerhaft die Gegnerschaft der Konservativen zu, die gegen das dort nun geltende „demokratische" Wahlrecht waren und sich bereits dem vorsichtigen Reformversuch des preußischen Drei-Klassen-Wahlrechts erfolgreich widersetzt hatten.

Sozialpolitische Novellen

Mit Hilfe des Zentrums konnten unter der Kanzlerschaft Bethmann Hollwegs einige sozialpolitische Novellen durchgesetzt werden. Die Krankenversicherungspflicht wurde auf verschiedene weitere Berufsgruppen ausgedehnt. In der Invaliditäts- und Altersversicherung wurde nun auch eine Witwenrenten eingeführt. Allerdings setzten die Konservativen im Einverständnis mit den industriellen Interessengruppen durch, dass die ausgeschütteten Leistungen gering blieben, um den Kostenanstieg möglichst niedrig zu halten. Zusammengefasst wurden die geltenden sozialversicherungsrechtlichen Regelungen in der Reichsversicherungsordnung vom 19. Juli 1911.

Wenig später wurde per Gesetz für Angestellte ein gesondertes Sozialversicherungssystem geschaffen. Die Angestellten stellten eine aus ganz unterschiedlichen Berufsgruppen zusammengesetzte, im Zuge der Hochindustrialisierung absolut und prozentual stark anwachsende soziale Schicht dar. 1882 waren lediglich 1,9% der berufstätigen Personen im

Deutschen Reich Angestellte. 1907 hatten die Angestellten bereits einen Anteil von 5,2% an den Erwerbstätigen. Ihre absolute Zahl war im gleichen Zeitraum von rund 307000 auf annähernd 1,3 Millionen angestiegen. Die Zunahme der Angestellten beruhte darauf, dass mit dem Fortschreiten des Industrialisierungsprozesses im privaten und staatlichen Bereich weit mehr Verwaltungstätigkeiten anfielen als zuvor. Angestellte wurden im Durchschnitt besser bezahlt als Arbeiter und hatten auch arbeitsrechtliche Privilegien. Ihre versicherungsrechtliche Sonderstellung seit 1911 hatte nicht zuletzt die politische Intention, die bei vielen Angestellten vorhandene Tendenz, sich von der Arbeiterschaft sozial abzugrenzen, zu bestärken. Dadurch sollten sie zugleich vom Einfluss der Sozialdemokratie abgeschirmt werden. Wiederum stand also hinter sozialpolitischen Neuerungen ein auf die innenpolitischen Kräfteverhältnisse bezogenes Kalkül.

Verhärtung der innenpolitischen Fronten

Trotz der unter Bethmann Hollweg durchgeführten Neuerungen in der Sozialpolitik verschärften sich die politischen Gegensätze im Innern Deutschlands weiter. Das hatte nicht zuletzt mit dem im Vergleich zu Bülow zurückhaltenden außenpolitischen Kurs zu tun, den Bethmann Hollweg steuerte, der die Konservativen und auch die Nationalliberalen gegen ihn aufbrachte. Zugleich machte die Sozialdemokratie deutlich, dass sie sich von den sozialpolitischen Verbesserungen keineswegs „ruhig stellen" ließ. Vielmehr kam es weiter zu einer Vielzahl öffentlicher Protestaktionen, zum Beispiel gegen die Erhöhung von Lebensmittelpreisen. Seit 1910 schnellte auch die Zahl der gewerkschaftlich organisierten Arbeitskämpfe nach oben. 1912 war ein Höhepunkt der Streikaktionen erreicht, im ganzen Reich gab es zur Durchsetzung von Lohn- und anderen Forderungen der Arbeiterschaft fast 2500 Arbeitsniederlegungen, an denen sich annähernd 400000 Arbeiter beteiligten. Dies und die meist ungeachtet der innerparteilichen Streitigkeiten um den Revisionismus beibehaltene revolutionäre Rhetorik überzeugte die Mehrheit der bürgerlichen Schichten in Deutschland davon, dass die Bestrebungen der Sozialdemokratie unverändert auf einen fundamentalen Umsturz der bestehenden Verhältnisse gerichtet waren. Dementsprechend schwand auch ihr mehr oder weniger latentes Bedrohungsgefühl nicht, was die Betroffenen vielfach für radikale politische Lösungsvorschläge von rechts noch empfänglicher machte und den Teilerfolg der „neuen Rechten" mitbedingte.

c) Die Reichstagswahl vom Januar 1912 und die „Zabern-Affäre" – Festgefahrene Verhältnisse in der Innenpolitik

Letztlich waren alle politischen Richtungen mit den herrschenden Verhältnissen unter der Kanzlerschaft Bethmann Hollwegs unzufrieden. Vor diesem Hintergrund kam es zur Reichstagswahl vom 12. Januar 1912, die von besonders weittragender Bedeutung war, denn sie bestimmte das Stärkeverhältnis der Fraktionen des Parlamentes noch während des gesamten Ersten Weltkrieges.

SPD stärkste Fraktion

Die Sensation dieser Wahl war das Abschneiden der Sozialdemokraten, welche die Zahl ihrer Mandate weit mehr als verdoppeln konnten. Sie entsandten nun 110 Abgeordnete in den Reichstag und stellten die stärkste Fraktion. Die mit Abstand mitgliederstärkste Partei war die SPD längst, ihr gehörten am Vorabend des Ersten Weltkriegs mehr als eine Million Menschen an (1876, nach der Vereinigung der beiden bis dahin getrennten sozialistischen Arbeiterparteien waren es rund 38000 gewesen). August Bebels Partei hatte 34,8% der abgegebenen Stimmen erhalten, das heißt rund 4,25 Millionen der Abstimmenden hatten sich für die Sozialdemokratie entschieden. Ihre Mandatszahl fiel nicht zuletzt so hoch aus, weil erstmals die linksliberale Fortschrittspartei, die bereits zuvor eine Kooperation mit der SPD angebahnt hatte, systematisch Bündnisse auf Wahlkreisebene mit den Sozialdemokraten geschlossen hatte. Erleichtert wurde die Annäherung auf der linken Seite des Parteienspektrums dadurch, dass inzwischen in der SPD eine Gruppe meist jüngerer, eher reformistisch orientierter Politiker an die Parteispitze vorgestoßen war. Darunter waren Carl Legien, der Vorsitzende der Generalkommission der Freien Gewerkschaften, Gustav Noske (1868–1946) und nicht zuletzt **Friedrich Ebert**.

E

Friedrich Ebert (1871–1925) stammte aus der Familie eines Heidelberger Schneidermeisters. Der Wunsch nach einem Studium blieb für Ebert aufgrund der Mittellosigkeit seiner Eltern unerfüllt, er erlernte stattdessen das Sattlerhandwerk. 1889 schloss er sich in Mannheim der Sozialdemokratie an. 1893 wurde er in Bremen Redakteur einer sozialdemokratisch Zeitung, 1900 erhielt Ebert ein Mandat in der Bremer Bürgerschaft und entwickelte sich zu einem führenden kommunalpolitischen Experten der SPD. Nachdem er 1905 zum Sekretär des Parteivorstandes der SPD gewählt worden war lebte er in Berlin. In der SPD-internen Auseinandersetzung um den „Revisionismus" nahm er eine pragmatisch-vermittelnde Position ein. Ebert versuchte insbesondere den Kurs der Freien Gewerkschaften und den der Partei zu koordinieren; dem linken Parteiflügel um Rosa Luxemburg stand er distanziert gegenüber. Seit 1912 gehörte Ebert dem Reichstag an. Nach dem Tod August Bebels (August 1913) wurde er auf dem Jenaer Parteitag mit großer Mehrheit zu einem der beiden Parteivorsitzenden gewählt (zusammen mit Hugo Haase [1863–1919], der dem linken Parteiflügel nahe stand). Nach dem Ausbruch des Ersten Weltkriegs befürwortete Ebert die Zustimmung der sozialdemokratischen Fraktion im Reichstag zu den Kriegskrediten, an der Uneinigkeit hierüber zerbrach die SPD (definitiv 1916). Ebert übernahm die Führung der aus der Parteispaltung hervorgehenden Mehrheits-Sozialdemokratie (MSPD). Die Ausrufung der Republik durch seinen Parteifreund Philipp Scheidemann (1865–1939) am 9. November 1918 geschah gegen den Willen Eberts, der die Monarchie unter der Voraussetzung einer durchgreifenden Parlamentarisierung des Regierungssystems grundsätzlich erhalten wollte. Gleichwohl akzeptierte Ebert unmittelbar danach die Übertragung der Kompetenzen des letzten vom Kaiser ernannten Reichskanzlers, Prinz Max von Baden, auf ihn. Er leitete danach den „Rat der Volksbeauftragten" und war wesentlich verantwortlich für die gewaltsame Verhinderung einer Fortführung der Revolution durch linksradikale Kräfte, die in der Hauptsache aus dem linken Flügel der noch ungeteilten Vorkriegs-Sozialdemokratie hervorgegangen waren. Von 1919 bis 1925 war Ebert Reichspräsident.

Schwierige Mehrheitsbildung

Das Zentrum musste im Januar 1912 spürbare Verluste hinnehmen (minus drei Prozent bei den abgegebenen Stimmen). Der Stimmenrückgang wurde nicht zuletzt durch die Haltung der Partei in der Frage der Reichsfinanzreform und ihre Zustimmung zur Erhöhung der indirekten Steuern bedingt. Die Steuererhöhungen trieben die Lebenshaltungskosten gerade für die einkommensschwächeren Schichten spürbar nach oben; zu den Betroffenen zählte auch ein Teil der Zentrumsklientel. Immerhin stellte der politische Katholizismus nach dem Januar 1912 mit 91 Mandaten noch die zweitstärkste Fraktion im Reichstag. Die beiden konservativen Parteien kamen zusammen nur noch auf 57 Sitze, die Nationalliberalen auf 45, die Linksliberalen auf 42 Mandate. Der so genannte schwarz-blaue Block aus Konservativen und Zentrum, der im Sommer 1909 den Bülow-Block gesprengt und den Sturz Bülows als Reichskanzler herbeigeführt hatte, verlor damit seine Mehrheit im Reichstag. Bethmann Hollweg, der teilweise mit Hilfe des schwarz-blauen Blocks in der ersten Phase seiner Kanzlerschaft regiert hatte, musste sich nach anderen Optionen zur Mehrheitsbildung umsehen. Es war jedoch nun endgültig so gut wie ausgeschlossen, wie bisher mit wechselnden Mehrheiten an der Sozialdemokratie vorbei zu entscheiden. Das war zwar rechnerisch noch immer möglich, aber die anderen Parteien waren sich in vielen Punkten zu uneinig, um wirklich dauerhaft kooperieren zu können. Die Linksliberalen und Teile des Zentrums waren durchaus in bestimmten Fragen zur Kooperation mit den Sozialdemokraten bereit, für die Konservativen kam dies keinesfalls in Frage. Im Ergebnis bedeutet dies eine Blockade des Reichstages und für den Reichskanzler Bethmann Hollweg die Unmöglichkeit, auf eine halbwegs kontinuierliche Mehrheitsbildung im Parlament zu bauen. Thomas Nipperdey hat die Situation im Deutschen Reich seit der Reichstagswahl von 1912 als „stabile Krise“ bezeichnet. Bethmann Hollweg musste lavieren, mit allen fatalen Konsequenzen, die eine Politik haben muss, die rundum Kompromisse zu machen versucht und damit letztlich alle Beteiligten nur noch unzufriedener macht.

Verschlechterung der außenpolitischen Lage

Immerhin gelang es dem Reichskanzler im Sommer 1913 noch für eine erneute Verstärkung des deutschen Heeres eine Parlamentsmehrheit zu gewinnen. Dabei kam ihm jedoch zugute, dass sich die außenpolitische Situation des Deutschen Reiches seit seiner Berufung zum Kanzler weiter verschlechtert hatte. Im Jahre 1911 hatte das drohende Auftreten des Reiches gegen koloniale Ansprüche Frankreichs in Marokko zwar dazu geführt, dass Deutschland im Gegenzug dafür, dass es die französischen Interessen in dem nordafrikanischen Land schließlich doch anerkannte, einige Gebiete in der afrikanischen Kongo-Region zugesprochen erhielt. Diese sehr begrenzte Erweiterung des deutschen Kolonialbesitzes wurde jedoch um den Preis erkauft, dass die Mächte der Entente cordiale, Großbritannien und Frankreich, noch näher zusammenrückten, um weiteren deutschen Expansionsabsichten entgegentreten zu können. Sie stellten nunmehr bereits gemeinsame militärische Planungen für den Fall eines Krieges gegen das Reich auf; den Charakter eines Militärbündnisses hatte die Entente ursprünglich nicht gehabt. Die riskante Marokko- beziehungsweise Kolonialpolitik, die der Außenstaatssekretär Alfred von Kiderlen-Wächter (1852–1912) für richtig hielt, um das angeschlagene „Weltmachtprestige“ des Reiches wieder zu stärken, stand letztlich in Widerspruch zu Bethmann Hollwegs Bemühungen um eine Verständigung mit Großbritannien. Diese scheiterten auch daran, dass sich die Reichsleitung nicht zu einer deutlichen Bremsung der Flottenrüstung entschließen konnte, die von britischer Seite gefordert wurde. So blieb der Besuch des britischen Kriegsministers Lord Haldane (1856–1921) im Februar 1912 in Berlin, in dessen Folge gegen deutliche flottenpolitische Zugeständnisse zeitweilig die Möglichkeit eines deutsch-britischen Nichtangriffsabkommens bestand, letztlich ergebnislos. Die im Mai 1912 vom Reichstag beschlossene dritte Novelle zum Zweiten Flottengesetz (1900) zeigte, dass man auf deutscher Seite zu einer einschneidenden Kürzung des laufenden Flottenbauprogramms nicht bereit war. Seit Anfang 1912 hatte sich zudem die Situation im Krisenherd Balkan so weit verschärft, dass ein Krieg zwischen den dort unmittelbar involvierten Großmächten Österreich-Ungarn und Russland kaum noch vermeidbar erschien. 1912/13 führten verschiedene Balkanstaaten, darunter Serbien, Bulgarien, Rumänien und Griechenland, Krieg gegen das Osmanische Reich beziehungsweise untereinander. Ein Eingreifen der benachbarten Großmächte Russland und Österreich-Ungarn, welches zweifellos zu deren unmittelbarer militärischer Konfrontation geführt hätte, konnte durch die deutsche und die britische Diplomatie nur im letzten Augenblick verhindert werden. Damit freilich waren die Spannungen im Balkanraum keineswegs beseitigt.

Die außenpolitische Situation wurde in Deutschland als ausgesprochen bedrohlich wahrgenommen. Der Schlieffen-Plan blieb in Anbetracht dessen die ultima ratio der verantwortlichen Militärs. Als Russland Anfang 1913 die Friedenspräsenzstärke seines Heeres angesichts der Kriegsgefahr erheblich erhöhte (von 1,2 auf 1,42 Millionen Mann mit der Perspektive einer weiteren Aufstockung auf 1,7 Millionen Mann bis 1917), fühlte die Reichsleitung sich gezwungen, die zugunsten des Marineausbaus zuletzt hintangestellte Heeresrüstung wieder verstärken zu müssen. Auf Drängen der militärischen Führung brachte Bethmann Hollweg die umfangreichste Wehrvorlage seit der Reichsgründung ins Parlament ein. Vorgesehen war eine Verstärkung des Heeres im Frieden um weitere 135 000 Mann. Geplant war die Umsetzung bis 1915, dann sollte eine Gesamtstärke von rund 800 000 Mann erreicht sein. Die Präsenzstärke des Heeres hatte 1874 bei 401 000 Mann gelegen, die Planungen liefen jetzt also auf eine Verdoppelung hinaus. Allerdings ist es wichtig zu wissen, dass das deutsche Heer selbst mit Blick auf seine Friedensstärke unmittelbar vor Ausbruch des Ersten Weltkriegs im internationalen Vergleich nicht aus dem Rahmen fiel, gegenüber Russland ohnehin nicht und selbst das im Vergleich zum Reich bevölkerungsmäßig erheblich kleinere Frankreich hatte Anfang 1914, noch im Frieden, 927 000 Mann unter Waffen.

Zabern-Affäre

Konnte Bethmann Hollweg für die Heeresvermehrung im Sommer 1913 in Anbetracht der gefährlichen außenpolitischen Situation noch eine große parteiübergreifende Mehrheit (ohne die Sozialdemokraten) finden, so zeigte sich wenig später, wie prekär seine Stellung gegenüber dem Reichstag im Grunde war. Deutlich wurde dies im Verlauf der so genannten Zabern-Affäre. In dem kleinen elsässischen Städtchen Zabern – heute Saverne, etwa 40 Kilometer nordwestlich von Straßburg – kam es durch die „dummforsche Schnoddrigkeit“ (Hans-Ulrich Wehler) eines jungen Offiziers namens Günter von Forstner (1893–1915) bei der Rekrutenausbildung Ende Oktober 1913 zu einer Situation, in der sich die einheimische Bevölkerung durch das arrogante Auftreten der in der Stadt stationierten preußischen Offiziere mit Recht beleidigt und provoziert fühlte. Die von Reichskanzler

Bethmann Hollweg vorangetriebenen Bemühungen um eine bessere Integration der elsass-lothringischen Bevölkerung in das Reich wurden dadurch unterlaufen.

Die inzwischen auch zum Gegenstand der Presseberichterstattung gewordene Lage in Zabern spitzte sich im Verlauf verschiedener Vorfälle weiter zu. Zum Eklat kam es endgültig, als der zuständige Regimentskommandeur wegen einer vermeintlichen „Zusammenrottung" (von etwa zwei Dutzend Personen) die Hauptstraße des Städtchens durch bewaffnete Soldaten räumen ließ. Im Verlauf der Aktion wurden etwa dreißig Personen durch das Militär verhaftet. Bei diesen handelte es sich zum Teil um völlig unbeteiligte Passanten. Eine Nacht lang wurden sie im Kasernenkeller festgehalten. Die zivilen Behörden, vor allem die Polizei, wurden dabei übergangen. Es lag ein klarer Rechtsbruch vor, denn das Militär war zu dergleichen Schritten, ohne dass zuvor der Belagerungs- oder Kriegszustand erklärt worden war, nicht befugt.

In Anbetracht der Vorgänge in Zabern brach in Teilen der deutschen Presse ein Sturm der Empörung los, der sogar die Aufregung über die Daily Telegraph-Affäre in den Schatten stellte. Verschärfend wirkten noch Kommentare in der französischen Presse, welche die deutsche „Gewalt- und Willkürherrschaft" im Elsass anprangerten, womit die Angelegenheit endgültig erhebliche politische Brisanz gewann. Der Reichstag debattierte über die Vorfälle und Bethmann Hollweg verteidigte und verharmloste vor dem Parlament das Verhalten des Militärs auf Wunsch des Kaisers und von dessen militärischer Umgebung, obwohl er sich selbst als Jurist über die rechtliche Natur der Dinge im klaren war.

Mißbilligung der Haltung Bethmann Hollwegs durch den Reichstag

Durch das Auftreten Bethmann Hollwegs entstand der Eindruck, dass dem Militär praktisch ein Freibrief auch für Gesetzesverletzungen ausgestellt wurde, der rechtsstaatliche Charakter des Reiches schien in Frage gestellt. Als obendrein der preußische Kriegsminister Erich von Falkenhayn (1861–1922) sich in provozierender Weise einen angeblichen Eingriff des Reichstags in die kaiserliche Kommandogewalt verbat, schlugen die Wellen der Erregung bei den meisten Abgeordneten noch höher. Auf der Grundlage der erst kurz zuvor geänderten Geschäftsordnung des Reichstages war es möglich, dem Reichskanzler in aller Form seine Mißbilligung auszusprechen. Davon wurde nun erstmals Gebrauch gemacht und in der gegebenen Situation stimmte der Reichstag am 4. Dezember 1913 mit großer Mehrheit einem entsprechenden Antrag zu (293 Ja-, 54 Nein-Stimmen, 4 Enthaltungen). Nur die Konservativen mochten einen derartigen, bislang beispiellosen Schritt nicht mitgehen.

Dieser spektakuläre Vorgang wurde, da er nach der Reichsverfassung formell weder den Kanzler zum Rücktritt noch den Kaiser zu dessen Entlassung nötigte, von der Reichsleitung einfach ignoriert. Gleichwohl erreichte damit das negative Verhältnis zwischen dem Parlament und dem Reichskanzler nur wenige Monate vor dem Beginn des Ersten Weltkriegs seinen Tiefpunkt. Bethmann Hollweg hatte keine realistische Aussicht mehr, künftig mit einer wie auch immer gearteten Reichstagsmehrheit konstruktiv zusammenarbeiten zu können. Er konnte lediglich den Versuch des „Fortwurstelns im Rahmen des bisherigen Systems" (Wolfgang J. Mommsen) unternehmen. Die innere Politik des Reiches steckte in einer kaum lösbar erscheinenden Krise, die äußere Politik in einer Krise größter Gefährlichkeit. Erst der Ausbruch des Ersten Weltkriegs im August 1914 änderte die Situation grundlegend.

Q

Reichskanzler von Bethmann Hollweg zur „Zabern-Affäre" vor dem Reichstag, 03. Dezember 1913
(nach: Bruch/Hofmeister, Deutsche Geschichte in Quellen und Darstellung, Bd. 8, S. 316ff.)

Dr. v. Bethmann Hollweg, Reichskanzler: [...] Der Leutnant v. Forstner hat in einer Instruktionsstunde einem Rekruten Anweisung gegeben, wie er sich verhalten solle, wenn er angegriffen würde. Im Hinblick auf manche ernsten und traurigen Ereignisse in den letzten Jahren hatte der Leutnant wohl Veranlassung, dies zum Gegenstand der Instruktion zu machen.
(Sehr richtig! rechts.)
[...] Endlich hat derselbe Leutnant in der Instruktionsstunde dreimal Elsässer als „Wackes" tituliert. Ein Rekrut hatte sich auf Befehl des Unteroffiziers bei dem Offizier mit dem Ausdruck: „Ich bin ein Wackes" melden müssen. [...] Die Herren Elsässer waren ja, als ich über das Wort „Wackes" sprach, schon sehr empfindlich. Aber ich glaube, ich trete den Herren doch wirklich nicht zu nahe, wenn ich meine, die Elsässer sollten doch auch nicht empfindlicher sein als andere Stämme unseres Volkes.
(Sehr richtig! rechts.)
Der Elsässer nennt, wenn er von dem Deutschen spricht, ihn mit Vorliebe einen Schwaben. Ich kann den elsässischen Dialekt leider nicht nachmachen, da klingt es noch etwas bezeichnender.
(Abgeordneter Ledebour [SPD]: Schämen Sie sich nicht, in so ernster Sache solchen Kohl vorzubringen?! – Glocke des Präsidenten)
Präsident: Herr Abgeordneter Ledebour, wegen dieses Zwischenrufs rufe ich Sie zur Ordnung!
Dr. v. Bethmann Hollweg, Reichskanzler: [...] Aber, meine Herren, sei dem, wie ihm wolle, die Elsässer haben sich tatsächlich durch den Gebrauch des Wortes beleidigt gefühlt. Das aber bildet noch in keiner Weise irgendeine Rechtfertigung dafür, dass in der Folge tatsächlich Offiziere und Mannschaften öffentlich beleidigt und verhöhnt worden sind.
(Hört! hört! rechts. – Zurufe von den Sozialdemokraten.)
[...] Auf der anderen Seite wird die Militärbehörde dauernd und mit Recht den Standpunkt vertreten, dass sie Beleidigungen, die ihr zugefügt werden, nicht auf sich sitzen lassen kann.
(Bravo! rechts.)
[...] Der Rock des Königs muss unter allen Umständen respektiert werden.
(Lebhafte Zustimmung rechts. – Zurufe von den Sozialdemokraten. – Andauernde große Unruhe.) [...]

Ausblick und Schlussbetrachtung

Verspätete Verfassungsrevision

Am 26. Oktober 1918 verabschiedete der Reichstag mit den Stimmen der Zentrums-, der nationalliberalen und der linksliberalen Fraktion ein verfassungsänderndes Gesetz. Zustimmung erhielt dieses auch vom größeren Teil der sozialdemokratischen Fraktion, die sich im Streit um das weitere Verhalten gegenüber dem vorhandenen politischen System nach langen Querelen 1916 endgültig gespalten hatte. Die Abgeordneten der Mehrheits-Sozialdemokratie unter Führung von Friedrich Ebert verschafften der Verfassungsänderung die erforderliche Zweidrittelmehrheit im Parlament. Die seit 1916 verselbständigte Fraktion der Unabhängigen Sozialdemokraten, angeführt von Hugo Haase, war nicht bereit, der Verfassungsänderung in dieser Form zuzustimmen, ebensowenig die Konservativen.

Die somit beschlossenen „Oktoberreformen" wurden am 28. Oktober 1918 wirksam. Es handelte sich um die erste, das politische System wirklich einschneidend ändernde Verfassungsrevision seit Inkrafttreten der Reichsverfassung am 16. April 1871. Ihr Kern bestand in der Erweiterung von Artikel 15 der Reichsverfassung, der durch folgende Sätze ergänzt wurde: „Der Reichskanzler bedarf zu seiner Amtsführung des Vertrauens des Reichstags. Der Reichskanzler trägt die Verantwortung für alle Handlungen von politischer Bedeutung, die der Kaiser in Ausübung der ihm nach der Reichsverfassung zustehenden Befugnisse vornimmt. Der Reichskanzler und sein Stellvertreter sind für ihre Amtsführung dem Bundesrat und dem Reichstag verantwortlich."

Damit war das bisher allein dem Kaiser zustehende Recht der Berufung und Entlassung des Reichskanzlers beschnitten, da der Kanzler nunmehr ausdrücklich dem Reichstag verantwortlich war und das Vertauen von dessen Mehrheit besitzen musste, nicht mehr lediglich das des Kaisers. Ebenfalls geändert wurde Artikel 11. Bisher hatte der Kaiser für Kriegserklärungen beziehungsweise den Abschluß von Friedensverträgen mit anderen Staaten nur der Zustimmung des Bundesrates bedurft. Gemäß der neuen Fassung von Artikel 11 war dazu nunmehr auch das Einverständnis des Reichstags erforderlich. Neben verschiedenen Einschränkungen der kaiserlichen Kommandogewalt im militärischen Bereich wurde schließlich auch die bislang gemäß Artikel 21 geltende Unvereinbarkeit von Reichstagsmandat und Regierungsamt aufgehoben.

Novemberrevolution

Die durch die Reichsverfassung vom 16. April 1871 errichtete konstitutionelle Monarchie mit stark ausgeprägter Stellung des Kaisers und beschränkten Kompetenzen des Reichstags war nun verwandelt in eine parlamentarische Monarchie, in der das Parlament die entscheidende Instanz war. Die Parlamentarisierung des Kaiserreiches hatte ihren Endpunkt erreicht. Jedoch gewann die Verfassungsänderung praktisch keine reale Bedeutung mehr. Am Tag nach ihrem Inkrafttreten begann der Aufstand der Matrosen der kaiserlichen Marine, die sich dagegen wehrten, in einem offenkundig verlorenen Krieg durch einen Befehl zum Auslaufen in letzter Stunde noch militärisch sinnlos geopfert zu werden. Von der Flotte, einst das Prestigeobjekt deutschen Weltmacht-Anspruchs schlechthin, ging der letzte Anstoß zum Untergang des Kaiserreiches aus. In Kiel und Wilhelmshaven beginnend, breitete sich die Aufstandsbewegung rasch über das ganze Reich aus. Den Soldaten, die den Krieg sofort beendet sehen wollten, schlossen sich auch die hungernden Volksmassen an. Am 9. November 1918 erreichte das revolutionäre Geschehen die Reichshauptstadt Berlin. Gegen Mittag dieses Tages veröffentlichte der letzte vom Kaiser berufene Reichskanzler, Prinz Max von Baden, die Abdankungserklärung Wilhelms II. Dieser hielt sich im kaiserlichen Hauptquartier im belgischen Spa auf und hatte sich noch unmittelbar zuvor in einem Telefongespräch mit dem Reichskanzler geweigert, seinen Thronverzicht zu akzeptieren. Max von Baden sah jedoch in Berlin keine andere Handlungsmöglichkeit mehr. Nach der Veröffentlichung der Abdankung übergab der Reichskanzler seine Amtsgeschäfte an den Führer der Mehrheits-Sozialdemokraten, Friedrich Ebert. Am frühen Nachmittag des 9. November rief dessen Parteifreund Philipp Scheidemann von einem Balkon des Reichstagsgebäudes die „deutsche Republik" aus. Das Kaiserreich gehörte der Geschichte an.

Erst im Verlauf des Ersten Weltkrieges war wieder Bewegung in die innenpolitische Erstarrung gekommen, welche sich unter der Kanzlerschaft Theobald von Bethmann Hollwegs endgültig eingestellt hatte und die ihren bezeichnenden Ausdruck in der Reaktion des Reichstages auf die Haltung Bethmann Hollwegs in der Zabern-Affäre gegen Ende des Jahres 1913 gefunden hatte. Die Reichstagsmehrheit konnte dem Reichskanzler formell ihre Mißbilligung aussprechen, unmittelbar seine Ablösung veranlassen konnte sie nicht. Zweifellos war der Einfluss des Reichstages gerade seit der Wende vom 19. zum 20. Jahrhundert gewachsen. Die Reichskanzler waren gemäß der Verfassung von 1871 auf die Kooperationswilligkeit der Mehrheit des Reichstages angewiesen. Dies führte dazu, dass dem Parlament Zugeständnisse gemacht werden mussten. Die Parlamentarisierung hatte so bis 1914 Fortschritte gemacht, allerdings ohne dass die verfassungsgemäße Grundlage des politischen Systems geändert worden wäre. Daher wurde seine Funktionsfähigkeit zunehmend in Frage gestellt. Der Reichstag konnte der Politik des vom Kaiser beauftragten Reichskanzlers eine Blockadehaltung entgegensetzen, der Reichskanzler seinerseits konnte den Reichstag auflösen in der Hoffnung, nach den fälligen Neuwahlen günstigere Mehrheitsverhältnisse im Parlament vorzufinden. Eine klare Entscheidung zugunsten der Parlamentsmacht oder der Reichsleitung fiel jedoch nicht.

Dies hatte nicht zuletzt damit zu tun, dass die großen, für die Mehrheitsbildung entscheidenden Parteien im Reichstag sich nicht einig waren über Inhalt und Form legislativer Schritte, welche die faktische Teil-Parlamentarisierung in eine partielle Revision der geltenden Verfassung hätten übersetzen können. Mit den Konservativen lehnte ein bedeutender Teil der Parlamentarier solche Schritte ohnehin generell ab. Und die Haltung von Zentrum, Links- und Nationalliberalen und erst recht die der Sozialdemokraten war nicht auf einen verfassungspolitischen Nenner zu bringen. Darüber hinaus waren die konservativen Beharrungskräfte des bestehenden Systems stark. Die taktisch bedingten Rücksichten bei den grundsätzlich reformwilligen Kräften und die kompromißlose Unnachgiebigkeit der Konservativen hatte sich in besonders anschaulicher Weise beim Scheitern der überfälligen Revision des preußischen Drei-Klassen-Wahlrechts gezeigt. Die Vergeblichkeit der Reformbemühungen hatte zur Folge, dass der mit Abstand wichtigste Bundesstaat noch am Ende des Kaiserreichs ein Wahlrecht hatte, das aus dem Jahr 1849 stammte, und das für jedermann unübersehbar ein eklatantes Mißverhältnis zwischen dem mehrheitlichen Wählerwillen und den parlamentarischen Machtverhältnissen konservierte.

Der Kaiser war wohl gar nicht befähigt, die Reformbedürftigkeit des Reiches überhaupt zu erkennen, geschweige denn wegweisende Initiativen zu ergreifen. Auch war fraglich, ob Reformprojekte, wenn es denn solche gegeben hätte, den Bundesrat, also die Vertretung der überwiegend monarchischen Oberhäupter der Bundesstaaten, passiert hätten.

Erst unter dem Eindruck des Ersten Weltkrieges fand sich schrittweise im Reichstag eine reformwillige Mehrheit mit einigermaßen gleichgerichteten Zielen zusammen. Das Ergebnis des im Frieden nicht herstellbaren Konsenses bestand in den Oktoberreformen von 1918. Diese wären allerdings ohne die Zustimmung der Obersten Heeresleitung und hier vor allem General Ludendorffs kaum zustande gekommen. Die Oberste Heeresleitung, die seit 1916 faktisch immer mehr die politische Führung des Reiches übernommen hatte, ohne dazu verfassungsrechtlich legitimiert zu sein, betätigte sich nunmehr im Gegensatz zur Zeit davor reformfördernd. Dies diente dazu, den Reichstag beim bevorstehenden Offenbarwerden der militärischen Niederlage in die Verantwortung mit einzubinden.

Aber die Verfassungsrevision kam zu spät, um die Monarchie noch zu retten. Der Krieg war verloren, das Kaiserreich auch kriegswirtschaftlich am Boden, wenngleich Teile der Eliten und der einfachen Bevölkerung noch immer nicht willens oder in der Lage waren, sich dies einzugestehen. Die Monarchie war durch ihre Repräsentanten und deren Unfähigkeit, die Kriegskatastophe wenn nicht abzuwenden, so doch im Angesicht des militärisch vergeblichen Massensterbens beizeiten zu beenden, so weit diskreditiert, dass nun vielen ihr Ende die unvermeidliche Konsequenz zu sein schien.

Gegensätzliche Bewertungen

Der Untergang des Kaiserreichs im Kontext des verlorenen Krieges bedeutete indessen für zahlreiche Zeitgenossen ein Trauma, das dazu führte, seine Frühzeit in ein allzu positives Licht zu rücken. In der kollektiven Erinnerung ist vor allem aus Otto von Bismarck vielfach eine geradezu überdimensionale Gestalt geworden – der „Eiserne Kanzler", der einerseits mit Tatkraft und Härte das Deutsche Reich geschaffen hatte und es andererseits dann, solange er Reichskanzler war, sicher bewahrt hatte durch seine als genial erachtete Außenpolitik.

Die – nicht zuletzt bedingt durch die katastrophalen Folgen vor allem der Außenpolitik seiner Nachfolger – lange Zeit so positive Sicht auf Bismarcks historische Leistung ist inzwischen korrigiert worden. Kein Zweifel besteht daran, dass Bismarck einer der großen Beweger der deutschen Geschichte im 19. Jahrhundert war und dass tatsächlich er es war, der die Reichsgründung wesentlich ermöglichte. Bismarck hat jedoch seine Nachfolger mit einem außenpolitischen Dilemma zurückgelassen, das er durch seine Bündnispolitik nicht wirklich gelöst, sondern allenfalls verdeckt hat. Die Stellung des Reiches in der Mitte Europas, mit Frankreich als unversöhnlich feindlichem Widerpart im Westen und Rußland als unberechenbarem Nachbarn im Osten, war und blieb prekär, zumal Österreich-Ungarn ein von inneren Schwierigkeiten zerrissener, schwacher Bündnispartner war und Großbritannien sich nicht auf eine eindeutig freundliche Haltung gegenüber dem Reich festlegen ließ. Lothar Gall, einer der bedeutendsten Wegbereiter einer kritischen neueren Sicht auf Bismarck, hat dessen Außenpolitik eingängig als „System der Aushilfen" gekennzeichnet. Und Aushilfen sind eben keine wirklichen Lösungen. Die Reichskanzler nach Bismarck und auch Wilhelm II. haben gewiß Fehler gemacht, zum Teil äußerst schwerwiegende. Aber sie erbten nicht etwa eine außenpolitisch wirklich bereinigte Situation, deren vermeintliche Bismarcksche Ordnung sie erst zerstören mussten, bevor Deutschland auf die abschüssige Bahn zum Ersten Weltkrieg geriet, dessen katastrophales Ende für diejenigen, die eine nüchterne Einschätzung der Kräfteverhältnisse vornahmen, längst vor dem August 1914 absehbar war.

Muß also Bismarcks außenpolitische Gesamtleistung, die keine echte Friedenspolitik war, sehr kritisch bewertet werden, so gilt dies nicht minder für die vom ersten Reichskanzler verantwortete Innenpolitik. Der taktisch motivierte, skrupellose Aufbau von Feindbildern, insbesondere im Kulturkampf und in der Auseinandersetzung mit der Sozialdemokratie, begünstigte wesentlich die Entstehung eines innenpolitischen Klimas, das von Feindseligkeit und ideologischen Gräben geprägt war. Die mangelnde Konsensfähigkeit der politischen Parteien und damit die Selbstblockade des Reichstages hatte ihre Wurzeln auch hier.

Bismarck war am Ende seiner politischen Tätigkeit weitgehend unfähig, den grundstürzenden ökonomischen und sozialen Wandel, den Deutschland im Zuge der Hochindustrialisierung erlebte, konstruktiv mitzuvollziehen. Er versuchte noch immer, seine antimodernen politischen und gesellschaftlichen Leitvorstellungen in einer Welt durchzusetzen, die ihn und seine Glaubensartikel längst überholt hatte. Als ultima ratio seiner Politik erscheint nicht von ungefähr die bewußte Anheizung innerer Konflikte, in der rückschauend realitätsfern erscheinenden Hoffnung, sie autoritär und womöglich gewaltsam lösen zu können.

Die Reichskanzler nach Bismarck hatten auf der Grundlage der von ihm konstruierten Reichsverfassung zu agieren. Machte schon dieses „System der umgangenen Entscheidungen" (Wolfgang J. Mommsen) das Regieren schwierig, vor allem durch die unentschiedene Stellung des Kanzlers in Abhängigkeit vom Parlament einerseits und vom Kaiser andererseits, so wurde die weitere Entwicklung des Reiches auch durch die prekäre Herrscherpersönlichkeit Wilhelms II. mitbestimmt. Das „persönliche Regiment" mag in Wahrheit ein uneingelöster Anspruch Wilhelms II. geblieben sein. Wie auch immer man dies beurteilt, jedenfalls gingen von diesem Monarchen keine Reformimpulse aus. Im Gegenteil, er war ein Reformhindernis. Damit aber stand der Kaiser nicht allein; das Kaiserreich ist nicht nur, ja nicht einmal hauptsächlich an Wilhelm II. gescheitert. Dieser war zwar gewiß der herausragende Repräsentant der von Selbtsüberschätzung und Realitätsblindheit gekennzeichneten „wilhelminischen Mentalität". Aber auch dem größten Teil der politischen und gesellschaftlichen Eliten fehlte die erforderliche Einsicht und Reformbereitschaft. Stattdessen gaben sie sich lieber illusionären Weltmachtträumen hin, die mit einer nüchternen

Einschätzung der machtpolitischen Möglichkeiten und Grenzen des Deutschen Reiches nicht vereinbar waren. Die wilhelminische Mentalität war indessen schichtübergreifend verbreitet. Wenn sie von den Eliten in eine risikoreiche Außenpolitik und eine autoritäre Innenpolitik umgesetzt wurde, so fand dies zumindest die Zustimmung eines erheblichen Teils der deutschen Bevölkerung, und zwar bis hinein in die Reihen der Arbeiterschaft.

Das Kaiserreich ist insgesamt von innen heraus gescheitert. Der Zwiespalt zwischen einer enormen ökonomischen Modernität, die sich im Zuge der Hochindustrialisierung stürmisch Bahn brach, und einer obrigkeitsstaatlich geprägten politischen Ideenwelt konnte nicht konstruktiv gelöst werden, weil zu viele Deutsche sich der Einsicht in die Notwendigkeit einer solchen Lösung verweigerten. Der vom Kaiserreich selbst mit verschuldete Erste Weltkrieg hat als Katalysator seiner Implosion gewirkt, nicht etwa als Ursache.

Ergebnisse der Reichstagswahlen 1871–1912
(Anteil an den abgegebenen Stimmen in % / Anzahl der gewonnenen Mandate)

Jahr	National-liberale	Links-liberale	Konser-vative	Zentrum	Sozial-demo-kraten	Anti-semiten	Sonstige	Wahl-beteiligung in %
1871	30,1/125	9,3/47	23,0/94	18,6/63	3,2/2	–	15,8/52	50,7
1874	29,7/155	9,0/50	14,1/55	27,9/91	6,8/9	–	12,4/37	60,8
1877	27,2/128	8,5/39	17,6/78	24,8/93	9,1/12	–	10,1/34	60,3
1878	23,1/99	7,8/39	26,6/116	23,1/94	7,6/9	–	9,0/40	63,1
1881	14,7/47	23,1/115	23,7/78	23,2/100	6,1/12	–	9,1/45	56,1
1884	17,6/51	19,3/74	22,1/106	22,6/99	9,7/24	–	8,7/43	60,3
1887	22,3/99	14,1/32	25,0/121	20,1/98	10,1/11	0,2/1	8,2/35	77,2
1890	16,3/42	18,0/76	19,1/93	18,6/106	19,8/35	0,7/2	8,6/40	71,2
1893	13,0/53	14,8/48	19,3/100	19,1/96	23,3/44	3,5/16	7,7/40	72,2
1898	12,5/46	11,1/49	15,5/79	18,8/102	27,2/56	3,3/13	10,6/52	67,7
1903	13,9/51	9,3/49	13,5/75	19,8/100	31,7/81	2,6/11	9,5/43	75,3
1907	14,5/54	10,9/49	13,6/84	19,4/105	28,9/43	3,9/16	8,8/26	84,3
1912	13,6/45	12,3/42	12,2/57	16,4/91	34,8/110	2,9/13	7,7/39	84,5

Zahlen nach Hohorst/Kocka/Ritter, Sozialgeschichtliches Arbeitsbuch 1870–1914, S. 173–176

Auswahlbibliografie

Quellensammlungen, Materialien und Hilfsmittel

Baumgart, Winfried (Hrsg.): Quellenkunde zur deutschen Geschichte der Neuzeit von 1500 bis zur Gegenwart, Bde. 5, I u. II: Das Zeitalter des Imperialismus und des Ersten Weltkriegs (1871–1918), 2. überarb. u. erg. Aufl., Darmstadt 1991. Unverzichtbares Hilfsmittel.

Berghahn, Volker R./Deist, Wilhelm: Rüstung im Zeichen der wilhelminischen Weltpolitik. Grundlegende Dokumente 1890–1914, hrsg. v. Militärgeschichtlichen Forschungsamt, Düsseldorf 1988. Quellen zum Inhalt und zur öffentlichen Präsentation der Aufrüstung von Marine und Heer unter Wilhelm II.

Born, Karl Erich/Henning, Hansjoachim/Tennstedt, Florian (Hrsg.): Quellensammlung zur Geschichte der deutschen Sozialpolitik 1867 bis 1914, 20 Bde. [weitere folgen], Darmstadt 1966–2003. Umfassende Dokumentation der einschlägigen Probleme und Lösungsansätze.

Bruch, Rüdiger vom/Hofmeister, Björn (Hrsg.): Deutsche Geschichte in Quellen und Darstellung, Bd. 8: Kaiserreich und Erster Weltkrieg 1871–1918, Stuttgart 2000. Beinhaltet Texte zu den wichtigsten Bereichen der gesellschaftlichen, wirtschaftlichen und politischen Entwicklung des Kaiserreichs, die jeweils kommentierend eingeleitet werden.

Deuerlein, Ernst (Hrsg.): Die Gründung des Deutschen Reiches 1870/71 in Augenzeugenberichten, Düsseldorf 1970. Unmittelbare Berichte zur Reichsgründung.

Fenske, Hans (Hrsg.): Im Bismarckschen Reich 1871–1890, Darmstadt 1978.

Fenske, Hans (Hrsg.): Unter Wilhelm II. 1890–1918, Darmstadt 1982. Beide Bände enthalten zentrale Texte zur Programmatik der deutschen Parteien sowie umfangreiche Quellen zu den wichtigsten innen- und außenpolitischen Kontroversen.

Fenske, Hans (Hrsg.): Quellen zur deutschen Innenpolitik 1890–1914, Darmstadt 1991.

Flemming, Jens/Saul, Klaus/Witt, Peter-Christian (Hrsg.): Quellen zur Alltagsgeschichte der Deutschen 1871–1914, Darmstadt 1997. Beleuchtet vielfältige Aspekte der Alltagskultur.

Gall, Lothar (Hrsg.): Bismarck. Die großen Reden, Berlin 1981. Repräsentative Auswahl.

Glatzer, Ruth (Hrsg.): Panorama einer Metropole: Das Wilhelminische Berlin. Mit einer Einleitung von Ernst Engelberg, Berlin 1997. Beleuchtet gut kommentiert die wichtigsten Bereiche des politischen, gesellschaftlichen und kulturellen Lebens in der Reichshauptstadt unter Wilhelm II.

Hohorst, Gerd/Kocka, Jürgen/Ritter, Gerhard A.: Sozialgeschichtliches Arbeitsbuch. Materialien zur Statistik des Kaiserreichs 1870–1914, München 1975. Unverzichtbare Datensammlung zur ökonomischen und sozialen Entwicklung.

Huber, Ernst Rudolf: Dokumente zur deutschen Verfassungsgeschichte, Bd. 2: Deutsche Verfassungsdokumente 1851–1900, 3. Aufl., Stuttgart 1986.

Huber, Ernst Rudolf: Dokumente zur deutschen Verfassungsgeschichte, Bd. 3: Deutsche Verfassungsdokumernte1900–1918, 3. Aufl., Stuttgart 1990. Umfassende Sammlung von Quellen weit über den engeren verfassungsgeschichtlichen Rahmen hinaus.

Johann, Ernst (Hrsg.): Reden des Kaisers. Ansprachen, Predigten und Trinksprüche Wilhelms II., München 1966. Repräsentative Auswahl öffentlicher Äußerungen Wilhelms II.

Lill, Rudolf (Hrsg.): Der Kulturkampf, Paderborn 1997. Instruktive, knappe Einleitung und zentrale Quellen.

Ritter, Gerhard A. (Hrsg.): Das Deutsche Kaiserreich 1871–1914. Ein historisches Lesebuch, 5. durchges. Aufl., Göttingen 1992. Enthält zahlreiche Schlüsseltexte insbesondere zur Entwicklung der politischen Parteien und Verbände.

Ritter, Gerhard A./Niehuss, Merith: Wahlgeschichtliches Arbeitsbuch. Materialien zur Statistik des Kaiserreichs 1871–1918, München 1980. Wichtiges Hilfsmittel zum Verständnis des Wahlsystems und der Wahlergebnisse im Reich und ausgewählten Bundesstaaten.

Schulz, Ursula (Hrsg.): Die Deutsche Arbeiterbewegung 1848–1919 in Augenzeugenberichten. Mit einer Einleitung von Willy Dehnkamp, München 1976. Illustriert Entstehung und Entfaltung vor allem der sozialistischen Arbeiterbewegung.

Stürmer, Michael (Hrsg.): Bismarck und die preußisch-deutsche Politik 1871–1890, 3. Aufl., München 1978. Dokumentiert die wichtigsten Aspekte der Politik Bismarcks als Reichskanzler.

Winzen, Peter: Das Kaiserreich am Abgrund. Die Daily Telegraph-Affäre und das Hale-Interview von 1908. Darstellung und Dokumentation, Stuttgart 2002. Detaillierte Darstellung des Zustandekommens der Affäre mit umfassendem Quellenmaterial.

Selbstzeugnisse

Bethmann Hollweg, Theobald von: Betrachtungen zum Weltkriege, Neuausgabe, hrsg. von Jost Dülffer, Essen 1989.

Bismarck, Otto von: Gedanken und Erinnerungen. Mit einem Essay von Lothar Gall, Berlin 1998.

Bülow, Bernhard von: Denkwürdigkeiten, 4 Bde., Berlin 1930.

Hohenlohe-Schillingsfürst, Chlodwig von: Denkwürdigkeiten der Reichskanzlerzeit, Neudruck, Osnabrück 1967.

Allgemeine und übergreifende Darstellungen

Berghahn, Volker: Imperial Germany, 1871–1914. Economy, Society, Culture and Politics, Providence 1994. Neuerer Gesamtüberblick.

Boldt, Hans: Deutsche Verfassungsgeschichte. Politische Strukturen und Wandel, Bd. 2: Von 1806 bis zur Gegenwart, München 1990. Zeigt Kontinuität und Diskontinuität der Reichsverfassung von 1871.

Born, Karl Erich: Von der Reichsgründung bis zum Ersten Weltkrieg, 15. Aufl., München 1994. Standardwerk, noch immer geeignet zur raschen Fakteninformation.

Craig, Gordon A.: Deutsche Geschichte 1866–1945. Vom Norddeutschen Bund bis zum Ende des Dritten Reiches, München 1996. Gesamtdarstellung eines führenden amerikanischen Experten.

Fehrenbach, Elisabeth: Verfassungsstaat und Nationsbildung 1815–1871, München 1992. Komprimierte Informationen zu den Voraussetzungen der Nationalstaatsgründung.

Gall, Lothar (Hrsg.): Otto von Bismarck und Wilhelm II. Repräsentanten eines Epochenwechsels?, Paderborn u.a. 2000. Neueste Ergebnisse der Diskussion um Kontinuität und Diskontinuität nach 1890.

Gall, Lothar: Europa auf dem Weg in die Moderne 1850–1890, 3. überarb. Aufl., München 1997. Knapper Abriß der internationalen Konstellationen mit Forschungsüberblick.

Hertz-Eichenrode, Dieter: Deutsche Geschichte 1871–1890. Das Kaiserreich in der Ära Bismarck, Stuttgart, Berlin, Köln 1992.

Hertz-Eichenrode, Dieter: Deutsche Geschichte 1890–1918. Das Kaiserreich in der Wilhelminischen Zeit, Stuttgart, Berlin, Köln 1996. Geeignet zur relativ knappen Fakteninformation, gibt jedoch kaum Einblick in die kontroverse Interpretation des Kaiserreichs.

Huber, Ernst Rudolf: Deutsche Verfassungsgeschichte seit 1789, Bd. 3: Bismarck und das Reich, 3. überarb. Aufl., Stuttgart 1988.

Huber, Ernst Rudolf: Deutsche Verfassungsgeschichte seit 1789, Bd. 4: Struktur und Krisen des Kaiserreichs, 2. Aufl., Stuttgart 1982. Älteres, aber durch seinen Detailreichtum immer noch wichtiges Standardwerk.

Kiesewetter, Hubert: Industrielle Revolution in Deutschland 1815–1914, Frankfurt a.M. 1989. Überblick zur Industrialisierungsgeschichte.

Langewiesche, Dieter (Hrsg.): Ploetz. Das deutsche Kaiserreich 1867/71 bis 1918. Bilanz einer Epoche, Freiburg, Würzburg 1984. Faktenreicher, knapper Überblick in Einzelbeiträgen.

Loth, Wilfried: Das Kaiserreich. Obrigkeitsstaat und politische Mobilisierung, 2. Aufl., München 2002. Handliche Überblicksdarstellung mit einem anschaulichen Dokumentenanhang sowie einem knappen Forschungsüberblick.

Mann, Golo: Deutsche Geschichte des 19. und 20. Jahrhunderts, Sonderausgabe, Frankfurt a.M. 2002. Ältere Gesamtdarstellung, durch ihre literarische Qualität noch immer lesenswert.

Mommsen, Wolfgang J.: Das Ringen um den nationalen Staat. Die Gründung und der innere Ausbau des Deutschen Reiches unter Otto von Bismarck 1850 bis 1890, Berlin 1993.

Mommsen, Wolfgang J.: Bürgerstolz und Weltmachtstreben. Deutschland unter Wilhelm II. 1890–1918, Berlin 1995. Voluminöse Gesamtschau.

Nipperdey, Thomas: Deutsche Geschichte 1866–1918, Bd. I: Arbeitswelt und Bürgergeist, Bd. 2: Machtstaat vor der Demokratie, Sonderausgabe, München 1998. Brillant geschriebene Gesamtdarstellung.

Pflanze, Otto (Hrsg.): Innenpolitische Probleme des Bismarck-Reiches, München, Wien 1983. Einzelanalysen zu innenpolitischen Konfliktfeldern unter Bismarck.

Radkau, Joachim: Das Zeitalter der Nervosität. Deutschland zwischen Bismarck und Hitler, München 1998. Gesamtinterpretation mit psychologisierendem Ansatz.

Röhl, John C. G.: Deutschland ohne Bismarck. Die Regierungskrise im zweiten Kaiserreich 1890–1900, Tübingen 1969. Detaillierte Untersuchung zu den Kanzlerschaften Caprivi und Hohenlohe.

Röhl, John C. G.: Kaiser, Hof und Staat. Wilhelm II. und die deutsche Politik, München 1987. Untersuchung der persönlichen Umgebung des Kaisers und ihres politischen Einflusses.

Stürmer, Michael: Das Deutsche Reich 1870–1919, Berlin 2001. Gut lesbare, knappe Skizze.

Stürmer, Michael: Das ruhelose Reich. Deutschland 1866–1918. Sonderausgabe, Berlin 1994. Handbuchartige Gesamtdarstellung, die neben der politischen auch die wichtigsten Aspekte der wirtschaftlichen und sozialen Entwicklung des Kaiserreichs anschaulich behandelt.

Stürmer, Michael: Die Reichsgründung. Deutscher Nationalstaat und europäisches Gleichgewicht im Zeitalter Bismarcks, München 1984. Knappe Darstellung der Voraussetzungen zur Reichsgründung und ihrer unmittelbaren Folgen.

Ullmann, Hans-Peter: Das Deutsche Kaiserreich 1871–1918, Frankfurt a. M. 1995. Übersichtliche Gesamtdarstellung.

Ullmann, Hans-Peter: Politik im Deutschen Kaiserreich 1871–1918, München 1999. Knapper Überblick zu den wichtigsten Entwicklungslinien und unentbehrliches Hilfsmittel zur Erschließung der aktuellen Forschungsprobleme und -tendenzen.

Ullrich, Volker: Als der Thron ins Wanken kam. Das Ende des Hohenzollernreichs 1890–1918, Bremen 1993. Beleuchtet schlaglichtartig wichtige Etappen auf dem Weg zum Untergang des Kaiserreichs.

Ullrich, Volker: Die nervöse Großmacht. Aufstieg und Untergang des deutschen Kaiserreichs 1871–1918, 3. Aufl., Frankfurt a. M. 1999. Sehr gut lesbare, den neueren Forschungsstand verständlich wiedergebende Darstellung.

Wehler, Hans-Ulrich: Das Deutsche Kaiserreich 1871–1918, 7. Aufl., Göttingen 1994. Knappe, pointierte Darstellung.

Wehler, Hans-Ulrich: Deutsche Gesellschaftsgeschichte, Bd. 3: Von der „Deutschen Doppelrevolution" bis zum Beginn des Ersten Weltkriegs 1849–1914, 2. Aufl., München 1996. Gesamtdarstellung unter besonders ausgeprägter Einbeziehung ökonomischer und gesellschaftlicher Aspekte.

Wehler, Hans-Ulrich: Krisenherde des Kaiserreichs. Studien zur deutschen Sozial- und Verfassungsgeschichte, 2., überarb. u. erweiterte Aufl., Göttingen 1979. Faßt wesentliche Etappen der kritischen Diskussion um das Kaiserreich seit den 1960er-Jahren zusammen.

Winkler, Heinrich-August: Deutsche Geschichte vom Ende des Alten Reichs bis zum Untergang der Weimarer Republik. Sonderausgabe, Bonn 2000. Bettet die knapp gefaßte Geschichte des Kaiserreichs in einen weiter gefaßten Interpretationszusammenhang ein (Deutschlands „langer Weg nach Westen").

Biographien

Börner, Karl Heinz: Wilhelm I. 1797 bis 1888. Deutscher Kaiser und König von Preußen. Eine Biographie, Berlin 1984. Versuch, der eigenständigen Bedeutung Willhelms I. gerecht zu werden.

Düwell, Kurt/Richter, Günter/Salewski, Michael/Treue Wilhelm (Hrsg.): Drei deutsche Kaiser. Wilhelm I., Friedrich III., Wilhelm II., Freiburg 1987. Beiträge zu den Protagonisten des „Drei-Kaiser-Jahrs" 1888.

Engelberg, Ernst: Bismarck. Bd. 1: Urpreuße und Reichsgründer, Bd. 2: Das Reich in der Mitte Europas, Sonderausgabe, Berlin 1998. Detailreiche und differenzierte Darstellung eines führenden marxistischen Historikers.

Fesser, Gerd: Reichskanzler Bernhard von Bülow. Eine Biographie, Berlin 1991. Kritische Würdigung Bülows.

Fröhlich, Michael (Hrsg.): Das Kaiserreich. Portrait einer Epoche in Biographien, Darmstadt 2001. Knappe biographische Skizzen zu den wichtigsten Akteuren in Politik, Wirtschaft und Kultur.

Gall, Lothar: Bismarck. Der weiße Revolutionär, 8. Aufl., Frankfurt a. M., Berlin, Wien 1990. Umfassende kritische Lebensbeschreibung, die auf die Neubewertung von Person und Rolle Bismarcks bahnbrechend gewirkt hat.

Herre, Franz: Kaiser Friedrich III. Deutschlands liberale Hoffnung. Eine Biographie, Stuttgart 1987. Zur Bedeutung des „99-Tage-Kaisers".

Jarausch, Konrad: The Enigmatic Chancellor. Bethmann Hollweg and the Hybris of Imperial Germany, New Haven 1973. Auseinandersetzung mit der Zwiespältigkeit des fünften Reichskanzlers.

Krockow, Christian Graf von: Kaiser Wilhelm II. und seine Zeit. Biografie einer Epoche, Berlin 2002 (TB-Ausgabe). Neuere Darstellung, ohne eigenständige Forschungsleistung, aber farbig und gut lesbar geschrieben.

Meißner, Heinrich Otto: Der Reichskanzler Caprivi. Eine biographische Skizze, 2. Aufl., Darmstadt 1969. Knappe Lebensbeschreibung des zweiten Reichskanzlers.

Pflanze, Otto: Bismarck, Bd. 1: Der Reichsgründer, Bd. 2: Der Reichskanzler, München 1998. Detaillierte Lebensbeschreibung, die einem „psychohistorischen" Ansatz verpflichtet ist.

Röhl, John C. G.: Wilhelm II. Die Jugend des Kaisers 1859–1888, München 1993.

Röhl, John C. G.: Wilhelm II. Der Aufbau der persönlichen Monarchie 1888–1900, München

2001. Äußerst detailreiche, bislang noch unvollendete Lebensbeschreibung des letzten Kaisers.

Sternburg, Wilhelm von (Hrsg.): Die deutschen Kanzler. Von Bismarck bis Kohl, 2. Aufl., Berlin 1998. Enthält auch knappe Skizzen zu allen kaiserlichen Reichskanzlern.

Ullrich, Volker: Otto von Bismarck, Reinbek 1998. Bietet gegenüber anderen voluminösen Bismarck-Biographien raschen Zugang zu den wichtigsten Aspekten von Leben und Werk.

Winzen, Peter: Bernhard Fürst von Bülow. Weltmachtstratege ohne Fortune, Göttingen 2003. Neueste Sicht auf Bülow.

Wollstein, Günther: Theobald von Bethmann Hollweg. Letzter Erbe Bismarcks, erstes Opfer der Dolchstoßlegende, Göttingen 1995. Neuere Auseinandersetzung mit dem fünften Reichskanzler.

Industrielle Revolution, Gesellschaft, Wirtschafts- und Sozialpolitik

Ambrosius, Gerold: Staat und Wirtschaft im 20. Jahrhundert, München 1990. Sehr guter Überblick mit Einführung in die Forschungslage.

Blaschke, Olaf/Kuhlemann, Frank-Michael (Hrsg.): Religion im Kaiserreich. Milieus, Mentalitäten, Krisen, Gütersloh 1996. Zum gesellschaftlichen und politischen Stellenwert der Religion.

Gall, Lothar: Bürgertum in Deutschland, Berlin 1989. Gelungene Idee, die Entwicklung des Bürgertums am Beispiel einer Familie zu veranschaulichen.

Hahn, Hans-Werner: Die industrielle Revolution in Deutschland, München 1998. Hervorragender Überblick zur Bedeutung der Industrialisierung mit Einführung in die Forschungsproblematik.

Hentschel, Volker: Wirtschaft und Wirtschaftspolitik im wilhelminischen Deutschland. Organisierter Kapitalismus und Interventionsstaat, Stuttgart 1978. Wichtige Gesamtdarstellung.

Heß, Klaus: Junker und bürgerliche Großgrundbesitzer im Kaiserreich, Stuttgart 1990. Detaillierte Untersuchung der konservativen Führungsschicht.

Hübinger, Gangolf/Mommsen, Wolfgang J.: Intellektuelle im Deutschen Kaiserreich, Frankfurt a.M. 1993. Zeigt die Zwiespältigkeit der Haltung dieser sozialen Gruppe.

Jäger, Hans: Geschichte der Wirtschaftsordnung in Deutschland, Frankfurt a.M. 1988. Weitgespannter Überblick.

Kaiser, Jochen-Christoph/Loth, Wilfried (Hrsg.): Soziale Reform im Kaiserreich. Protestantismus, Katholizismus und Sozialpolitik, Stuttgart 1997. Aufsätze zum Anteil der Kirchen an der Sozialpolitik.

Kocka, Jürgen (Hrsg.): Bürgertum im 19. Jahrhundert, 3 Bde., Göttingen 1995. Weitgefaßte Vergleichsperspektive auf eine schwer zu definierende soziale Schicht.

Kocka, Jürgen: Die Angestellten in der deutschen Geschichte 1850–1980, Göttingen 1981. Überblick zur Entstehung und Bedeutung des „neuen Mittelstandes".

Köllmann, Wolfgang: Bevölkerung in der industriellen Revolution. Studien zur Bevölkerungsgeschichte Deutschlands, Göttingen 1974. Standardwerk zur „demographischen Revolution".

Mayer, Arno J.: Adelsmacht und Bürgertum. Die Krise der europäischen Gesellschaft 1848–1914, München 1988 (TB-Ausgabe). Vergleichende Untersuchung zur Konkurrenz zwischen alter und neuer Elite.

Reulecke, Jürgen: Geschichte der Urbanisierung in Deutschland, Frankfurt a.M. 1985. Standard-Überblick zur Stadtentwicklung.

Ritter, Gerhard A.: Der Sozialstaat. Entstehung und Entwicklung im internationalen Vergleich, 3. Aufl., München 1998. Zeigt vergleichend die „Modernität" der Sozialpolitik im Kaiserreich.

Ritter, Gerhard A.: Soziale Frage und Sozialpolitik in Deutschland seit Beginn des 19. Jahrhunderts, Opladen 1998. Knappe neuere Darstellung von einem führenden Experten.

Rosenberg, Hans: Große Depression und Bismarckzeit. Wirtschaftsablauf, Gesellschaft und Politik in Mitteleuropa, Berlin 1967. Vergleichendes Standardwerk.

Sellier, Ulrich: Die Arbeiterschutzgesetzgebung im 19. Jahrhundert. Das Ringen zwischen christlich-sozialer Ursprungsidee, politischen Widerständen und kaiserlicher Gesetzgebung, Paderborn 1998. Untersuchung von Ursprüngen und Ergebnissen des Arbeiterschutzes.

Tennstedt, Florian: Sozialgeschichte der Sozialpolitik in Deutschland. Vom 18. Jahrhundert bis zum Ersten Weltkrieg, Göttingen 1981. Kompakter Überblicksband.

Tilly, Richard H.: Vom Zollverein zum Industriestaat. Die wirtschaftlich-soziale Entwicklung Deutschlands 1834 bis 1914, München 1990. Geeignet für eine rasche Orientierung.

Weitowitz, Rolf: Deutsche Politik und Handelspolitik unter Leo von Caprivi 1890–1894, Düsseldorf 1978. Untersuchung zu den Intentionen von Caprivis Politik bilateraler Handelsverträge.

Winkler, Heinrich August: Zwischen Marx und Monopolen. Der deutsche Mittelstand vom Kaiserreich zur Bundesrepublik, Frankfurt a.M.

1991. Übersichtliche Darstellung zur Mittelschicht.
Witt, Peter Christian: Die Finanzpolitik des Deutschen Reiches von 1903 bis 1913. Eine Studie zur Innenpolitik des wilhelminischen Deutschland, Lübeck, Hamburg 1970. Untersuchung zur Finanzkrise des Reiches vor dem Ersten Weltkrieg.

Arbeiterbewegung

Grebing, Helga: Arbeiterbewegung. Sozialer Protest und kollektive Interessenvertretung bis 1914, 3. Aufl., München 1992. Skizziert knapp die wichtigsten Entwicklungslinien, guter Überblick zur Forschungsentwicklung bis in die 1980er-Jahre.
Groh, Dieter/Brandt, Peter: Vaterlandslose Gesellen. Sozialdemokratie und Nation 1860–1990, München 1992. Umfassende Überprüfung eines politischen Kampfbegriffs.
Groh, Dieter: Negative Integration und revolutionärer Attentismus. Die deutsche Sozialdemokratie am Vorabend des Ersten Weltkrieges, Frankfurt a. M., Berlin, Wien 1973. Detaillierte Darstellung der inneren Situation und des politischen Kurses der SPD bis 1914.
Ritter, Gerhard A./Tenfelde, Klaus: Arbeiter im Deutschen Kaiserreich, Bonn 1992. Umfangreiche Quintessenz der neueren Forschung, welche die Arbeiterschaft in den Gesamtrahmen der wirtschaftlich-sozialen und politischen Entwicklung des Kaiserreichs einordnet.
Schildt, Gerhard: Die Arbeiterschaft im 19. und 20. Jahrhundert, München 1996. Hauptsächlich zu Erschließung der Forschungsentwicklung zu empfehlen.
Schneider, Michael: Kleine Geschichte der Gewerkschaften. Ihre Entwicklung in Deutschland von den Anfängen bis heute, Lizenzausgabe, Bonn 2000. Überblicksband, der die unterschiedlichen Gewerkschaftsrichtungen berücksichtigt und den neuere Forschungsstand zusammenfaßt. Mit einem instruktiven Quellen- und Tabellenanhang.
Welskopp, Thomas: Das Banner der Brüderlichkeit. Die deutsche Sozialdemokratie vom Vormärz bis zum Sozialistengesetz, Bonn 2000. Umfassende Darstellung der Entstehung der sozialdemokratischen Bewegung.

Nationalismus, Antisemitismus und „Neue Rechte"

Alter, Peter: Nationalismus, Frankfurt a. M. 1985. Gesamtdarstellung des Problems.
Benz, Wolfgang/Bergmann, Werner (Hrsg.): Vorurteil und Völkermord. Entwicklungslinien des Antisemitismus, Lizenzausgabe, Bonn 1997. Konzise Aufsatzsammlung zu Voraussetzungen und Bedeutung des modernen Antisemitismus.
Berding, Helmut: Moderner Antisemitismus in Deutschland, Frankfurt a. M. 1988. Guter Überblick.
Bergmann, Werner: Geschichte des Antisemitismus, München 2002. Neuester, konziser Überblick; zum Einstieg in das Thema besonders geeignet.
Breuer, Stefan: Ordnungen der Ungleichheit – die deutsche Rechte im Widerstreit ihrer Ideen 1871–1945, Darmstadt 2001. Analysiert und ordnet das Spektrum rechter Ideen.
Chickering, Roger: We Men Who Feel Most German. A Cultural Study of the Pan-German League, 1886–1914, Boston 1984. Standardwerk zur Entstehung und Bedeutung des Alldeutschen Verbandes.
Dann, Otto: Nation und Nationalismus in Deutschland 1770–1990, München 1993. Zeigt in knapper Form langfristige Entwicklungslinien auf.
Glaser, Hermann: Bildungsbürgertum und Nationalismus. Politik und Kultur im Wilhelminischen Deutschland, München 1993. Knappe Auseinandersetzung mit der Entwicklung der bürgerlichen Bildungsschicht zur Trägergruppe der rechts-nationalen Ideologie.
Grießmer, Axel: Massenverbände und Massenparteien im wilhelminischen Reich. Zum Wandel der Wahlkultur 1903–1912. Düsseldorf 2000. Detaillierte Untersuchung des Verbandseinflusses auf die drei letzten Reichstagswahlen im Kaiserreich.
Langewiesche, Dieter: Nation, Nationalismus, Nationalstaat: Forschungsstand und Forschungssperspektiven, in: Neue Politische Literatur 40 (1995), S. 190–236. Hilfreich zur Erschließung des neueren Forschungsstandes.
Puschner, Uwe/Schmitz, Walter/Ulbricht, Justus H. (Hrsg.): Handbuch zur „völkischen Bewegung" 1871–1918, München, New Providence, London, Paris 1996. Enthält eine Vielzahl von Beiträgen zu Trägern, Organisationen und Inhalten der „völkischen Bewegung".
Puschner, Uwe: Die völkische Bewegung im wilhelminischen Kaiserreich. Sprache – Rasse – Religion, Darmstadt 2001. Analysiert umfassend Entstehung und ideologische Inhalte der „völkischen Bewegung".
Stern, Fritz: Kulturpessimismus als politische Gefahr. Eine Analyse nationaler Ideologie in Deutschland, München 1986. Älteres Standardwerk, das exemplarisch geistesgeschichtliche Linien aufzeigt.

Volkov, Shulamit: Die Juden in Deutschland 1780–1918, München 1994. Derzeit bester Einstieg in die Geschichte des deutschen Judentums im 19. Jahrhundert. Mit Forschungsüberblick.

Winkler, Heinrich August (Hrsg.): Nationalismus, 2. Aufl., Königstein/Ts. 1985. Wichtiger Sammelband.

Wahlen, Parteien und Verbände

Alexander, Matthias: Die Freikonservative Partei 1890–1918. Gemäßigter Konservatismus in der konstitutionellen Monarchie, Düsseldorf 2000. Neuester Forschungsstand zur konservativen Parteipolitik.

Becker, Winfried (Hrsg.): Die Minderheit als Mitte. Die deutsche Zentrumspartei in der Innenpolitik des Reiches 1871–1933, Paderborn 1986. Beiträge zum Kurs des politischen Katholizismus.

Bertram, Jürgen: Die Wahlen zum Deutschen Reichstag vom Jahre 1912. Parteien und Verbände in der Innenpolitik des Wilhelminischen Reichs, Düsseldorf 1964. Detailanalyse zu Vorgeschichte und Ergebnis der letzten Reichstagswahl im Kaiserreich.

Dowe, Dieter/Kocka, Jürgen/Winkler, Heinrich August (Hrsg.): Parteien im Wandel. Vom Kaiserreich zur Weimarer Republik. Rekrutierung – Qualifizierung – Karrieren, München 1999. Aufsatzsammlung zu Kontinuität und Diskontinuität im deutschen Parteienwesen.

Fricke, Dieter (Hrsg.): Lexikon zur Parteiengeschichte. Die bürgerlichen und kleinbürgerlichen Parteien und Verbände in Deutschland (1789–1945), 4 Bde., Berlin [Ost] 1983–86. Immer noch zur Fakteninformation nützliches Nachschlagewerk.

Gall, Lothar (Hrsg.): Bürgertum und bürgerlich-liberale Bewegung in Mitteleuropa seit dem 18. Jahrhundert, München 1997. Aufsatzsammlung in vergleichender Perspektive.

Gall, Lothar (Hrsg.): Otto von Bismarck und die Parteien, Paderborn 2001. Aufsatzsammlung zu Bismarck und den einzelnen politischen Kräften.

Goldberg, Hans-Peter: Bismarck und seine Gegner. Die politische Rhetorik im kaiserlichen Reichstag, Düsseldorf 1998. Analyse der parlamentarischen Auseinandersetzungen zwischen Bismarck, August Bebel, Eugen Richter und Ludwig Windthorst.

Hoffmann, Robert: Geschichte der deutschen Parteien. Von der Kaiserzeit bis zur Gegenwart, München 1993. Zum Einstieg geeigneter Überblick.

Kaelble, Hartmut: Industrielle Interessenpolitik in der Wilhelminischen Gesellschaft. Centralverband Deutscher Industrieller 1895–1914, Berlin 1967. Noch immer gültiges Standardwerk.

Kruck, Alfred: Geschichte des Alldeutschen Verbandes 1890–1939, Wiesbaden 1954. Ältere Gesamtdarstellung zur Geschichte des ADV.

Langewiesche, Dieter: Liberalismus in Deutschland, Frankfurt a. M. 1988. Wichtiger Überblick.

Lässig, Simone/Pohl, Karl Heinrich/Retalleck, James (Hrsg.): Modernisierung und Region im wilhelminischen Deutschland. Wahlrecht, Wahlen und Politische Kultur, Bielefeld 1995. Beleuchtet verschiedene Aspekte der Wahlrechtsreformbestrebungen.

Lönne, Karl-Egon: Politischer Katholizismus im 19. und 20. Jahrhundert, Frankfurt a. M. 1986. Entwicklungslinien des politischen Katholizismus im europäischen Vergleich.

Loth, Wilfried: Katholiken im Kaiserreich. Der politische Katholizismus in der Krise des wilhelminischen Deutschlands, Düsseldorf 1984. Pointiert wertende Studie zur inneren Entwicklung und Politik der Zentrumspartei 1890–1918.

Mielke, Siegfried: Der Hansa-Bund für Gewerbe, Handel und Industrie 1909–1914. Der gescheiterte Versuch einer antifeudalen Sammlungspolitik, Göttingen 1976. Standardwerk zu dieser mittelständischen Interessenorganisation.

Nipperdey, Thomas: Die Organisation der deutschen Parteien vor 1918, Düsseldorf 1961. Älteres Standardwerk.

Puhle, Hans-Jürgen. Agrarische Interessenpolitik und preußischer Konservatismus im wilhelminischen Reich (1893–1914). Ein Beitrag zur Analyse des Nationalismus in Deutschland am Beispiel des Bundes der Landwirte und der Deutsch-Konservativen Partei, 2. Aufl., Bonn 1975. Untersucht detailliert die Verbindungen zwischen agrarischer Interessenorganisation und konservativer Partei.

Rauh, Manfred: Die Parlamentarisierung des Deutschen Reiches, Düsseldorf 1977. Untersuchung zur Veränderung der Stellung des Reichstages 1909–1918.

Retalleck, James N.: Notables on the Right. The Conservative Party and Political Mobilization in Germany, 1876–1918, Boston 1988. Untersuchung zum Anteil der Konservativen an der „Fundamentalpolitisierung".

Ritter, Gerhard A. (Hrsg.): Wahlen und Wahlkämpfe in Deutschland von den Anfängen im 19. Jahrhundert bis zur Bundesrepublik, Düsseldorf 1992. Exemplarische Untersuchungen zur politischen Kultur.

Ritter, Gerhard A.: Die deutschen Parteien 1830–1914. Parteien und Gesellschaft im konstitutio-

nellen Regierungssystem, Göttingen 1985. Zum Einstieg geeigneter Überblicksband.
Rohe, Karl: Wahlen und Wählertraditionen in Deutschland. Kulturelle Grundlagen deutscher Parteien und Parteiensysteme des 19. und 20. Jahrhunderts, Frankfurt a.M. 1992. Beleuchtet die gesellschaftlichen Fundamente der Parteienentwicklung.
Schildt, Axel: Konservatismus in Deutschland. Von den Anfängen im 18. Jahrhundert bis zur Gegenwart, München 1998. Neuerer Überblick.
Schmädeke, Jürgen: Wählerbewegung im Wilhelminischen Deutschland. Die Reichstagswahlen von 1890 bis 1912: Eine historisch-statistische Untersuchung, 2 Bde., Berlin 1995. Umfassende Analyse mit zahlreichen Graphiken.
Stalmann, Volker: Die Partei Bismarcks. Die Deutsche Reichs- und Freikonservative Partei 1866–1890, Düsseldorf 2000. Untersuchung der wichtigsten parlamentarischen Stütze Bismarcks.
Ullmann, Hans-Peter: Der Bund der Industriellen. Organisation, Einfluß und Politik klein- und mittelbetrieblicher Industrieller im Deutschen Kaiserreich 1895–1914, Göttingen 1976. Standardwerk zur Geschichte des BdI.
Ullmann, Hans-Peter: Interessenverbände in Deutschland, Frankfurt a.M. 1988. Hilfreicher Überblick.

Rüstung, Militär und Militarismus

Berghahn, Volker R.: Der Tirpitz-Plan. Genesis und Verfall einer innenpolitischen Krisenstrategie unter Wilhelm II., Düsseldorf 1971. Interpretiert die Marinepolitik als Mittel zur Verhinderung der Parlamentarisierung des Reichs.
Deist, Wilhelm: Militär, Staat und Gesellschaft. Studien zur preußisch-deutschen Militärgeschichte, München 1991. Beleuchtet unterschiedliche Aspekte der Stellung des Militärs.
Dülffer, Jost/Holl, Karl (Hrsg.): Bereit zum Krieg. Kriegsmentalität im wilhelminischen Deutschland. Beiträge zur historischen Friedensforschung, Göttingen 1986. Analysen zum gesellschaftlichen Stellenwert und der politischen Wirkung des Militarismus.
Epkenhans, Michael: Die wilhelminische Flottenrüstung 1908–1914. Weltmachtstreben, industrieller Fortschritt, soziale Integration, München 1991. Detaillierte Untersuchung der innenpolitischen Dimension der Flottenrüstung.
Förster, Stig: Der doppelte Militarismus. Die deutsche Heeresrüstungspolitik zwischen Status-quo-Sicherung und Aggression 1890–1913, Stuttgart 1985. Ergänzt die zahlreichen Untersuchungen zur Flottenpolitik.
Frevert, Ute (Hrsg.): Militär und Gesellschaft im 19. und 20. Jahrhundert, Stuttgart 1997. Sammelband in zeitlicher und internationaler Vergleichsperspektive.
Militärgeschichtliches Forschungsamt (Hrsg.): Deutsche Militärgeschichte in sechs Bänden 1648–1939, Bd. 2: Militärgeschichte im 19. Jahrhundert 1814–1890, Lizenzausgabe, Herrsching 1983.
Militärgeschichtliches Forschungsamt (Hrsg.): Deutsche Militärgeschichte in sechs Bänden 1648–1939, Bd. 3: Von der Entlassung Bismarcks bis zum Ende des Ersten Weltkriegs 1890–1918, Lizenzausgabe, Herrsching 1983.
Militärgeschichtliches Forschungsamt (Hrsg.): Deutsche Militärgeschichte in sechs Bänden 1648–1939, Bd. 5: Deutsche Marinegeschichte der Neuzeit, Lizenzausgabe, Herrsching 1983. Umfassende Information zu Militär und Rüstung.
Rohkrämer, Thomas: Der Militarismus der „kleinen Leute“. Die Kriegervereine im Deutschen Kaiserreich 1871–1914, München 1990. Beleuchtet die Verbreitung des Militarismus.
Ulrich, Bernd/Vogel, Jakob/Ziemann, Benjamin (Hrsg.): Untertan in Uniform. Militär und Militarismus im Kaiserreich, Frankfurt a.M. 2001. Beiträge zur Stellung des Militärs.

Personen- und Sachregister

Die hervorgehobenen Seitenzahlen verweisen auf ein Insert zum Registerstichwort.